循阶渐进　登高望远

医事非诉法律实务

NON-LITIGATION PRACTICE IN MEDICAL LAW

北京市律师协会
医药卫生法律专业委员会 组织编写

北京大学出版社
PEKING UNIVERSITY PRESS

图书在版编目(CIP)数据

医事非诉法律实务/北京市律师协会医药卫生法律专业委员会组织编写.—北京:北京大学出版社,2018.6
(律师阶梯)
ISBN 978-7-301-29477-2

Ⅰ.①医… Ⅱ.①北… Ⅲ.①医疗事故—民事纠纷—研究—中国 Ⅳ.①D922.164

中国版本图书馆 CIP 数据核字(2018)第 084217 号

书　　名	医事非诉法律实务 YISHI FEISU FALÜ SHIWU
著作责任者	北京市律师协会医药卫生法律专业委员会　组织编写
策划编辑	陆建华
责任编辑	陆建华　方尔埼
标准书号	ISBN 978-7-301-29477-2
出版发行	北京大学出版社
地　　址	北京市海淀区成府路 205 号　100871
网　　址	http://www.pup.cn　http://www.yandayuanzhao.com
电子信箱	yandayuanzhao@163.com
新浪微博	@北京大学出版社　@北大出版社燕大元照法律图书
电　　话	邮购部 62752015　发行部 62750672　编辑部 62117788
印刷者	北京宏伟双华印刷有限公司
经销者	新华书店
	965 毫米×1300 毫米　16 开本　19 印张　337 千字 2018 年 6 月第 1 版　2018 年 11 月第 2 次印刷
定　　价	49.00 元

未经许可,不得以任何方式复制或抄袭本书之部分或全部内容。
版权所有,侵权必究
举报电话: 010-62752024　电子信箱: fd@pup.pku.edu.cn
图书如有印装质量问题,请与出版部联系,电话: 010-62756370

编委会

组织编写 北京市律师协会医药卫生法律专业委员会

主　　编 万欣

副 主 编 王良钢、邓勇、刘金柱、张合、孟庆荣、龚楠
（按姓氏笔画顺序）

撰 稿 人 第一章 刘金柱、程阳
第二章 万欣、刘凯、王润
第三章 王良钢、蒋莉、李岑岩
第四章 邓勇、李洪奇、龚乐凡、杨逢柱、冉晔
第五章 张合、邓勇
第六章 孟庆荣、朱丽华
第七章第一节 艾清、邓勇、万欣
第七章第二节 龚楠、纪磊、徐璐璐
第七章第三节 李斌、金湘

主编简介

主编

万欣,全国优秀律师,北京道信律师事务所执行合伙人,北京市律师协会理事、医药卫生法律专业委员会主任、执业纪律与执业纠纷调处委员会副主任,北京市朝阳区律师协会理事、执业纪律与执业纠纷调处委员会主任,哈尔滨仲裁委员会委员,海南仲裁委员会仲裁员。中国卫生法学会常务理事,北京市医患和谐促进会常务理事,北京师范大学教培中心客座教授,中国青年企业家协会会员,江西省青年联合会委员。入选司法部律师优秀人才库、卫生部优秀人才库、首都法学法律高级人才库、北京市政法系统"十百千"人才工程。中央电视台《法律讲堂》主讲专家,中央人民广播电台、北京人民广播电台、《健康报》《法制日报》《法制晚报》等众多社会媒体的专家库成员,北京市公安局维护民警执法权益顾问团特聘律师。

万欣律师曾在医疗机构从事临床药学和医院改制工作,2002年在北京开始专职律师执业,在医药卫生法律领域取得突出业绩:共同发起设立北京市医患和谐促进会;参与行政法规规章、司法解释等法律规范起草;对医疗机构改制、并购具有丰富经验;积极参与医疗法律前沿问题研究;对于医疗机构法律风险防范具有丰富实务经验和较深理论研究;主持、执笔多个部级课题组的课题研究;主编、副主编、执笔多部医事法律书籍、诊疗规范;发表百余篇专业论文,部分论文的主要观点获得业内广泛共识;代理诉讼仲裁案件六百余件,为全国数十家医疗机构、医药企业、教育机构提供常年/专项法律顾问服务。

副主编（按姓氏笔画顺序）

王良钢，北京市盈科律师事务所高级合伙人，历任北京市律师协会第六届至第九届医药卫生法律专业委员会委员，第八、九届副主任，第十届特邀委员，北京市律师协会 PPP 课题组副组长。钱伯斯 2016 年和 2017 年医事法榜单律师。盈科律师研究院院长，财政部 PPP 中心专家，中国卫生法学会理事，中国医师协会显微外科医师分会顾问，中国政法大学联合导师、PPP 中心专家委员会委员。长期专注医药卫生行业法律业务，为卫生行政机关、医疗机构、社会资本提供医事法律服务。

邓勇，北京中医药大学法律系副教授，北京大成律师事务所律师，北京市律师协会医药卫生法律专业委员会特邀委员，中国政法大学法学博士，主要从事行政法与行政诉讼法、医药卫生法学教学科研实务工作。现担任国家中医药管理局机关服务局、北京市中医管理局、北京市鼓楼中医医院和财政部中国文化产业投资基金（有限合伙）理事会等数十家机关企事业单位常年/专项法律顾问，先后被评为全国中医药院校优秀青年，北京大成律师事务所"最具专业能力"律师。

刘金柱，北京市铭盾律师事务所主任，北京市律师协会医药卫生法律专业委员会副秘书长，中国社会科学院知识产权硕士。自 2004 年执业以来，一直为国内和国外药品研发、生产企业，医疗器械生产企业，以及医疗服务企业提供公司日常经营常规法律服务和知识产权相关法律服务，积累了较丰富的经验。除此之外，还为互联网、期刊等技术密集型和内容驱动型行业的客户在中国、美国、英国、俄罗斯、日本等数十个国家和地区提供各种知识产权法律服务。

张合，北京天驰君泰律师事务所高级合伙人、管理委员会主任，北京市律师协会医药卫生法律专业委员会委员。中国农工民主党党员，辽宁大学法学学士，中国社会科学院研究生院经济法硕士，自 1999 年起从事专职律师执业。担任深圳赛诺菲巴斯德生物制品有限公司、北京民海生物科技有限公司、中国山水水泥集团有限公司等多家单位的法律顾问。长期专注于医药和化工领域，精通生物制药行业，包括疫苗研发领域和化工领域的法律事务，在业界具有一定影响力。

孟庆荣，北京陈志华律师事务所律师，北京市律协医药卫生法律专业委员会第九届秘书长、第十届副主任,资深医事法律专业律师。医学学士,临床医生15年。1995年通过国家司法考试取得律师资格,自1996年执业至今。擅长处理各学科医事相关法律事务。

龚楠,北京市百瑞律师事务所合伙人,北京市律师协会医药卫生法律专业委员会副主任。作为兼具医学学士、管理学硕士和法律硕士学位的复合型人才,近些年专注于医药健康领域法律事务的处理。兼任健康报移动健康研究院研究员、中国政法大学医药法律与伦理研究中心兼职研究员。不仅在医药领域的投资并购、重组上市,远程医疗、医生集团法律架构搭建,公立医院改制,医疗养老等领域积累了大量经验,还参与了"药师法""医疗健康大数据指引与法律规制"等立法课题工作。

序　一

古语云：不为良相，便为良医。中国知识分子最高的抱负是治国平天下，良相是治国，良医是治人。不能治国者多，而士不可不弘毅，那么退而求其次，便为良医治人。可见医生在中国读书人心目中的地位。

北京市律师协会（以下简称"律协"）恰恰有这样一批做过"良医"的律师，他们从医多年，改行做律师，借助自己的专业背景，专注于医事法律实务，一样做得风生水起，有声有色。以他们为主体，北京市律协成立了医药卫生法律专业委员会（以下简称"医药委"）。

第十届北京市律协医药委成立后，在万欣主任带领下，各项工作开展得热火朝天，不但规定动作——各项培训在各委员会名列前茅，而且还利用自己的专业特长，开展了健康驿站——健康大讲堂活动，邀请医学专家来到律协，为广大律师介绍健康知识，提升健康意识，体现北京市律协对广大会员的关爱，活动取得良好效果。2016年，医药委还首次承接北京市卫生和计划生育委员会（以下简称"卫计委"）委托的"建立北京市卫生计生行业法律顾问制度研究"课题，并且如期结题。这些工作亮点都为北京市律协增了光，添了彩。

2017年，医药委再度发力，组织力量编写本书，并由北京大学出版社出版，我认为具有重要意义：

第一个是创新。本书将非诉业务中涉及医事法的内容剥离汇总，形成医事非诉法律实务，这是一个创新，大大地拓展了医事法的内涵和外延，在全国开先河，证明律师不仅长于实务，也可以为理论研究做贡献。

第二个是拓展。医药委通过本书的编写，加深了对医事非诉法律实务的理解，提高了认识，使客户能够认识到医药专业律师在医事非诉实务方面具有更为专业的能力，能够为他们提供更为专业的服务。因此，从这个意义来讲，本书的出版,必将对拓展医药专业律师的业务领域,起到重要帮助。

第三个是规范。律师行业出书,因为律师的工作特点,典型案例汇编较多。本书比较难得,是一本法律实务书、工具书,内容涉及医事非诉业务的热门领域,具有较强的实操性、指导性。由于万欣主任还在北京市、区两级律协执业纪律与执业纠纷调处委员会长期任职,比较注意律师的规范执业,本书特别强调了律师在处理非诉业务时更应具备"如临深谷"的危机意识。因此,我相信本书的出版必将对广大律师规范代理医事非诉法律实务有所裨益。

习近平总书记在2016年8月全国卫生与健康大会上指出:加快推进健康中国建设,努力全方位、全周期保障人民健康,为实现"两个一百年"奋斗目标、实现中华民族伟大复兴的中国梦打下坚实健康基础。打造健康中国,律师责无旁贷,北京医药律师有责任、有能力走到前列,服务会员健康、服务医药市场,优化医药环境,促进人民幸福!

是为序。

北京市律师协会会长
2018年3月

序 二

提到医事法律实务,大家脑海中第一反应通常就是"医疗纠纷",首先想到的就是医疗纠纷的诉讼业务。即便是延伸到"非诉讼"领域,大多数人的理解也是针对医疗机构的法律服务,并由医疗纠纷的诉讼延伸到了医疗纠纷的预防。但是,北京市律协医药委的律师们,作为懂医懂法还关注国家政策、医改方向的一群执业律师,不是局限于医疗纠纷这类传统业务,而是结合当下医改的进程,关注医疗领域新兴产业的发展,在我国医药领域发展的过程中,为医药行业的企业提供全方位的法律服务。

在参与各类新兴医药领域法律事务的同时,医药委的律师们在总结自己实务经验的基础之上,结合最新的法律法规和行业政策,从医疗机构的设立、公立医院改制、医疗机构风险防范、社会资本参与医药服务领域的商业活动、民营医疗机构参与资本市场活动,以及互联网医疗、医生集团、医疗设备的融资租赁等各个方面入手,完成了本书各个章节的撰写工作。

作为医事法律实务领域第一本专注于律师非诉业务的图书,《医事非诉法律实务》是医药委的律师们智慧的凝聚、经验的总结,可以为关注医药领域法律实务的人员提供最直接的引导和帮助。

2017年5月23日,国务院办公厅《关于支持社会力量提供多层次多样化医疗服务的意见》(国办发〔2017〕44号)提出:鼓励行业协会等制定推广服务团体标准和企业标准,推行服务承诺和服务公约制度。医药委认为,在医药领域,针对新兴的商业模式,在法律服务领域也应该推出法律服务的行业标准,从而确保医药行业在健康有序的法律保障之下,能够良性发展,促进我国医改的进行。

北京市律协也希望,本书能够引领和促进医药卫生领域的律师法律服务行业标准的形成,并为下一步在医事领域形成规范化的法律服务和评判标准提供支持。

张巍

北京市律师协会副会长

2018 年 3 月

前　　言

北京市律师协会自第六届设立医疗纠纷专业委员会,后改名为医事法律专业委员会,到第九届正式更名为医药卫生法律专业委员会。一个名称的变化,实际上代表着北京市医药专业律师法律服务领域的不断拓展:十多年来,我们从医疗纠纷法律业务,逐步拓展为医疗机构的医事法律业务,又逐渐拓展到医药卫生法律业务。这些变化从一个侧面体现出我们不断砥砺前行的奋斗历程。

一、术业专攻

作为律师行业组织的一个部门,律协专业委员会的职能就是帮助、支持律师在专业法律服务领域进行理论和实务研究,提升专业技能,拓展服务领域,起草执业指引等。第十届北京市律协医药委换届竞选时,笔者的竞选口号就是:医药并举,社会责任。在医疗法律领域,要把握住"互联网+医疗"的浪潮,组织力量对"互联网+医疗"中的各种类型法律问题以及医疗领域投资、并购等前沿问题进行深入研究,为北京的医药专业律师进一步拓展医事法律服务领域做一点点贡献。

换届以后,我们研究发现,现有的医事法的专业书籍,绝大部分集中在医疗纠纷,或者说基本上是围绕民事诉讼、行政诉讼、刑事诉讼等诉讼业务展开,主要包括医患双方的权利义务、药品侵权责任、医疗器械侵权责任、知情同意侵权责任、医疗技术鉴定以及一些医疗卫生行政管理方面的内容,鲜有专门对医事法律中非诉讼业务进行全面总结和分析的理论或实务书籍。医事法律实务中的非诉讼法律实务一般散见于各自领域的非诉讼实务中。例如民营医院的上市业务混同于其他公司的上市业务之中,医疗卫生领域的PPP也未见专门的论述。而实际上,由于医疗卫生行业自带光环,医疗领域的非诉讼法律实务与其他领域的非诉讼法律实务还是有很大区别的。

例如,公立医疗机构的改制和国有企业改制就存在着极大的区别。公立医疗机构承担的任务与企业存在着重大的不同:医疗机构提供的服务是为了人的生命健康,医疗机构及医务人员具有救死扶伤的法律义务;在诊疗服务过程中医患双方的主要权利、义务主要依靠法律规定而不是双方约定;公立医疗机构还承担着大量公共卫生服务职能,关系着广大人民群众的健康;等等。因此,诊疗行为与其他服务行为有根本的区别,医疗机构改制时,虽可借鉴部分国有企业改制的规定,但绝不可照搬。我国在这个问题上有过广泛的实践,有的地区曾将所有公立医疗机构"一卖了之",可是近年又开始创办公立医疗机构。绝大多数事业单位性质的医疗机构改制时,不少事业编员工会提出"身份补偿费"。所以,公立医疗机构的改制需要考虑方方面面的因素,作为提供法律服务的律师,我们只有对这个行业的自身特点有清醒、全面的了解,才能够为客户提供真正有效的、合法的法律服务,使其最终顺利达到改制的目的。

具有医药行业背景的律师,对医药行业有较深入的了解,可能会对客户有更多的帮助。笔者曾参与一个医疗机构的并购项目,正是由于对这个行业的深入了解,三言两语帮助客户了解到合作方的真实情况,及时终止了项目,减少了不必要的损失。这就体现了专业律师的优势。

二、竿头日进

当然,我们并非自认为已经对这个领域的业务非常熟悉了,恰恰相反,我们认为有关医事的非诉讼法律实务需要研究的内容还很多,本书仅仅是我们这批医药专业律师对此类问题开始研究的一个起点,绝非终点。

当下中国正面临着健康产业狂飙突进的重要时机,同时还面临医疗卫生体制改革的重要转折点。社会资本如狂潮一般涌向健康产业,与此同时,国家有关医疗卫生领域内的新政策、新文件不断地发布。以至于我们在撰写书稿过程中,不得不随时更新内容。例如,我们在撰写"互联网+医疗"一节时,本来已经基本定稿,可是国家卫计委办公厅2017年4月28日发布了关于《互联网诊疗管理办法(试行)》和关于《推进互联网医疗服务发展的意见》的征求意见稿。虽然这两个文件并非正式发布,但是从征求意见稿中也可以对卫生行政主管部门的思路窥知一二。因此,我们又数易其稿,力争将最新的文件精神吸收到书稿中。

从另一个角度来看,长期以来我们并没有将医事非诉法律实务融入医事法领域,也没有将这些非诉讼实务中医疗领域所具有的特点单独抽离出来进行深入研究。因此,本书的研究也只能算是一个起点,我们将继续总结医事非诉法律实务中医疗领域的特点对这些非诉讼法律实务产生的影响,从中探索规律、总结经验、提升水平,更好地为当事人提供优质的服务。

三、如临深谷

笔者认为,医药专业律师在整个执业生涯中,不管是从事诉讼业务还是非诉讼业务都应当时刻保持一种如临深谷、如履薄冰的心态。甚至从某种角度来讲,律师从事非诉讼法律实务,更需要严格按照各种规范要求来操作。

长期以来,很多医药专业律师的业务领域多集中在医疗纠纷范畴内。医疗纠纷是一类比较特殊的纠纷类型,根据北京市高级人民法院官网刊载的延庆区人民法院调研总结,该类纠纷存在三难:法律适用难、鉴定启动难、案结事了难。在案件审理过程中双方矛盾对抗异常激烈,该类案件引发信访、闹访或长期缠访、无理滥诉的案件占40%左右。因此,笔者近年来一直倡导一个观点:"个案有立场,案外有是非。"即,北京的医药专业律师对自己应有更高的要求,在代理医疗纠纷个案时,为委托人争取更多的合法利益无可厚非,但是应当规范代理,不能挑词架讼,不能激化医患矛盾;在个案代理以外的场合,例如在参与立法研究、课题研讨、著书立说、问题讨论过程中,应该有是非观念,应该有从构建医患和谐的高度来促进医疗卫生法治建设的胸怀。特别是代理医疗纠纷个案,在代理医方时,应当注意自己的言语表达;在诉讼进程中,尽量少施展诉讼技巧拖延诉讼进程;如果判决医方承担赔偿责任,应主动协调医院尽快完成赔付,尽量做到案结事了。在代理患方时,更要注意不能挑词架讼,唆使、暗示患方采取非法律手段"维权"。在代理任何一方时都应当做到,自己和当事人都不攻击对方代理人,不攻击法官和鉴定人,诉讼过程中服从法庭指挥。做到这些,并不仅仅体现首都医药律师的胸怀,同时也是保护自己的一个重要举措。有些律师就因为代理医疗纠纷不规范而被投诉,乃至被律协处以纪律处分。在律师诚信体系正在完善的今天,这样的一个处分将对律师执业生涯产生严重的负面影响。这是非常遗憾的。

另外一方面,对于律师业务而言,非诉讼业务比诉讼业务"时髦"得多,很多年轻律师刚一入行，基本的律师业务还未掌握，就号称要进军非诉业务，要挣大钱，这是非常可怕的。姑且不去分析其他，仅从风险来看，非诉讼法律业务便远远高于诉讼业务。

律师在代理诉讼业务时，最终还有法院把关，当事人往往也全程密切关注，重大问题基本由律师提出分析意见后由当事人自行作出决策，还有诉辩双方的对抗。特别是标的重大的纠纷，法院更为慎重，希望尽量查明有关事实，甚至有时还会进行释明。即便如此，一审判决后，还可以进入二审程序，继续审查。在如此冗长的程序过程中，律师严重犯错并因此给客户造成重大损失的可能性并不大。

而律师在从事非诉讼法律业务过程中发挥的作用非常重要，且不再有人替你把关！2017年6月16日，中国证券监督管理委员会（以下简称"中国证监会"或"证监会"）召开例行新闻发布会，证监会新闻发言人张晓军通报了证监会对5宗案件的行政处罚情况，包括2宗操纵证券期货市场案，2宗内幕交易案，1宗中介机构违法违规案。其中，1宗中介机构违法违规案涉及某律师事务所，该所作为某某股份和某某集团重大资产重组项目的法律服务机构，在执业过程中未能勤勉尽责，证监会决定没收该律师事务所业务收入150万元，处以750万元罚款，并对两名直接负责律师分别给予10万元处罚。由此可见，律师从事非诉讼法律业务过程中，如果未能做到勤勉尽责，面临的风险是很大的。因此，我们还希望通过本书，为广大律师同行从事医事非诉法律实务时提供一些借鉴，避免由于违规而出现重大风险。

潮平两岸阔，风正一帆悬。

当前，正值医疗卫生体制改革的重大历史机遇期，如果本书的出版，对医事非诉法律实务的研究和探讨，能够对广大医药专业律师创新法律服务领域有所裨益，那就实现了我们的预期。

2018年3月

目录

第1章 医疗机构设立中的法律问题

第一节 医疗机构设立中的名称问题 　　002
　一、医疗机构名称的设定规则 　　002
　二、实践中存在的问题 　　003
　三、法人名称规定 　　007
　四、分析及建议 　　009

第二节 医疗机构的主要负责人 　　011
　一、有关医疗机构主要负责人的现有规定 　　012
　二、实践中的有关问题 　　014
　三、分析及建议 　　016

第三节 非法行医的法律责任 　　017
　一、法律法规 　　018
　二、分类论述 　　019

结语 　　022

第 2 章 公立医疗机构改制

第一节 公立医疗机构改制的背景 … 024
一、对我国现代医疗卫生制度发展的粗略梳理 … 024
二、对于本章公立医疗机构改制外延的界定 … 030
三、公立医疗机构改制的现状和模式 … 032

第二节 产权变动的改制模式 … 039
一、产权变动的改制模式下的重要问题 … 039
二、产权变动的改制模式下的具体表现形式 … 040
三、公立医疗机构改制后易产生的问题 … 040
四、法律实务 … 043

第三节 产权不变动的改制模式 … 054
一、托管 … 054
二、组建医院集团 … 055
三、法律实务 … 057

第四节 劳动人事关系处理 … 060
一、医疗机构用工关系概况 … 061
二、公立医疗机构改制中员工安置的法律规范 … 067
三、员工安置方案的设计 … 077

结语 … 079

第 3 章 医药卫生领域 PPP

第一节 概述 … 082
一、世界各国医药卫生领域 PPP 发展历程 … 082
二、我国与医药 PPP 相关的法律制度及政策、法规 … 084

三、医疗健康领域采用PPP的意义和社会价值　　087
　　四、我国医药领域PPP的特点　　088

第二节　模式　　091
　　一、目前我国医疗领域PPP模式的分类　　091
　　二、医疗领域PPP的主要运作方式　　091
　　三、医疗领域PPP各参与方的权利义务　　096

第三节　法律服务　　099
　　一、全流程法律服务　　099
　　二、为各参与方服务的要点　　103
　　三、各阶段服务要点　　104

结语　　110

第4章　医药产业的投资、并购、重组

第一节　医药产业并购现状　　112
　　一、国内现状　　112
　　二、国际方面　　114

第二节　医药产业并购、重组中的理论分析　　117
　　一、并购　　117
　　二、重组　　118
　　三、关于医药企业国际直接投资中外资的探讨　　119

第三节　国内医药并购中存在的问题与实务操作建议　　119
　　一、并购前的尽职调查　　119
　　二、尽职调查中的风险因素　　120
　　三、并购后的整合　　128

第四节　医药企业国际直接投资中存在的问题与实务操作建议　　131
　　一、我国现有法律制度对跨国并购中药产业安全问题的局限性分析　　131

二、医药企业防范外资并购风险的应对策略 …… 133

第五节　法律尽职调查清单模板 …… 135
一、公司主体资格和股东资格 …… 135
二、公司的业务和经营资质 …… 142
三、公司资产 …… 143
四、融资/借贷 …… 146
五、重大合同 …… 147
六、公司财务 …… 148
七、知识产权和其他无形资产 …… 148
八、董事、监事及高级管理人员 …… 149
九、质量 …… 149
十、环境保护 …… 149
十一、重大投资项目 …… 150
十二、安全生产 …… 151
十三、劳动人事 …… 151
十四、税务 …… 152
十五、关联交易、同业竞争 …… 152
十六、保险 …… 153
十七、诉讼、仲裁和法律程序 …… 153

结语 …… 155

第5章　民营医院的上市

第一节　民营医院上市的政策背景和融资环境分析 …… 157
一、医疗卫生体制改革推动民营医院迅猛发展 …… 157
二、特殊的融资环境 …… 159

第二节　民营医院上市的特点分析 …… 161
一、从目前上市情况来看，仍存在很大的发展空间 …… 161

二、从专业领域来看,上市医院多涉及专业医疗和高端医疗 　　162
三、从板块来看,新三板为主要阵营 　　162

第三节　民营医院上市的利弊分析 　　162
一、上市的机遇 　　162
二、上市的挑战 　　163

第四节　民营医院境内上市场所及板块分析 　　164
一、新三板挂牌 　　164
二、A股上市 　　167

第五节　民营医院上市模式分析 　　170
一、直接上市 　　170
二、间接上市 　　171
三、其他方式 　　171

第六节　民营医院上市的地域分析 　　171
一、境内上市 　　172
二、境外上市 　　172
三、境内和境外上市各自的优势 　　173

第七节　上市法律服务的实务操作建议 　　174
一、上市法律意见书审查 　　174
二、上市的积极推动者 　　175

结语 　　183

第6章　医疗机构的风险防控

第一节　医疗机构法律风险的概念 　　185
一、医疗机构法律风险的概念 　　185
二、医疗机构法律风险管理的法律依据 　　185

第二节　医疗机构法律风险种类　　186
一、医疗纠纷法律风险　　187
二、非医疗纠纷法律风险　　200

第三节　法律风险管理体系的建立　　211

第四节　医疗机构法律风险管理流程　　212
一、事前管理　　212
二、事中管理　　215
三、事后管理　　215

结语　　217

第 7 章　医疗与新兴产业的合作

第一节　互联网＋医疗　　219
一、"互联网＋医疗"行业现状　　219
二、"互联网＋医疗"理论分析　　222
三、"互联网＋医疗"自身存在的问题与法律实务操作建议　　223
四、"互联网＋医疗"外部存在的问题与实务操作建议　　231

第二节　医生集团　　247
一、医生集团概念　　247
二、医生集团当下发展的主要模式　　248
三、医生集团与关联方的关系　　254
四、医生集团面临的法律风险　　257

第三节　医疗设备的融资租赁　　258
一、融资租赁行业现状　　258
二、融资租赁理论分析　　259

| 三、融资租赁业存在的问题 | 261 |
| 四、医疗设备融资租赁法律实务操作建议 | 261 |

结语 275

后记 277

第 1 章

医疗机构设立中的法律问题[①]

医疗机构,是指依法定程序设立的从事疾病诊断、治疗活动的卫生机构的总称。它是由一系列开展疾病诊断、治疗活动的卫生机构构成的。医院、卫生院是我国医疗机构的主要形式,与疗养院、门诊部、诊所、卫生所(室)以及急救站等一起,共同构成我国的医疗机构体系。

我国对医疗机构设立实施严格的审批制度。设立医疗机构要向卫生行政主管部门提出设置申请。在取得设置医疗机构批准书后,应向主体资格登记机关申请主体资格登记。医疗机构执业,还须向卫生行政主管部门办理执业登记。办理完医疗机构执业登记,医疗机构设立才算全部完成。现有医疗机构主要以法人形式存在。

对医疗机构的设立,我国已建立一套较为完整的法律体系。但是,在医疗机构设立过程中,在对未设立医疗机构就从事医疗活动的行为的执法中,还是出现了一些问题,下文尝试逐一探讨。

[①] 本章撰稿人:刘金柱、程阳。
刘金柱,北京市铭盾律师事务所主任,北京市律协医药委副秘书长,E-mail:liu.jinzhu@mdlaw.cn。
程阳,女,北京桂润律师事务所律师,北京市律协医药委委员,E-mail:chengyanga@sina.com。

第一节 医疗机构设立中的名称问题

医疗机构设立的首要问题就是为拟设立的医疗机构确定一个名称。选择一个既符合相关法律法规规定,又具有显著性的名称,不仅关系到拟设立的医疗机构能否顺利通过相关行政审批,还关系到该医疗机构能否保护自身品牌形象和信誉,防止他人攀附商誉或不正当竞争行为的发生,有助于形成良好、有序的医疗市场竞争环境。

一、医疗机构名称的设定规则

我国各级卫生行政部门负责所辖区域内医疗机构的监督管理工作。对于医疗机构的名称,我国相关法律规定也已形成一套完整的监管体系。

根据《医疗机构管理条例》(以下简称《管理条例》)第16条的规定,申请医疗机构执业登记,应当有适合的名称。

根据《医疗机构管理条例实施细则》(以下简称《实施细则》)第40条的规定,医疗机构的名称由识别名称和通用名称依次组成。

医疗机构的通用名称为:医院、中心卫生院、卫生院、疗养院、妇幼保健院、门诊部、诊所、卫生所、卫生站、卫生室、医务室、卫生保健所、急救中心、急救站、临床检验中心、防治院、防治所、防治站、护理院、护理站、中心以及卫生部规定或者认可的其他名称。

医疗机构可以下列名称作为识别名称:地名、单位名称、个人姓名、医学学科名称、医学专业和专科名称、诊疗科目名称和核准机关批准使用的名称。

根据《实施细则》第41条的规定,医疗机构的命名必须符合以下原则:

(1) 医疗机构的通用名称以《实施细则》第40条第2款所列的名称为限;

(2)《实施细则》第40条第3款所列的医疗机构的识别名称可以合并使用;

(3) 名称必须名副其实;

(4) 名称必须与医疗机构类别或者诊疗科目相适应;

(5) 各级地方人民政府设置的医疗机构的识别名称中应当含有省、市、区、街道、乡、镇、村等行政区划名称,其他医疗机构的识别名称中不得含有行政区划

名称;

(6) 国家机关、企业和事业单位、社会团体或者个人设置的医疗机构的名称中应当含有设置单位名称或者个人的姓名。

根据《实施细则》第42条的规定,医疗机构不得使用下列名称:

(1) 有损于国家、社会或者公共利益的名称;

(2) 侵犯他人利益的名称;

(3) 以外文字母、汉语拼音组成的名称;

(4) 以医疗仪器、药品、医用产品命名的名称;

(5) 含有"疑难病""专治""专家""名医"或者同类含义文字的名称以及其他宣传或者暗示诊疗效果的名称;

(6) 超出登记的诊疗科目范围的名称;

(7) 省级以上卫生行政部门规定不得使用的名称。

根据《实施细则》第43条的规定,以下医疗机构名称由卫生部核准;属于中医、中西医结合和民族医医疗机构的,由国家中医药管理局核准:

(1) 含有外国国家(地区)名称及其简称、国际组织名称的;

(2) 含有"中国""全国""中华""国家"等字样以及跨省地域名称的;

(3) 各级地方人民政府设置的医疗机构的识别名称中不含有行政区划名称的。

根据《实施细则》第44条的规定,以"中心"作为医疗机构通用名称的医疗机构名称,由省级以上卫生行政部门核准;在识别名称中含有"中心"字样的医疗机构名称的核准,由省、自治区、直辖市卫生行政部门规定。

含有"中心"字样的医疗机构名称必须同时含有行政区划名称或者地名。

根据《实施细则》第45条的规定,除专科疾病防治机构以外,医疗机构不得以具体疾病名称作为识别名称,确有需要的由省、自治区、直辖市卫生行政部门核准。

二、实践中存在的问题

(一) 医疗机构的名称是否应当含有设置单位名称或个人的姓名

根据《实施细则》第41条的规定,国家机关、企业和事业单位、社会团体或者个人设置的医疗机构的名称中应当含有设置单位名称或者个人的姓名。

以"北京大学第三医院"为例,它的设置单位为"北京大学"。按照《实施细则》命名规则,"北京大学第三医院"名称中完整包含了设置单位的名称"北京大学"。

但是,对北京清华长庚医院、北京回龙观医院、北京老年医院、首都医科大学附属北京安定医院、北京小汤山医院、首都医科大学附属北京地坛医院、首都医科大学附属北京佑安医院、首都医科大学附属北京胸科医院、首都医科大学附属北京口腔医院、首都医科大学附属北京妇产医院等10家北京市属医院的查询结果显示,虽然这些医院的设置单位均为北京市医院管理局,但是名称中却均未包含设置单位。

另外,在北京市卫计委网站,以"专科医院"作为关键字进行医疗机构信息查询,进而在北京市企业信用信息网进行查询,结果显示医疗机构名称也并未包括设置人名称或姓名,具体信息如下:

医疗机构名称	设置单位/人	类型	是否含有设置人名称
北京皇城股骨头坏死专科医院	黄永勋、黄辉、黄宏、黄柏勋	非营利性企业法人(集体所有制)	否
北京金华骨专科医院	金来贵、刘玉华	营利性企业法人(集体所有制)	否
北京市丰盛中医骨伤专科医院	北京市西城区卫生和计划生育委员会	事业法人	否
北京心理卫生专科医院	北京市卫生局	事业法人	否
北京新时代伊美尔幸福医学美容专科医院	伊美尔(北京)控股集团有限公司	营利性企业法人	否

从以上查询成果可以推断出,医疗机构名称中不包含设置单位的名称或设置人的姓名的情况大量存在,不论该医疗机构是民营的,还是政府、集体创办的,不论是营利性的,还是非营利性的。

(二)非政府设置的医疗机构的名称中是否可以含有行政区划名称

根据《实施细则》第41条的规定,各级地方人民政府设置的医疗机构的识别名称中应当含有省、市、县、区、街道、乡、镇、村等行政区划名称,其他医疗机构的识别名称中不得含有行政区划名称。

我们仍以在北京市卫计委网站以"专科医院"作为关键字查询到的医疗机构

为例,来查看实践中"其他医疗机构"的识别名称中是否含有行政区划名称。

医疗机构名称	设置单位	通用名称	识别名称
北京国卫生殖健康专科医院	前海开源资产管理(深圳)有限公司、国家卫生计生委科学技术研究所、国卫医疗产业投资管理(北京)有限公司	医院	北京国卫生殖健康专科
北京皇城股骨头坏死专科医院	黄永勋、黄辉、黄宏、黄柏勋	医院	北京皇城股骨头坏死专科
北京金华骨专科医院	金来贵、刘玉华	医院	北京金华骨专科
北京市丰盛中医骨伤专科医院	北京市西城区卫生和计划生育委员会	医院	北京市丰盛中医骨伤专科
北京心理卫生专科医院	北京市卫生局	医院	北京心理卫生专科
北京新时代伊美尔幸福医学美容专科医院	伊美尔(北京)控股集团有限公司	医院	北京新时代伊美尔幸福医学美容专科

从上表可以看出,非地方各级政府设置的医疗机构,其识别名称中也包括了行政区划名称。

(三)主体资格登记机关登记名称与卫生行政管理部门核准的医疗机构名称不一致

曾有这么一个案例:因新生儿缺陷而认为医院存在过错,进而认为医院侵犯了其知情权和优生优育选择权,王女士夫妇将北京市朝阳区妇幼保健院诉至法院。但在开庭时,医院出具的事业单位法人证书显示,该医院名称为"北京市朝阳区妇儿医院"。经询问王女士夫妇是根据卫生局网站公布的名称起诉的,但没想到该名称并非医院法人登记的名称。后王女士夫妇申请笔误更正,法院予以准许。

就此类问题,2014年8月28日,北京市朝阳区人民法院向北京市卫计委发出司法建议,建议北京市卫计委减少同一医疗机构登记使用多个名称的情况,避免医疗纠纷主体不明确。

目前,朝阳区人民法院提到的两家医院,"北京市朝阳区妇幼保健院"和"中日友好医院"已做到了在事业单位管理机关和卫生行政管理机关登记名称的一致。北京市朝阳区妇幼保健院在事业单位法人证书上的名称已变更为"北京市朝阳区妇幼保健院",中日友好医院在卫生行政机关的登记名称已删除了卫生部三字。

但是,医疗机构在法人登记机关和卫生行政管理机关登记名称不一致的情形仍然存在。笔者发现,北京妇产医院在事业法人登记机关登记的名称为"首都医科大学附属北京妇产医院",而在北京市卫生和计划生育委员会登记的名称为"北京妇产医院"。北京新时代伊美尔幸福医学美容专科医院在工商行政管理部门登记的名称为"北京新时代伊美尔幸福医学美容专科医院有限公司",而在北京市卫生和计划生育委员会登记的名称为"北京新时代伊美尔幸福医学美容专科医院"。

(四)新型医疗机构的名称问题

2017年2月,国家卫生和计划生育委员会讨论通过并公布了《关于修改〈医疗机构管理条例实施细则〉的决定》,在医疗机构的类别中增加"妇幼保健计划生育服务中心、医学检验实验室、病理诊断中心、医学影像诊断中心、血液透析中心、安宁疗护中心",但并未修改医疗机构通用名称的相关条款。

这些新增加的医疗机构是适用原有通用名称中的"中心、检验中心",还是新增"服务中心、实验室、诊断中心、透析中心、疗护中心"等通用名称,仍有待国家卫生行政管理部门明确。

(五)忽视医疗机构名称的商标保护

企业的名称,是指为了区别在一定的行业范围内和区域范围内的不同市场行为主体而使用的特定的称谓。医疗机构名称,是在医疗卫生这一特定行业中,区别一定地域内的不同医疗机构的称谓,是区分不同的医疗行业市场主体的标志。医疗机构名称经核准登记,于领取《医疗机构执业许可证》后方可使用,在核准机关管辖范围内享有专用权。

商标指任何能够将自然人、法人或者其他组织的商品或服务与他人的商品或服务区别开的标志,包括文字、图形、字母、数字、三维标志、颜色组合和声音等,以及上述要素的组合。我国实行商标注册制度。只有注册商标才能获得商标专用权。对于未注册商标,我国商标法仅在一定条件下提供有限度的保护。在全国范围内,未经商标注册人同意,不得在与注册商标指定使用商品相同或类似的商品上使用与注册商标相同或近似的商标。医疗服务商标是区别医疗服务来源的标志。

尽管医疗机构名称和医疗服务商标在概念上是清楚的、不同的,但在患者眼里,医疗服务商标与医疗机构名称都是一种商业标识,都具有标识服务来源的作用。而且,医疗机构在提供医疗服务过程中通常也将其名称作为商标进行使用。但是,医疗机构却忽视对其名称进行商标保护。根据复旦大学医院管理研究所发布的2015年度全国最佳医院排行榜(综合榜),本书选取了该榜单中所有北京地区医院(共21家)作为研究对象,通过商标局官方网站搜集并整理了各个医院在医疗服务项目上的商标注册情况。上述医院申请商标的数量非常有限,已申请的商标大多集中于医疗机构商标申请的核心类别,保护范围日渐呈难以完全适应未来发展之势。大多数医院未进行商标申请,也显示了我国医疗水平优质的全国百强医院在商标保护方面仍有所欠缺,更从整体上表现出我国医疗机构的商标保护意识不强。

三、法人名称规定

当前我国医疗机构存在法人、非法人组织等多种组织形式,投资人也涉及自然人、企业法人、机关法人、事业单位法人等多种投资主体。但是,大部分的医疗机构都是独立法人,其投资人也多是法人单位。对于法人而言,其名称也适用不同的命名规则。

(一) 企业法人的名称

1. 主管机关及职权

根据《企业名称登记管理规定》第4条的规定,我国的企业名称登记主管机关是国家工商行政管理局和地方各级工商行政管理局。登记主管机关负责审核或者驳回企业名称登记申请,监督管理企业名称,保护企业名称专用权。

根据《企业名称登记管理规定》第5条的规定,登记主管机关和其上级有权纠正已登记注册的不适宜的企业名称,任何单位和个人也可以要求登记机关纠正已登记注册的不适宜的企业名称。

2. 名称构成规则:行政区划+字号/商号+行业/经营特点+组织形式

根据《企业名称登记管理规定》第7条的规定,企业名称应当由以下部分依次组成:字号(或者商号,下同)、行业或者经营特点、组织形式。

企业名称应当冠以企业所在地省(包括自治区、直辖市,下同)或者市(包括州,下同)或者县(包括市辖区,下同)行政区划名称。

经国家工商行政管理局核准,下列企业的企业名称可以不冠以企业所在地行政区划名称:(1)《企业名称登记管理规定》第13条所列企业;(2)历史悠久、字号驰名的企业;(3)外商投资企业。

3. 命名原则

根据《企业名称登记管理规定》第6条的规定,企业只准使用一个名称,在登记主管机关辖区内不得与已登记注册的同行业企业名称相同或者近似。

确有特殊需要的,经省级以上登记主管机关核准,企业可以在规定的范围内使用一个从属名称。

4. 禁止性规定

根据《企业名称登记管理规定》第9条的规定,企业名称不得含有下列内容和文字:

(1) 有损于国家、社会公共利益的;

(2) 可能对公众造成欺骗或者误解的;

(3) 外国国家(地区)名称、国际组织名称;

(4) 政党名称、党政军机关名称、群众组织名称、社会团体名称及部队番号;

(5) 汉语拼音字母(外文名称中使用的除外)、数字;

(6) 其他法律、行政法规规定禁止的。

5. 特别规则

(1) 企业及其分支机构:

第一,在企业名称中使用"总"字的,必须下设三个以上分支机构;

第二,不能独立承担民事责任的分支机构,其企业名称应当冠以其所从属企业的名称,缀以"分公司""分厂""分店"等字词,并标明该分支机构的行业和所在地行政区划名称或者地名,但其行业与其所从属的企业一致的,可以从略;

第三,能够独立承担民事责任的分支机构,应当使用独立的企业名称,并可以使用其所从属企业的企业名称中的字号;

第四,能够独立承担民事责任的分支机构再设立分支机构的,所设立的分支机构不得在其企业名称中使用总机构的名称。

(2) 联营企业:

联营企业的企业名称可以使用联营成员的字号,但不得使用联营成员的企业名称。联营企业应当在其企业名称中标明"联营"或者"联合"字词。

(3) 外商投资企业:

外商投资企业应当在项目建议书和可行性研究报告批准后,合同、章程批准之前,预先单独申请企业名称登记注册。外商投资企业预先单独申请企业名称登记注册时,应当提交企业组建负责人签署的申请书、项目建议书、可行性研究报告的批准文件,以及投资者所在国(地区)主管当局出具的合法开业证明。

(二)事业法人的名称

根据《事业单位登记管理暂行条例实施细则》第19条的规定,事业单位名称是事业单位的文字符号,是各事业单位之间相互区别并区别于其他组织的首要标志,应当由以下部分依次组成:

(1)字号:表示该单位的所在地域,或者举办单位,或者单独字号的字样;

(2)所属行业:表示该单位业务属性、业务范围的字样,如数学研究、教育出版、妇幼保健等;

(3)机构形式:表示该单位属于某种机构形式的字样,如院、所、校、社、馆、台、站、中心等。

根据《事业单位登记管理暂行条例实施细则》第21条的规定,事业单位名称不得使用含有下列内容的文字:

(1)有损于国家、社会公共利益的;

(2)可能造成欺骗或者引起误解的;

(3)其他法律、法规禁止的。

四、分析及建议

单位或个人设置医疗机构,应向卫生行政部门提出设置申请。设置申请书中包含医疗机构拟使用的名称。卫生行政部门应当自受理设置申请之日起30日内,作出批准或者不批准的书面答复;批准设置的,发给设置医疗机构批准书。在卫生行政部门批准后,医疗机构设置单位或个人应向登记主管机关提出登记申请。医疗机构在登记主管机关登记后,开始执业前,须向卫生行政部门申请执业登记,包括医疗机构名称。

为进一步规范医疗机构企业名称,保障患者权益,建议对《医疗机构管理条例》及其《实施细则》修改如下:

(一)删除医疗机构名称应包含设置单位名称或设置人姓名的规定

除内设医疗机构外,在医疗机构设置成功后,医疗机构便作为法人单位独立承担权利义务,与其设置单位和设置人也是作为独立的主体存在。设置单位或人是否在其设置的医疗机构名称中显示自己的名称或姓名,应由设置单位或个人自行决定。

对于单位内设的医疗机构,主要用于服务单位内部人员,在其名称中显示设置单位的名称,更无必要。

因此,建议删除医疗机构名称应包含设置单位名称或设置人姓名的规定。

(二) 医疗机构名称应完整包含于法人登记名称

从企业法人名称的相关规定可以看出,企业法人名称所含内容要大于医疗机构名称所含内容。企业法人名称中的字号基本相当于医疗机构名称中的识别名称,行为/经营特点相当于医疗机构名称中的通用名称。

从事业单位法人名称的相关规定可以看出,事业单位法人名称所含内容与医疗机构名称所含内容基本一致。事业单位法人名称中的字号基本相当于医疗机构名称中的识别名称,所属行业和机构形式相当于医疗机构名称中的通用名称。

因此,医疗机构法人登记名称应完整包含医疗机构在卫生行政主管部门核准的名称。这一规则已在实践中被遵循。如北京新时代伊美尔幸福医学美容专科医院,其法人登记名称为伊美尔(北京)控股集团有限公司。

(三) 删除不得使用行政区划名称的规定

国家卫计委在给贵州省卫生厅卫医政函〔2009〕80号答复函中提出,医疗机构名称中含有地域名称的,其服务功能和服务范围应当能够覆盖地域名称所包含的区域范围。该函中所指医疗机构并未限定各级地方人民政府设置的医疗机构。可以看出,国家在符合条件的情况下,已允许在医疗机构名称中使用行政区划或地域名称。因此,建议删除各级地方人民政府设置的医疗机构的识别名称中应当含有省、市、县、区、街道、乡、镇、村等行政区划名称,其他医疗机构的识别名称中不得含有行政区划名称的规定。

(四) 增加医疗机构通用名称类型

2017年2月,国家卫计委讨论通过并公布《关于修改〈医疗机构管理条例实施细则〉的决定》。该决定自2017年4月1日起施行。由于最新《医疗机构管理条例实施细则》在医疗机构的类别中增加"妇幼保健计划生育服务中心、医学检验实验室、病理诊断中心、医学影像诊断中心、血液透析中心、安宁疗护中心",但并未修改医疗机构通用名称的相关条款。因此,建议增加"服务中心、实验室、诊断中心、透析中心、疗护中心"等通用名称。

目前,天津市卫计委正在对天津齐康医学检验所有限公司申请设置的"天津齐康医学检验实验室"进行设置公示,公示期为2017年6月21日至6月27日(5个工作日)。可见,"医学检验实验室"或将被地方卫生行政管理部门批准用于作医疗机构的通用名称。

因此,建议在医疗机构通用名称中增加"服务中心、实验室、诊断中心、透析中心、疗护中心"等通用名称。

(五)加强医疗机构名称的商标保护

随着我国医疗体制改革的进一步深入,医疗服务的主体将进一步多元化,各医疗机构间的竞争也将逐步转变为场地、设备、人员、服务等方面的综合竞争,最后浓缩为品牌的建立、发展与维护。因此,建议医疗机构加强其商标保护工作。

对于已成立的医疗机构,应立即着手将自己的识别名称注册于医疗服务上。我国医疗机构在提供医疗服务的同时,往往还从事医疗相关的研究活动、药品和医疗器械的研发和销售、经营管理的指导等。根据国家工商行政管理总局(以下简称"工商总局")商标局制订的《类似商品和服务区分表》,医疗机构在进行商标注册时,不仅要考虑该表第44类的医疗服务,还至少要考虑该表第5类的人用药品、第10类的医疗器械、第35类的销售服务等。

对于筹建中的医疗机构,应对医疗机构拟使用的名称进行可注册性分析,具体包括:

(1) 该名称是否属于禁止用作商标的标识;

(2) 该名称是否属于禁止注册为商标的标识;

(3) 是否存在与该名称构成相同或近似商标的在先商标。

第二节 医疗机构的主要负责人

我国医疗机构管理制度设立了主要负责人制度。在申请设置医疗机构和医疗机构执业时,均要填写医疗机构主要负责人的情况。但对于医疗机构主要负责人的地位、任职资格等,却没有系统、明确的规定。

一、有关医疗机构主要负责人的现有规定

根据《医疗机构管理条例》第 18 条的规定,医疗机构执业登记的主要事项:

(1) 名称、地址、主要负责人;

(2) 所有制形式;

(3) 诊疗科目、床位;

(4) 注册资金。

根据《医疗机构管理条例实施细则》第 12 条的规定,有下列情形之一的,不得申请设置医疗机构:

(1) 不能独立承担民事责任的单位;

(2) 正在服刑或者不具有完全民事行为能力的个人;

(3) 医疗机构在职、因病退职或者停薪留职的医务人员;

(4) 发生二级以上医疗事故未满 5 年的医务人员;

(5) 因违反有关法律、法规和规章,已被吊销执业证书的医务人员;

(6) 被吊销《医疗机构执业许可证》的医疗机构法定代表人或者主要负责人;

(7) 省、自治区、直辖市政府卫生行政部门规定的其他情形。

有前述第(2)(3)(4)(5)(6)项所列情形之一者,不得充任医疗机构的法定代表人或者主要负责人。

根据《医疗机构管理条例实施细则》第 25 条的规定,申请医疗机构执业登记必须填写《医疗机构申请执业登记注册书》,并向登记机关提交下列材料:

(1)《设置医疗机构批准书》或者《设置医疗机构备案回执》;

(2) 医疗机构用房产权证明或者使用证明;

(3) 医疗机构建筑设计平面图;

(4) 验资证明、资产评估报告;

(5) 医疗机构规章制度;

(6) 医疗机构法定代表人或者主要负责人以及各科室负责人名录和有关资格证书、执业证书复印件;

(7) 省、自治区、直辖市卫生行政部门规定提交的其他材料。

申请门诊部、诊所、卫生所、医务室、卫生保健所和卫生站登记的,还应当提交附设药房(柜)的药品种类清单、卫生技术人员名录及其有关资格证书、执业证

书复印件以及省、自治区、直辖市卫生行政部门规定提交的其他材料。

根据《医疗机构管理条例实施细则》第28条的规定,医疗机构执业登记的事项:

(1) 类别、名称、地址、法定代表人或者主要负责人;

(2) 所有制形式;

(3) 注册资金(资本);

(4) 服务方式;

(5) 诊疗科目;

(6) 房屋建筑面积、床位(牙椅);

(7) 服务对象;

(8) 职工人数;

(9) 执业许可证登记号(医疗机构代码);

(10) 省、自治区、直辖市卫生行政部门规定的其他登记事项。

门诊部、诊所、卫生所、医务室、卫生保健所、卫生站除登记前款所列事项外,还应当核准登记附设药房(柜)的药品种类。

《医疗机构诊疗科目名录》另行制定。

《医疗机构管理条例实施细则》以附件形式发布的《设置医疗机构审核意见表》和《设置医疗机构批准书》如下:

设置医疗机构审核意见表

名称:
选址:
床位(牙椅):
服务对象:
服务方式:
所有制形式:
经营性质:
诊疗科目:
法定代表人(主要负责人):
备注:

(续表)

初审部门意见	签字：	年 月 日
主管领导意见	签字：	年 月 日
(厅)局长核批	签字：	年 月 日

设置医疗机构批准书

批准文号： 字〔 〕号

_____：

经核准同意按照下列事项设置医疗机构：

类别：

名称：

选址：

经营性质：

床位(牙椅)：

服务对象：

诊疗科目：

投资总额：

其他：

本批准书有效期至 年 月 日止。

批准机关： (章)
年 月 日

二、实践中的有关问题

对医疗机构主要负责人的规定,现主要集中于提供主要负责人的相关信息,但未涉及其法律地位、任职资格等。

(一)医疗机构主要负责人任职资格规定不完整

根据《医疗机构管理条例实施细则》的规定,正在服刑或者不具有完全民事行为能力的个人,医疗机构在职、因病退职或者停薪留职的医务人员,发生二级以上医疗事故未满5年的医务人员,因违反有关法律、法规和规章,已被吊销执业证书的医务人员,被吊销《医疗机构执业许可证》的医疗机构法定代表人或者主要负责人,不得担任医疗机构的法定代表人或者主要负责人。但是,《医疗机构管理条例》及《实施细则》对什么样的人可以担任医疗机构的主要负责人却没有规定。

(二)医疗机构主要负责人是否与法定代表人相同不明确

我国《医疗机构管理条例》仅规定了要对医疗机构的主要负责人进行审批和登记,未涉及医疗机构法定代表人的审批和登记。然而,《医疗机构管理条例实施细则》在规定主要负责人的任职资格和执业登记事项时,将主要负责人与法定代表人定为选择项目。从字面理解,医疗机构执业登记可登记主要负责人,也可登记法定代表人;主要负责人与法定代表人的任职资格相同。但是,并未明确医疗机构主要负责人和法定代表人的关系。那么,医疗机构主要负责人与法定代表人在制度设计上是否具有相同的地位,起相同的作用?

(三)医疗机构主要负责人是否是设置审批的审核事项不明确

《医疗机构管理条例实施细则》的附件——《设置医疗机构审核意见表》——将主要负责人列为审核事项。但是《医疗机构管理条例》和《医疗机构管理条例实施细则》并未将主要负责人设置为审批事项,仅规定主要负责人为医疗机构执业登记项目。那么,医疗机构主要负责人是否为医疗机构设置审批事项?

(四)医疗机构主要负责人是否为医疗机构执业登记项目不明确

《医疗机构管理条例》明确规定主要负责人为执业登记项目,但《医疗机构管理条例实施细则》却规定可登记主要负责人,也可登记法定代表人。那么,设置审批医疗机构主要负责人是否为医疗机构执业登记的必要项目?

在北京市卫生和计划生育委员会网站,以"专科医院"作为关键字进行医疗机构信息查询,结果显示医疗机构执业登记中有的有主要负责人,有的无主要负责人,有的主要负责人与法定代表人相同,有的不同。具体信息如下:

医疗机构名称	类型	法定代表人	主要负责人
北京国卫生殖健康专科医院	营利性企业法人	童建国	宋新春
北京皇城股骨头坏死专科医院	非营利性企业法人（集体所有制）	黄辉	黄辉
北京金华骨专科医院	营利性企业法人（集体所有制）	金来贵	金来贵
北京市丰盛中医骨伤专科医院	事业法人	齐越峰	
北京心理卫生专科医院	事业法人	马辛	
北京新时代伊美尔幸福医学美容专科医院	营利性企业法人	丁阳	柳成

三、分析及建议

（一）明确主要负责人为医务负责人

一个医疗机构的运作，有财务方面的工作、人力方面的工作、法务方面的工作、市场方面的工作，当然更有医务方面的工作。这方方面面的工作都有主要负责人。医疗机构的法定代表人是能全面代表作为法人存在的医疗机构的人员。然而法定代表人的审批权限在医疗机构主体资格登记机关，而不应在医疗行业主管部门。作为医疗行业的监督管理部门，卫生行政机关监督的重点是与医务相关的工作，其审批的医疗机构主要负责人，应为医务方面的负责人。因此，建议将《医疗机构管理条例》及其《实施细则》的主要负责人明确为医务负责人。同时，应在《医疗机构管理条例实施细则》中增加医务负责人的任职资格规定，如担任医务负责人应当具备下列条件：

(1) 大学本科以上学历；

(2) 从事医务工作或医务管理工作5年以上；

(3) 具有在企事业单位或者国家机关担任领导或者管理职务的任职经历；

(4) 具有医师、护士等相关领域的合法专业资格；

(5) 熟悉履行职责所需的法律法规和监管规定，在医疗健康方面具有良好的专业基础；

(6) 对医疗行业的经营规律有比较深入的认识，有较强的专业判断能力、组织管理能力和沟通能力；

(7) 在中华人民共和国境内有住所；

(8) 卫生监督部门规定的其他条件。

(二) 删除《医疗机构管理条例实施细则》中有关法定代表人的规定

法定代表人指依法律或法人章程规定代表法人行使职权的负责人。法定代表人在国家法律、法规以及章程规定的职权范围内行使职权、履行义务,代表法人参加各种活动。有关法定代表人的规定由有关主体资格方面的法律法规规定,如《公司法》《企业法人登记管理条例》《事业单位登记管理暂行条例》等。医疗行业方面的监督管理规定不宜再对法定代表人作出规定。而且,《医疗机构管理条例实施细则》突破《医疗机构管理条例》对医疗机构法定代表人作出规定,不符合我国立法体制。因此,建议删除《医疗机构管理条例实施细则》中有关法定代表人的规定。

(三) 明确主要负责人为医疗机构设置审批事项,以及医疗机构执业登记审批事项

主要负责人对保障医疗机构的服务水平和患者的生命健康,有着至关重要的作用。应将主要负责人明确列为医疗机构设置审批事项,在设置医疗机构批准书中予以公示,而且作为医疗机构执业登记审批事项。

第三节 非法行医的法律责任

我国政府一直重视医疗卫生事业的发展,先后颁布了多部规范医疗卫生行业的法律法规,以维护医疗管理秩序,保障公共卫生安全。由于医疗行业具有很强的专业性、技术性和风险性,密切关系到人民群众的生命安全和身体健康,而非法行医行为将严重威胁到人民群众的身体健康,所以对于非法行医行为,国家不仅予以行政制裁,情节严重的,特别在1997年的《中华人民共和国刑法》(以下简称《刑法》)新设立了"非法行医罪",用严厉的刑罚手段惩治非法行医行为。考虑到非法行医行为与医疗机构、医务人员的资质具有紧密联系,故在本章中单辟一节进行讨论。

《中华人民共和国执业医师法》(以下简称《执业医师法》)规定,医师经注册后,可以在医疗、预防、保健机构中按照注册的执业地点、执业类别、执业范围执业,从事相应的医疗、预防、保健业务。未经医师注册取得执业证书,不得从事医师执业活动。针对实践中出现的不同情形的非法行医,我们对其应承担的法律责任,来分别作探讨。

一、法律法规

《执业医师法》第2条规定:"依法取得执业医师资格或者执业助理医师资格,经注册在医疗、预防、保健机构中执业的专业医务人员,适用本法。本法所称医师,包括执业医师和执业助理医师。"

《执业医师法》第14条规定:"医师经注册后,可以在医疗、预防、保健机构中按照注册的执业地点、执业类别、执业范围执业,从事相应的医疗、预防、保健业务。未经医师注册取得执业证书,不得从事医师执业活动。"

《执业医师法》第39条规定:"未经批准擅自开办医疗机构行医或者非医师行医的,由县级以上人民政府卫生行政部门予以取缔,没收其违法所得及其药品、器械,并处十万元以下的罚款;对医师吊销其执业证书;给患者造成损害的,依法承担赔偿责任;构成犯罪的,依法追究刑事责任。"

《刑法》第336条规定:"未取得医生执业资格的人非法行医,情节严重的,处三年以下有期徒刑、拘役或者管制,并处或者单处罚金;严重损害就诊人身体健康的,处三年以上十年以下有期徒刑,并处罚金;造成就诊人死亡的,处十年以上有期徒刑,并处罚金。"

2008年,最高人民法院《关于审理非法行医刑事案件具体应用法律若干问题的解释》(以下简称"2008年解释")第1条规定:"具有下列情形之一的,应认定为刑法第三百三十六条第一款规定的'未取得医生执业资格的人非法行医':(一) 未取得或者以非法手段取得医师资格从事医疗活动的;(二) 个人未取得《医疗机构执业许可证》开办医疗机构的;(三) 被依法吊销医师执业证书期间从事医疗活动的;(四) 未取得乡村医生执业证书,从事乡村医疗活动的;(五) 家庭接生员实施家庭接生以外的医疗行为的。"

2016年,最高人民法院《关于审理非法行医刑事案件具体应用法律若干问题的解释》(以下简称"2016解释")对2008年解释进行了修订,第1条改为:"具有下列情形之一的,应认定为刑法第三百三十六条第一款规定的'未取得医生执业资格的人非法行医':(一) 未取得或者以非法手段取得医师资格从事医疗活动的;(二) 被依法吊销医师执业证书期间从事医疗活动的;(三) 未取得乡村医生执业证书,从事乡村医疗活动的;(四)家庭接生员实施家庭接生以外的医疗行为的。"

2001年8月8日,卫生部发布了《关于最高人民法院对非法行医罪犯罪条件征询意见函的复函》(以下简称《复函》),相关规定主要包括以下内容:

(1) 关于非法行医罪犯罪主体的概念

1998年6月26日第九届全国人民代表大会常务委员会第三次会议通过《执业医师法》,根据该法规定,医师是取得执业医师资格,经注册在医疗、预防、保健机构中执业的医学专业人员。医师分为执业医师和执业助理医师,《刑法》中的"医生执业资格的人"应当是按照《执业医师法》的规定,取得执业医师资格并经卫生行政部门注册的医学专业人员。

(2) 关于在"未被批准行医的场所"行医问题

具有医生执业资格的人在"未被批准行医的场所"行医属非法行医。其中,"未被批准行医的场所"是指没有卫生行政部门核发的《医疗机构执业许可证》的场所。但是,下列情况不属于非法行医:① 随急救车出诊或随采血车出车采血的;② 对病人实施现场急救的;③ 经医疗、预防、保健机构批准的家庭病床、卫生支农、出诊、承担政府交办的任务和卫生行政部门批准的义诊等。

二、分类论述

(一) 未取得医师资格行医问题

《执业医师法》及《乡村医生从业管理条例》《医师资格考试暂行办法》等配套法规、规章确立了我国执业医师资格制度,《执业医师法》与《乡村医生从业管理条例》共同构成了我国现行医师执业资格制度的主体。医师执业资格制度的建立,是我国政府对医疗行业实行人员准入控制的重要举措,从而将我国医师队伍的建设纳入法制化、规范化管理轨道,对整顿医疗秩序,打击非法行医,加强医师队伍的管理,建设高素质医师队伍,保护人民健康,促进和保障我国医疗卫生事业的健康发展起到了极其重要的作用。

我国医师指的是依法取得执业医师资格或者执业助理医师资格,经注册在医疗、预防、保健机构中执业的专业医务人员,包括执业医师和执业助理医师。医师经注册后,可以在医疗、预防、保健机构中按照注册的执业地点、执业类别、执业范围执业,从事相应的医疗、预防、保健业务。未经医师注册取得执业证书,不得从事医师执业活动。

根据《执业医师法》第39条的规定,未经批准擅自开办医疗机构行医或者非医师行医的,由县级以上人民政府卫生行政部门予以取缔,没收其违法所得及其药品、器械,并处10万元以下的罚款;对医师吊销其执业证书;给患者造成损害的,依法承担赔偿责任;构成犯罪的,依法追究刑事责任。

根据《刑法》第336条的规定,"未取得医生执业资格的人非法行医""情节严重""严重损害就诊人身体健康的"或"造成就诊人死亡的"分别处以相应的刑罚。《刑法》规定犯罪主体为"未取得医生执业资格的人"。

由此可见,"医师"的概念不但包括执业医师,还包括执业助理医师。这个选择,一方面有利于医师团体内部的新老更替,增强执业助理医师的专业性,另一方面也确定了医师行业的监管范围,是符合医疗行业和医患关系实情的做法。如果不具有上述医师资格,却要施行医疗行为,自然构成非法行医,需要承担行政责任。造成患者损害的,应承担民事赔偿责任;情节严重的,还要承担刑事责任。

(二) 取得医师资格但未注册或未按注册事项行医问题

从《执业医师法》第2条、第14条和《卫生部关于最高人民法院对非法行医罪犯罪条件征询意见函的复函》(2001.08.08)中,我们可以看出,如果医师没注册或没有在注册执业地点、类别、范围行医,该医师的行为就构成非法行医,需要承担行政责任。

但是,从《刑法》第336条和最高人民法院《关于审理非法行医刑事案件具体应用法律若干问题的解释(2008)》的第1条以及最高人民法院《关于审理非法行医刑事案件具体应用法律若干问题的解释(2016)》第1条来看,条文主要关注的是行为人是否具有相应的医师资质的问题,而不是医师执业地点、范围、类别等的问题。2008年的司法解释基本与卫生行政管理部门的意见一致,认为非法行医罪的主体是非医师,以及未按注册事项行医的医师。但是,2016年的司法解释显然缩小了非法行医罪的主体,仅限于没有医师资格的普通人。这一规定对争议多年的非法行医罪主体问题画上了圆满的句号,真正体现了设立非法行医罪的初衷和目的。

另外,根据《复函》的规定,"对病人实施现场急救的"不属于非法行医。这并不是一种拟制,医师在紧急情况下,出于救人的目的,采取相应的救治行为,貌似也构成非法行医;但我们不妨假设一下,如果将这样的行为依照非法行医规定,不仅会破坏医师群体最根本的立基之处,还违背了公序良俗,会毁弃人类同类之间相互扶助的基本伦理和道德观念。即使是非医师的普通人遇到同类发生紧急情况,都应该救助他人。人类社会一切规则的建立目的都在于对人类生命的关怀,而法律规定的意义在于为人们的行为铸就藩篱的同时,还强调对有益于人类的行为的效率加以提升。在紧急情况下,医师救治他人的行为,就是能够极大提升人类益处的行为。这一刻,规则因对生命的尊重而让位于效率。所以,《执业医师法》第 24 条规定:"对急危患者,医师应当采取紧急措施进行诊治;不得拒绝急救处置。"

目前,有一种观点认为,医师的紧急救助行为不具有盈利目的,因此和普通的医疗行为不同。但是,我国医疗机构的建立以非营利性质为主,工作于其中的医师们施行医疗行为本就不具有盈利的目的,为什么在相对更紧急的救治情况下,以是否具有盈利目的作为衡量标准呢?笔者认为这样划定标准欠妥。

另一种观点认为,医师的紧急救助行为不同于一般的医疗行为。难道这两种行为中不是都存在着医师对于患者病情的诊断和治疗方案吗?所以,笔者认为这种划分标准也欠妥。

在笔者看来,这种紧急救助行为包含着诊断和医疗方案,伴随着突发性和现场救治手段匮乏的基本要素,所以存在较高的风险。但这种风险是患者自身存在的生命或健康风险,而不是一位具有专业知识和专业技能、经验的医师的风险。如果将这种风险理解成或者直接领会为医师的风险,那么每一个持有这种观念的人,对于医师的紧急救治行为都可能是"未判先罚",并且极其容易将本不该由医师承担的责任加诸医师身上。所以,有技能、有资质的医师进行紧急救助,只要他进行了合理的处置,都不应该被追究责任。

如何认定这种行为的合理性呢?这就需要以一般注意义务,而不是医师在医疗机构执业的较高的注意义务来判断。如果这种行为的合理性没有得到确认,再根据其情节和损害后果来决定医师是否承担民事责任,抑或承担刑事责任,但不应承担行政责任。

结语

由于我国对医疗机构的设立实施行政审批制度,医疗机构的设立通常被认为只要按行政审批机关要求填写表格,提供材料即可。但是,从上文可以看出,医疗机构设立过程中的名称、主要负责人、商标等问题,都需要设置人和行政监管部门慎重考虑。除此之外,医疗机构的设置条件、登记事项的变更程序等也都需要我们不断探讨和细化。因此,看起来简单的医疗机构设立,实际上也存在大量法律研究的空间。

第 2 章

公立医疗机构改制[①]

公立医疗机构改制由来已久,笔者曾在一家大型企业的职工医院工作,20年前就曾对多家国有企业职工医院改制进行调研,并主持起草了所在医院的改制方案。2002年从医院辞职开始专职律师执业,在2005年前参与卫生部科研课题《公立医疗机构改制》的研究工作,起草了公立医疗机构改制规范的建议稿。可惜该规范并未最终出台,致使目前缺少在全国范围内可以适用的公立医疗机构改制的规范。本章结合有关法律规定,以及最新的医疗卫生体制改革的有关规定,就公立医疗机构改制过程中的律师实务进行讨论。考虑到劳动人事关系的处理在改制过程中的重要地位,本章单辟一节进行讨论。

[①] 本章撰稿人:万欣、刘凯、王润。
万欣,全国优秀律师,北京道信律师事务所执行合伙人、北京市律协理事、医药委主任、纪处委副主任,中国卫生法学会常务理事,北京市医患和谐促进会常务理事,北京师范大学教培中心客座教授,北京市朝阳区律协理事、纪处委主任,E-mail:wanxin@ch-lawfirm.com。
刘凯,北京市华卫律师事务所律师,北京市律协医药委委员,中国医师协会维权委员会委员,中国医院协会医疗法制专业委员会委员,中国妇幼保健协会医疗风险防控专业委员会委员,中国医师维权律师团成员,北京医患和谐促进会会员,北京市多元调解发展促进会调解员,大连医科大学人文与社会科学学院兼职副教授,E-mail:liukailvshi@vip.sina.com。
王润,北京市康达律师事务所律师,北京市律协医药委秘书长、纪处委委员,北京市朝阳区律协纪处委副秘书长,E-mail:13911709702@163.com。

第一节 公立医疗机构改制的背景

一、对我国现代医疗卫生制度发展的粗略梳理

根据历史，尤其是专治医疗史的专家研究，1835年间，美国传教医师伯驾（Peter Parker）得到十三行首富伍秉鉴的捐助，在广州所开设的眼科医局，被认为是近代西医进入我国后设立的第一家医院，有不同表述称其为现代西医在我国境内设立的第一家医院。但陈邦贤先生在其所著《中国医学史》中，引用张星烺所著《欧化东渐史》中的文字显示"一千八百二十年时（嘉庆二十五年），东印度公司外科医士立温斯顿（Livingston）与玛礼孙在澳门设立一小医院，医治贫苦中国人；有中国生徒襄助其事"。然而，这家于1820年开设在澳门的小医院，是否具有现代西医医院的内部管理制度，未见相关资料描述。因此，本章采取通说，仍以伯驾在广州开设的眼科医局作为现代西医进入我国后设立的第一家医院。

查阅有关文献、资料以及著述后，可以明确感受到，国人认识（认知）西医，与其说是从疗效开始，不如说是从那些代表了西医的，沿袭至今已经被视为代表了医生以及医院的诸多"符号"开始。在诸多"符号"之中，迥异于当时国人所熟悉的中医诊疗空间，西医所设立的诊所、医院内部的专有空间，以及国人从未见过的医疗器械，无疑最具有直观性、震撼性。对这种震撼性的最有力的证明，便是西医所设立的医疗机构以及诊疗行为，因被百姓误解、谣传，以及结合其他诸多原因所导致的规模大小不一的"教案"。与普罗大众所具有的直观感受不同，当时的统治阶层、精英阶层和有识之士更多关注的是西医所体现出的科学性，西医所设立医疗机构内部的管理制度及其与中医相比较之后所体现出的先进性，以及当时的西方发达国家围绕医疗机构和医生所展开的成体系的医生教育考试制度、医疗卫生管理制度、公共医疗卫生制度等。

从目前已知的医疗历史研究成果来看[①]，无论是清朝各地方政府、北洋政府抑或民国政府，无论其出发点是什么，无论其最终结果如何，对于围绕医生、医疗机构的管理制度的构建和因情势所进行的主动或被动的改变，都或多或少地在进行。放在广阔的历史维度内看待和分析，在 1949 年中华人民共和国成立之前，先贤前辈们处于中央政令不通、诸侯割据、内外战事频发、外战几乎凡战必败进而赔款割地、日军侵华几近亡国灭种的国家之内，能够从零开始，构建中国自己的现代医疗卫生制度并在当时的大城市中奠定了一定基础，至今都应当为我们后辈们所崇敬。

在 1949 年中华人民共和国成立之前，我国的现代医疗卫生体制属于萌芽阶段；在 1949 年中华人民共和国成立之后至今，就是我国医疗卫生体制的发展、壮大、纠偏以及完善的阶段。

在 1950 年 8 月，我国召开了首届全国卫生工作会议，确定了"面向工农兵、预防为主、团结中西医"的基本工作方针。当前学界、实务界和民间舆论，对于自中华人民共和国成立起至 1978 年这一阶段之间的卫生工作、医疗卫生体制的构建、整个国家医疗卫生事业的发展，持肯定的态度。与中华人民共和国成立前相比，从医疗保障体制角度而言，实现了低水平、广覆盖，公平性体现得较好。这在 1949 年中华人民共和国成立前的历朝历代，是从未出现过的。

在中华人民共和国成立后很长一段时间里，通过接管、新建、社会主义改造等措施，我国基本形成了以全民所有制为主、集体所有制为辅的防治结合的城乡医疗卫生网络，非公有制的医疗机构长期不复存在。

1978 年，十一届三中全会确立了改革开放的基本国策，在全面解放思想、发展经济为主导的当时，我国医疗卫生事业的改革同样处在"摸着石头过河"的状态。1979 年 4 月，卫生部、财政部和国家劳动总局颁布了《关于加强医院经济管理试点工作的意见》，该通知指出：用经济方法管理医院的业务活动和财务收支，要实行定额管理制度，即定任务、定床位、定编制、定业务技术指标、定经费补助，

---

① 如：1908 年，两江总督端方在南京举办的医家考试；北洋政府时期，由地方警察机关负责地方卫生事务；民国政府时期，分别于 1916 年 3 月颁布《传染病预防条例》、1928 年 6 月公布《助产士条例》、1928 年 8 月颁布《种痘条例》、1928 年 9 月重新颁布《传染病预防条例》、1928 年 11 月颁布《卫生部组织法》、1928 年 12 月颁布《卫生行政系统大纲》，并且陆续颁布了《医师暂行条例》(1929 年 1 月)、《药师暂行条例》(1929 年 1 月)、《医师会规则》(1929 年 10 月)、《西医条例》(1930 年 5 月)、《中医条例》(1936 年 1 月)、《医师法》(1943 年 9 月)；等等。

制定各项有关的定额标准、规章制度；建立各种岗位责任制和其他科学管理制度，对医院的经费补助实行"全额管理，定额补助，结余留用"的制度。

1980年8月24日，国务院转发卫生部的《关于允许个体医生开业行医问题的请示报告》。有人认为，该报告是对以往医疗行业全部由公立医疗机构占据形态的"破冰"之举。此种观点并不严谨，该报告的发布，与其说是"破冰"，不如说是"回归"更为恰当。因为早在1963年，卫生部就曾经制定了《开业医生暂行管理办法草案》，在该草案发布后，各省、市、自治区也制订了自己的管理办法和实施方案。据卫生部统计，截至1965年年底，全国城乡共有个体开业人员四万四千余人。

1985年4月25日，国务院批转卫生部所起草的《关于卫生工作改革若干政策问题的报告》，其中所确立的"多方集资，开阔发展卫生事业的路子，把卫生工作搞好"的发展卫生事业的原则，被业内人士总结为"给政策没有钱"。但笔者认为，此种戏谑的说法完全是基于结果而对政策进行否定，此种只图"嘴爽"、貌似全面概括的言辞，只能起到为了批评而批评的作用。仔细阅读此份卫生部起草的报告之后，很令人唏嘘。比如，该报告指出："卫生工作改革的目的是，调动各方面的积极性，改善服务态度，提高服务质量和管理水平，有利于防病治病，便民利民。医院的改革要坚持正确的治疗原则，注意合理用药和合理检查，避免浪费，不能单纯考虑经济问题。""卫生机构的建设，要实行大、中、小型相结合，以中、小型为主，要同城镇建设和城市小区建设同步进行，做到统一规划，合理布局。""各医疗卫生单位要充分发挥现有医疗设备包括贵重仪器设备的作用，提高利用率，凡能对外提供服务的，都要对外开放。大、中城市可试办影像诊断和检验中心，为各级医疗预防保健机构和个体开业服务。"阅读该报告的前述内容，对比我国目前各地所发布的涉及医疗改革（以下简称"医改"）的政策性文件，再想想当下业内人士对于医疗行业中所出现的诸多现象的批评，看看各地越建越大、床位数量越来越多的三级医疗机构，让人不由内心五味杂陈。从1985年至20世纪90年代，由于全国绝大多数财政部门、医疗卫生行政主管部门以及医疗机构，将适用于企业的"自主经营、自负盈亏"的原则，未经细致区分、充分调研就完全适用于公立医疗机构，导致医疗行业乱象频出。

1992年1月18日至2月21日，改革开放的总设计师邓小平发表了一系列关于改革开放、经济发展的讲话，对于我国的经济发展起到了极为重要的作用，破除了当时整个社会从上到下的迷茫状态,整个国家的经济改革再次充满了活力。

从搜集的相关资料、媒体报道来看,在当时的情形下,对于医疗卫生行业的问题已经不断有人指出。但阴差阳错,从上到下,没有对当时已经出现的问题及时进行制度性、系统性的研究和纠偏。当轰轰烈烈的改革浪潮汹涌而来时,1992年9月23日,卫生部下发《关于深化卫生改革的几点意见》。从时间顺序上来看,也就是在国务院下发《关于深化卫生改革的几点意见》之后,将诸如点名手术、特殊护理、特殊病房等诸多增收、创收的行为、模式,在全国医疗系统中普及开来。但争论一直存在,并没有因为该意见下发而完全平息。

2000年2月,国务院公布了《关于城镇医药卫生体制改革的指导意见》。笔者认为,该意见即便是在十几年后的现在看来,也并不落伍,该意见中的一些内容,诸如"鼓励各类医疗机构合作、合并,共建医疗服务集团","营利性医疗机构医疗服务价格放开,依法自主经营,照章纳税"等,仍具有现实意义。但当时江苏宿迁在执行过程中(从1999年至2004年,江苏宿迁医改从时间上早于该指导意见),除保留两家公立医疗机构之外,共计133家公立医疗机构全部采取拍卖方式进行医改。据目前可查询到的媒体报道显示,宿迁介绍其当地的医改时陈述为"医疗事业基本实现政府资本完全退出"。后在2006年6月,北京大学中国经济研究中心医疗卫生体制改革课题组发布《江苏省宿迁地区医改调研报告》,认为宿迁市"看病贵"的问题没有得到解决,百姓的医疗负担反而加重,潜在医疗卫生问题令人担忧。2006年12月7日,清华大学公共管理学院博士后魏凤春发布《宿迁医疗体制改革考察报告》,对宿迁医改给予了积极评价。宿迁医改的成败还在争论之中时,就出现回头。《南方周末》2015年3月5日刊出《"卖光"医院十年后,宿迁为何重建公立医疗机构》的文章,介绍宿迁政府又由财政全额出资,建造一所大型三甲公立医疗机构。显然该地政府已经认识到,将一个较大的市级行政区域内公立医疗机构全部"卖出"的激进式的改制是存在问题的。

2003年的"非典"让国家从上到下认识到了当时整个公共卫生体系所存在的不足和漏洞。争论以宿迁医改为焦点再次展开,被媒体称为"政府主导派"与"市场派"的交锋。至2005年,从目前梳理、搜集的资料和媒体相关报道来看,无疑是"政府主导派"的观点受到了大多数人的肯定。2005年7月29日,《中国青年报》刊发报道《国务院研究机构最新报告说"中国医改不成功"》。报道称,国务院的这个研究报告认为,医改困局的形成,是将近二十年来医疗服务逐渐市场化、商品化引起的,而之所以出现这种情况,和政府对卫生医疗事业的主导不足、拨款不足有关,所以,"核心问题在于强化政府责任",医改路向选择上应以政府为主导,以公有制为主导,坚持医疗卫生事业的公共品属性。

近一两年以来,争论仍未平息,在"政府主导派"的意见占主流的当下,让公立医疗机构回归公益性,政府要加大医改的投入等意见,其合理性和正义性已经不证自明。但是,在对于医改进行深入研究、探讨、呼吁的当下,在对以往医改具有战略性指导意义的诸多政策文件、医改措施所进行的检讨过程中,仍然未脱离以结果否定过程、以结果否定初衷的范畴。在部分社会舆论将"看病难、看病贵"简单、粗暴地归结于医疗机构和广大医务人员之后,在某种程度上促生了医疗纠纷激增,伤医、杀医事件频发。甚至有不少医务人员认为,社会在一段时间之内几乎形成了一种对于医疗行业、医务人员"喊打、喊杀"的局面,他们倍感委屈。随着相关学者、专家们的讨论被媒体广泛且深入地报道之后,对于以往医改政策,尤其是对于运用市场经济手段进行医改,"风向"似乎转变为,不加分析地进行全面否定的态势。无论从何角度、从何层面去进行总结分析,医改只可能是"永远在路上",不可能毕其功于一役。

不可否认,当下医疗行业确实存在这样那样的问题,但从宏观层面分析,中华人民共和国成立后我国的医疗卫生事业一直在不断前进和发展,是一个不争的客观事实。比如人均寿命不断提高,出生婴儿死亡率不断下降且最终长期维持在一个低水平等。当前广受批判的运用市场经济手段进行的医改,最起码为目前占主流的以政府为主导的医改,进行了有益的尝试和探索,为明确医改的方向、完善医改的措施、丰富医改的路径奠定了一定的基础。对此最好的佐证,就是昆明的公立医疗改革模式与宿迁公立医疗机构改制模式存在着很大的不同。

2006年9月,经国务院批准,由国家发展和改革委员会(以下简称"发改委")、卫生部、财政部牵头,劳动和社会保障部、民政部等14个部委组成医疗体制改革协调小组。据报道,医改小组一成立,就对多项医改专题进行了调研。2007年,中国共产党第十七次全国代表大会报告指出,"要坚持公共医疗卫生的公益性质,坚持预防为主、以农村为重点、中西医并重,实行政事分开、管办分开、医药分开、营利性和非营利性分开,强化政府责任和投入,完善国民健康政策,鼓励社会参与,建设覆盖城乡居民的公共卫生服务体系、医疗服务体系、医疗保障体系、药品供应保障体系",同时指出"加强农村三级卫生服务网络和城市社区卫生服务体系建设,深化公立医疗机构改革。建立国家基本药物制度,保证群众基本用药。扶持中医药和民族医药事业发展。加强医德医风建设,提高医疗服务质量"。前述内容,是我国有史以来,第一次完整提出的卫生医疗体制的制度性框架,意义重大、影响深远。至今,已经或正在进行的医改,均在此制度框架内予以开展。2007年,时任卫生部部长的陈竺在第十届全国人大常委会第三十一次会议上,报告了城乡医疗卫生体制改革的情况,并表示"到2010年,在全国初步建立基本医疗卫生制度框架,努力缓解城乡、地区、不同收入群众之间基本医疗卫生服务差距扩大的趋势,有效缓解人民群众看病就医突出问题;到2020年,建立覆盖城乡居民的基本医疗卫生制度"。

2008年10月14日,《关于深化医药卫生体制改革的意见(征求意见稿)》公开向全社会征求意见和建议。2009年3月17日,《中共中央国务院关于深化医药卫生体制改革的意见》发布。该意见明确指出:"坚持公平与效率统一,政府主导与发挥市场机制作用相结合。强化政府在基本医疗卫生制度中的责任,加强政府在制度、规划、筹资、服务、监管等方面的职责,维护公共医疗卫生的公益性,促进公平公正。同时,注重发挥市场机制作用,动员社会力量参与,促进有序竞争机制的形成,提高医疗卫生运行效率、服务水平和质量,满足人民群众多层次、多样化的医疗卫生需求。"2009年3月18日,《医药卫生体制改革近期重点实施方案(2009—2011年)》同样指出:"要处理好公平与效率的关系,在改革初期首先着力解决公平问题,保障广大群众看病就医的基本需求,并随着经济社会发展逐步提高保障水平。逐步解决城镇职工基本医疗保险、城镇居民基本医疗保险、新型农村合作医疗制度之间的衔接问题。鼓励社会资本投入,发展多层次、多样化的医疗卫生服务,统筹利用全社会的医疗卫生资源,提高服务效率和质量,满足人民群众多样化的医疗卫生需求。"

2010年2月11日,卫生部、中央编办、国家发改委、财政部、人力资源和社会保障部(以下简称"人社部")制定并发布了《关于公立医疗机构改革试点的指导意见》(卫医管发〔2010〕20号)。2010年11月26日,国务院办公厅转发了由国家发改委、卫生部、财政部、商务部、人社部制定的《关于进一步鼓励和引导社会资本举办医疗机构的意见》(国办发〔2010〕58号)。2011年9月30日,卫生部发布了《关于做好试点城市公立医疗机构布局与结构调整工作的通知》(卫规财发〔2011〕78号）。

2012年1月5日，全国卫生工作会议在北京召开，时任卫生部部长陈竺在会议上作了题为《突出重点 攻坚克难 全面落实医改和各项卫生工作任务》的工作报告。在讲话中，陈竺指出，"医疗保障制度覆盖面已达95%以上"，"2001年政府预算卫生支出和社会卫生支出分别仅占16%和24%，至2010年政府预算卫生支出和社会卫生支出分别提高到28.6%和35.9%"，"继续落实政策，大力促进非公有制医疗机构发展，形成多元办医格局"，"在其他各类医疗机构全面配备、优先使用基本药物"。

2012年3月14日，国务院发布了《"十二五"期间深化医药卫生体制改革规划暨实施方案》（国发〔2012〕11号），该方案明确指出"本规划主要明确2012—2015年医药卫生体制改革的阶段目标、改革重点和主要任务，是未来四年深化医药卫生体制改革的指导性文件"。

2015年3月30日，国务院办公厅发布了《全国医疗卫生服务体系规划纲要(2015—2020年)》（国办发〔2015〕14号）。该文件认为，我国目前"医疗卫生资源总量不足、质量不高、结构与布局不合理、服务体系碎片化、部分公立医疗机构单体规模不合理扩张等问题依然突出"，该规划纲要确立了坚持健康需求导向、坚持公平与效率统一、坚持政府主导与市场机制相结合、坚持系统整合、及坚持分级分类管理，共计五大基本原则。其中再次强调，要"切实落实政府在制度、规划、筹资、服务、监管等方面的责任，维护公共医疗卫生的公益性。大力发挥市场机制在配置资源方面的作用，充分调动社会力量的积极性和创造性，满足人民群众多层次、多元化医疗卫生服务需求"。

2016年12月27日，国务院发布《"十三五"深化医药卫生体制改革规划》，该规划再次明确，"在基本医疗卫生服务领域，坚持政府主导，落实政府责任，适当引入竞争机制。在非基本医疗卫生服务领域，发挥市场活力，加强规范引导，满足多样化、差异化、个性化健康需求"，"实行政事分开、管办分开、医药分开、营利性和非营利性分开，优化供给侧治理能力和要素配置，提升服务效率和质量。对需求侧进行科学引导，合理划分政府、社会、个人责任，促进社会共治"。

二、对于本章公立医疗机构改制外延的界定

医疗体制的改革，涉及公共卫生服务体系、医疗服务体系、医疗保障体系和

药品供应保障体系,被大家约定俗成地统一称为"医改"。自始至终,医改的终极目的没有本质变化,就是为了使人民群众的生命健康权益能够得到及时、有效、完善的医疗服务,且能够与人民群众日益增长的医疗服务需求相匹配。争论的焦点是医改路径、医改措施的选择、导致医疗行业出现诸多问题及乱象成因的确定,以及医改步骤、广度、深度,近期、中期和远期目标的确定及规划。

根据《全国医疗卫生服务体系规划纲要(2015—2020年)》(国办发〔2015〕14号)的规划,公立医疗机构的改制,改的是医疗卫生资源的布局和结构,提升西部地区、基层医疗卫生服务机构的医疗服务质量和服务水准,改变中医药以及民族医药与西医发展的不协调,调整资源要素的结构失衡状态,改变专科医疗机构发展较慢、儿科、精神卫生、康复、老年护理等领域服务能力不足、公共卫生机构、医疗机构分工协作机制不健全、缺乏联通共享的情况,要改变各级各类医疗卫生机构合作不够、协同性不强的现实,正视以药补医机制仍未完全消除、科学的补偿机制尚未确立、政府对医疗卫生资源配置的宏观管理能力不强、资源配置不够优化等现实状况,并进行针对性地改革。由此,可以看出,国家从宏观层面而言,期望通过针对性较强的改革措施,达到兴利除弊,解决医疗卫生资源总量不足、质量不高、结构与布局不合理、服务体系碎片化等当前医疗卫生行业所存在的结构性、系统性、制度性的诸多问题。进而,使改制后的医疗行业的发展态势、服务能力和水平可以与广大人民群众日益增长的医疗卫生服务需求匹配,最终目的是能够与国家总体战略规划目标相适应。

从客观"环境"进行分析,社会主义市场经济不断发展,社会经济总量不断提升,人均可支配收入不断提升等诸多属于"经济基础范畴"的现实存在,导致百姓对于自身健康权益、健康服务的需求不断增长,进而与老旧的医疗服务水准不匹配的矛盾,由此所引发的一系列社会现象、社会问题以及因此所形成的"汹汹民意"是除国家发展医疗卫生事业战略方向和规划之外的,推动国家进行医改的主要因素。

前述宏观层面涉及公立医疗机构改制的情形,非本章进行讨论的公立医疗机构改制的外延。

在本章中,我们要进行的公立医疗机构改制相关问题的讨论,仅限于现有公立医疗机构通过引入社会资本、改变公立医疗机构自身内部的产权构成、引入外部管理者、管理制度等诸多"技术"方式,在与国家医改宏观层面的战略不抵触的情形下,对自身内部运行体制、运行结构所进行的改革,不涉及公立医疗机构引入社会资本新建医疗机构的情况、不涉及 IOT、PPP 等模式。

三、公立医疗机构改制的现状和模式

截止到 2015 年,我国各级、各类医疗机构总计 983 528 家,其中位于城市的医疗机构 165 484 家,位于农村的有 818 044 家;登记为公立医疗机构的有 543 666 家,政府主办的有 158 777 家,卫生计生部门主办的有 145 394 家;三级医院总计 2 123 家,其中综合医院 1 191 家,中医医院 399 家,中西医结合医院 52 家,民族医院 14 家,专科医院 467 家。① 至 2016 年 8 月,全国公立医疗机构数量比 2015 年同期减少 474 家,月均减少近 40 家。预估 2016 年中国公立医疗机构数量减少应在 600 家左右。而在 2016 年之前的五年,公立医疗机构年均减少 156 家。② 而根据《中国民营医院发展报告(2016)》的数据显示,"到 2015 年底民营医院总数从 2010 年的 7 068 家增加到 14 518 家,增幅达 105.40%。2010—2015 年,全国民营医院数量同比增长都在 10%以上","而在此期间全国公立医疗机构的数量基本不增长甚至出现负增长的态势。五年来公立医疗机构的数量由 13 850 家下降至 13 069 家,降幅为 5.64%"。

当前公立医疗机构的共性问题主要有:公立医疗机构的所有者和管理者之间具体的责权不明确,公立医疗机构法人治理结构亟待完善,公立医疗机构内部人事管理制度与当前整个大环境不匹配,医院内部分配制度不清晰、不完善;在医药分开后,新的公立医疗机构补偿机制尚未完全确立,药事服务费和医疗技术服务费用的标准和制度尚未完全确立,部分公立医疗机构单体规模过大;等等。其中,部分公立医疗机构单体规模过大导致患者就医"体验感"下降的情况,不仅为广大患者所不满意,在业界内部以及政府管理层层面上,也是广受诟病。根据媒体报道,2015 年,河南省收入前 10 名的医院医疗收入总额达 237.12 亿元,其中,郑州大学第一附属医院以 84.09 亿元的收入,被媒体戏称为"宇宙第一大医院"。其余 9 家医院及医疗收入分别是:河南省人民医院 46.6 亿元,河南省肿瘤

---

① 参见国家卫生和计划生育委员会:《中国卫生和计划生育统计年鉴2016》,中国协和医科大学出版社 2016 年版,第 6 页。
② 参见曹凯:《公立医院改制并购门槛难迈:利润被利益攸关者私相分配》,载新浪网—财经(http://finance.sina.com.cn/roll/2016-11-14/doc-ifxxsmic6240357.shtml),访问日期:2018 年 1 月 19 日。

医院23.32亿元,南阳市中心医院13.59亿元,郑州市中心医院12.52亿元,河南中医学院一附院12.33亿元,郑州大学第三附属院12.13亿元,新乡市中心医院11.17亿元,平煤神马医疗集团总医院10.71亿元,郑州人民医院10.66亿元。而在媒体报道的当时,河南省共有11家创业板上市公司,这11家创业板上市公司在2014年营业收入总计66.06亿元,媒体计算的比例是:11家创业板上市公司营业收入全部加起来,不足郑州大学第一附属医院2015年营收的八成。而2014年郑州大学第一附属医院营业收入是75亿元,2015年其增长到了84.09亿元,增长12%。[①]

2000年2月,国务院公布了《关于城镇医药卫生体制改革的指导意见》,虽然有地方政府早在此份文件出台之前就已经进行了公立医疗机构改制,如我国最早(1995年)实行股份合作制改革的医院——台州温岭骨伤科医院和江苏宿迁所进行公立医疗机构改制,但从全国范围来看,公立医疗机构改制的缓慢升温大致是在2003年左右。一些地方性的政策性文件也随之出台,如2003年12月8日,上海市政府正式出台《关于本市促进社会办医发展民办医疗机构若干意见(试行)》(70号文件,该文在2004年起全面贯彻实施),福建省正式出台了《关于加快发展民办医院的若干意见》,其中明确提出,鼓励公立医疗机构改制为民办医院。

自2009年3月17日,《中共中央国务院关于深化医药卫生体制改革的意见》发布之后,国务院及卫生部门,密集发布了一系列涉及公立医疗机构改制的文件。具体列明如下:

(1) 卫医管发〔2010〕20号《关于印发公立医疗机构改革试点指导意见的通知》;

(2) 国办发〔2010〕58号国务院办公厅转发国家发改委、卫生部等部门《关于进一步鼓励和引导社会资本举办医疗机构意见的通知》;

(3) 卫规财发〔2011〕78号卫生部《关于做好试点城市公立医院布局与结构调整工作的通知》;

[①] 参见《超9家改制后的河南企业医院遭资本围猎 社会资本为何青睐这类医院》,载华夏医疗集团有限公司网站(http://www.huaxia-healthcare.com/union.php?classid=36&viewid=1459),访问日期:2018年1月19日。

(4) 卫医政发〔2012〕26号卫生部《关于社会资本举办医疗机构经营性质的通知》；

(5) 国办发〔2012〕33号《关于县级公立医院综合改革试点的意见》（已失效）；

(6) 国发〔2013〕40号国务院《关于促进健康服务业发展的若干意见》；

(7) 国卫体改发〔2013〕54号《关于加快发展社会办医的若干意见》；

(8) 财金〔2014〕76号《关于推广运用政府和社会资本合作模式有关问题的通知》；

(9) 国发〔2014〕60号国务院《关于创新重点领域投融资机制鼓励社会投资的指导意见》；

(10) 发改投资〔2014〕2724号国家发改委《关于开展政府和社会资本合作的指导意见》；

(11) 国办发〔2015〕33号国务院办公厅《关于全面推开县级公立医院综合改革的实施意见》；

(12) 2015年4月25日，六部委联合发布《基础设施和公用事业特许经营管理办法》；

(13) 国办发〔2015〕38号国务院办公厅《关于城市公立医院综合改革试点的指导意见》；

(14) 国办发〔2016〕26号《深化医药卫生体制改革2016年重点工作任务》。

但适用于全国范围内的明晰的、具有实操性的规制公立医疗机构改制的规范性文件，至目前为止仍然未能出台。2017年4月25日国务院办公厅《关于印发深化医药卫生体制改革2017年重点工作任务的通知》（国办发〔2017〕37号）指出，2017年深化医药卫生体制改革，要研究制定的文件规定中，有不少涉及公立医疗机构进行改制的文件：《制定推进医疗联合体建设和发展的指导意见》（已出台）、《制定国有企业办医疗机构深化改革的指导意见》（国务院国资委负责，2017年6月底前完成）等，并且明确指出："合理控制公立综合性医院的数量和规模。"

据笔者自行检索的结果来看，我国多数地方出台了适用于本行政区域之内的规制公立医疗机构改制的政策性文件。如：

2006年，宿迁市委、市政府下发了《关于进一步加快民营医院发展的意见》；

2010年,洛阳市人民政府制定了《关于印发公立医院改革试点指导意见的通知》;

2012年,武汉市制定并发布了《武汉市医疗卫生设施空间布局规划(2011—2020年)》;

2012年,武汉市出台了《关于进一步鼓励和引导社会资本举办医疗机构的意见》;

2013年,武汉市制定了《武汉国家医疗卫生服务中心发展规划(2013—2020年)》;

2015年,山东省委办公厅、省政府办公厅印发了《关于进一步深化医药卫生体制改革的实施意见》;

2016年,北京市发布了《北京市公立医院特许经营管理指南(试行)》。

研读前述政策性文件的内容之后,几乎绝大多数均属于宏观层面以及战略层面的目标、规划。就实际操作层面来看,洛阳所出台的政策性文件,相较而言更具有可操作性。但笔者个人认为,综合比较之下,北京市所发布的文件,其实操性在前述笔者不完全搜集的文件规定内容来看,是最强的。

对目前搜集的媒体报道资料及相关文章进行分析后,可将目前我国公立医疗机构改制的模式分为两大类:一类是产权变动的改制模式,另一类就是产权不变动的改制模式。

在产权变动的改制模式下,无论是在实践操作层面还是在理论层面,又分为国有产权整体转让和国有产权部分转让的改制模式。

在产权不变动的改制模式下,一般为托管、特许经营、医联体(医院集团)。

相较于2000—2003年期间的第一轮公立医疗机构改制,经查阅相关报道可以看出各地方政府在本轮公立医疗机构改制的特点,粗略总结如下:

(1) 社会资本更加"活跃":

2013年至2016年8月间,国内上市企业披露的医疗服务项目达52个。2015年披露的20个并购项目涉及125.5亿元。[1]

(2) 医药类上市公司成为并购公立医疗机构主力:

---

[1] 参见曹凯:《公立医院改制并购门槛难迈:利润被利益攸关者私相分配》,载新浪网—财经(http://finance.sina.com.cn/roll/2016-11-14/doc-ifxxsmic6240357.shtml),访问日期:2018年1月19日。

自 2013 年国务院发布《关于促进健康服务业发展的若干意见》之后,诸多医药类上市公司宣布并购公立医疗机构,其战略目的在于将自身从传统医药产业向医疗服务行业和大健康产业进行布局。①

(3) 国有大型医疗集团进入公立医疗机构改制领域:

2015 年 1 月 15 日,北大医疗产业集团有限公司与洛阳东方医院签署战略合作协议;2015 年 1 月 27 日,北大医疗产业集团有限公司与齐鲁石化医院集团中心医院签署协议,双方实现产权合作。②

(4) 企业医院改制步伐和规模再次加大:

截至 2014 年 9 月,武汉市改制的企业医院有 40 余家,除了整建制移交政府、高校以及直接出售给私营资本的企业医院外,企业医院改制模式主要是股份制。③

2017 年 3 月,国有企业江苏徐矿集团旗下原有 19 家医院被一次性打包改制,19 家医疗机构包括徐矿总医院、徐矿一院、徐矿二院 3 家直属医院和 5 家矿属医院等。交易的另一方主体是复星集团和泰康保险集团。

(5) 改制模式多元并举,防止国资流失已经深入人心:

山东省委、省政府所发布的《关于进一步深化医药卫生体制改革的实施意见》明确指出:"允许公立医疗机构在保障国有资产和医疗质量安全的前提下,以特许经营方式与社会资本合作。鼓励公立医疗机构与社会力量合作举办医疗机构,组建医疗联合体,在预约诊疗、双向转诊、远程医疗等方面加强合作。鼓励公立医疗机构以多种形式引入社会资本,采取联合、参股、兼并、收购、托管等形式进行改制重组。"

洛阳市人民政府所发布的《洛阳市加快公立医院改革改制工作实施方案》中指出,建立以理事会为核心的"三会一层"(理事会、监事会、职工代表大会、管理层)法人治理结构,新建医院可采取股份制形式建设,市政府委托市医院管理局行使政府出资人的职责,负责医院国有资产的管理,确保国有资产保值增值。公

---

① 参见《17 家医药类上市公司参与医疗机构并购》,载中国制药网(http://www.zyzhan.com/news/detail/43235.html),访问日期:2018 年 1 月 19 日。
② 参见王广英:《医疗投融资年度案例及评析(公立医疗机构改制篇):方兴未艾》,载健康界网(http://www.cn-healthcare.com/article/20150307/content-471090.html),访问日期:2018 年 1 月 19 日。
③ 参见《40 家医院改制勾勒三种模式 股份制或成主要路径》,载中国网—财经(http://finance.china.com.cn/industry/medicine/yyw/20140923/2691951.shtml),访问日期:2018 年 1 月 19 日。

立医疗机构改制前领办的社区卫生服务中心,其资产按照国家、省相关规定执行,公立医疗机构可结合实际,自行选择"国有资产整体出让、职工集体持股"的模式、"保留存量、引进增量、增资扩股"的模式,政府股权原则上不低于34%,社会资本以现金形式入股,可以参股或控股。

武汉市目前的改制方式不仅包含资产整体有偿转让,实行资本重组之外,还包括建制整体移交地方政府、地方高校附属教学医院等。

(6) 改制后的医院是否仍然具有"公益性"与"国有资产流失"问题,是公立医疗机构改制不被认可的主要理由:

2011年9月27日,云南曲靖第二医院部分职工以"反对贱卖医院"的名义,反对方正集团旗下的北大国际医院集团与该院的合作建院并投资的项目,导致曲靖二院改制暂停。[①] "公立"与"公益"等号连接,仍然是绝大多数人的思维模式。杭州整形医院在进行改制时,离开该院的医生的说法就非常具有代表性:"担心民营资本过于追逐利益,让医生满身铜臭。"[②] 回避或淡化改制后医疗机构的属性,如洛阳市第六人民医院副院长对改制后医院的介绍中讲道:"我们改制后的医院不叫公立(医院),也不叫私立(医院),叫新型社会主义公有制的股份制医院。"[③]

(7) 政府对于公立医疗机构改制后的监管能力和力度引发关注:

改制后,政府相关部门对于医疗机构的监管还能否到位,引发人们的担忧和疑虑。比如,记者曾经报道辽宁省瓦房店市大批医疗机构改制后的情况:"从晚上20时30分至22时的黄金时间,当地电视台90%以上的节目是各医院医药讲座和医疗广告,改制医疗机构是其中的主力。在《健康窗口》栏目,四院(精神病院)的两位主任大谈抑郁症、焦虑症;在《健康有约》栏目,瓦房店中医院的一位主任大谈男女泌尿性疾病治疗;四院、中医院的泌尿科广告不断滚动播出……各家医院争上救护车,有的救护车连基本的急救设备都没有……瓦房店市工商局副局长说,工作确实存在执法不严、管理不到位的问题。工商局商标广告科只有4

---

① 参见王卓铭:《公立医疗机构改革曲靖样本:股份制办院困局待解》,载《21世纪经济报道》2012年2月16日。
② 参见《杭州整形医院公改私的4年艰辛历程》,载华夏医界网(http://zx.hxyjw.com/news/265000/),访问日期:2018年1月19日。
③ 参见《洛阳医院过渡式改制》,载财经网(http://misc.caijing.com.cn/chargeFullNews.jsp?id=111804681&time=2012-04-09&cl=106),访问日期:2018年1月19日。

个人,办案经费相当困难,连汽车的油钱都保证不了,怎么去查案子。"①

(8) 随着对以往公立医疗机构改制的思考渐趋深入、理性,无论从决策层面还是实践层面,均更加注重职工的思想、利益问题:

在 2003 年左右第一轮的公立医疗机构改制期间,诸多媒体在对各地公立医疗机构改制的事项进行报道时,虽然也提出了现实的困难和问题,但从总体而言,"赞歌"居多,对于相关问题深入和理性的思考较少。随着时间的推移,公立医疗机构改制的案例(无论成功还是失败)渐渐增多,开始引起广泛的重视。如,2005 年媒体报道的《曲靖中医院改革脱困的思考》一文中,几乎是通篇赞扬、肯定的口吻;但在 2012 年,则出现媒体报道《公立医疗机构改革曲靖样本:股份制办院困局待解》。两篇报道都涉及了曲靖中医院,但我们会发现,曲靖中医院的第一个合作方是医药企业三九集团,两家的合作被当时的媒体称为全国第一家进行股份制改造的地市级中医院。但因为诸多原因,三九并未对中医院进行改革,只是挂了块牌子,后三九撤资,当地政府又找到了国立投资完成改革。在运作数年后的 2009 年 10 月,出现了员工堵路、医院罢工的现象,最终,曲靖当地政府被迫出资 4 000 万元回购国立持有的股份,曲靖中医院重回国有体制。在媒体报道中,简单罗列了相关的问题,其中就提到"员工普遍认为失去'铁饭碗'而变成聘用制,心理上无法适应"。

从目前诸多总结分析公立医疗机构改制的论文、媒体报道以及其他各种各样的文章中,在公立医疗机构改制的实施过程中,均或多或少地提到了涉及员工自身思想认识、自身权益的问题。不仅在理论层面如此,在实践中也引起了政府部门的重视,并体现在政府所发布的政策性文件中。如山东省发布的《关于进一步深化医药卫生体制改革的实施意见》中就明确指出:"在推进改革的过程中,确保维护好医务人员的合法权益……充分发挥党组织的战斗堡垒作用和党员先锋模范作用,充分调动广大职工群众支持改革、参与改革的积极性,使党的建设与医药卫生事业改革发展相互促进……强化舆论引导,做好医改政策的宣传解读,合理引导社会预期。"洛阳市发布的《洛阳市加快公立医院改革改制工作实施方案》指出,"建立以理事会为核心的'三会一层'(理事会、监事会、职工代表大会、

---

① 参见《瓦房店公立医院改制:价值数千万卖了几十万》,载人民网—财经(http://finance.people.com.cn/GB/67486/68164/4666394.html),访问日期:2018 年 1 月 22 日。

管理层)法人治理结构","完善职工绩效考核制度","充分调动医务人员的积极性","创造宽松环境,加快医院改革发展,提升医务人员待遇","做好宣传发动,统一思想,达成共识","在资产审计评估基础上,改制医疗机构制订改制方案和职工安置方案","改制医院召开职工代表大会或职工大会,审议改制方案和职工安置方案并形成决议","理顺职工劳动关系"。

第二节 产权变动的改制模式

一、产权变动的改制模式下的重要问题

从实践操作进行总结、分析后可以发现,在产权变动的改制模式下,最重要的问题有两个层面:一是人员的问题,二是产权的问题。公立医疗机构的改制,就是对原有利益格局的重构。因此,公立医疗机构改制前的人员安置、利益分配等诸多涉及职工自身权益的问题,非常重要。此外,对于公立医疗机构改制,社会各界最关心的除了原有人员安置问题,就是国有资产是否流失、是否被贱卖的问题。可以肯定地说,任何公立医疗机构的改制,只要前述两项问题得到了妥善的解决,其他问题便都是技术层面的问题,整个公立医疗机构改制就几乎是水到渠成了。关于公立医疗机构改制的人员安置的问题,我们在本章第四节"劳动人事关系处理"进行专题讨论。

公立医疗机构在改制全过程中及改制完成后均会涉及国有产权的处理和管理问题,依法妥善处理国有产权,确保在改制过程中国有产权不流失,最低限度要达到保值目的,是改制能否合法有效、顺利完成的前提条件。公立医疗机构在改制过程中对国有产权问题的处理模式和思路,又决定了改制后的医疗机构的法律属性和发展道路。因此,国有产权的处理,是公立医疗机构改制过程中必须首先考虑的问题。具体而言,公立医疗机构在改制过程中可能涉及的国有产权的处理、管理问题主要表现在以下几个方面:

(1)在改制过程之初,公立医疗机构就应委托符合法律规定的有国有资产评估资质的评估机构,对自有的全部有形资产及无形资产,依法进行评估。

根据现行的《国有资产评估管理办法》的相关规定,在对国有资产进行评估

时,一般程序为:

① 申请并办理资产评估立项手续(受理申请的部门为国有资产管理部门);

② 资产清查;

③ 委托有执业资格的评估机构进行评估;

④ 申请并办理资产评估报告的确认手续。

(2) 在资产评估完毕后,公立医疗机构可以根据自身改制的方案,开始下一步改制工作。

二、产权变动的改制模式下的具体表现形式

从实践操作来看,公立医疗机构在产权变动的改制模式下的具体表现形式有以下几种:

(1) 公立医疗机构整体出让给民营资本或国有资本;

(2) 引入社会资本后形成股份制医院;

(3) 引入社会资本后形成有限责任公司制医院;

(4) 医疗机构管理层收购;

(5) 改制后形成股份合作制医院;

(6) 改制后形成个人独资医院;

(7) 改制后形成中外合作医院;

(8) 改制后形成中外合资医院。

三、公立医疗机构改制后易产生的问题

总结实践经验后发现,公立医疗机构在改制后,易产生以下具有共性的问题(矛盾):

1. 过于追寻在短期内产生利润

医疗机构的运营有其自身独特的属性。一般而言,在运营医疗机构的过程中,资本不可能避免其天然具有的"逐利"性,如何在资本的"逐利"性与医疗机构自身品牌、技能、服务等软实力层面达到一个动态的平衡,是所有改制后的医疗机构都需要面对的问题。

从实践情况来看,当前大多数并购公立医疗机构的民营或国有资本,均认识到了此点。相较而言,越是资本实力雄厚的民营企业、国有企业,越是能够给予

一个较长的、合理的对改制后的医疗机构进行"深耕细作"的期限。反之,则会出现因急于追寻利润变现而导致的一系列乱象。此种情形较多出现在城市规模不大、公立医疗机构集中进行改制并且改制参与主体不同的地域中。由此,就形成了一种循环:轰轰烈烈改制—乱象汹涌喷发—媒体进行报道—主管部门加强管制—社会资本控制(或其所占股份多次易手)—群众及职工合法权益得不到保障—政府接盘—再次改变。

2. 不注重医院法人治理结构的构建或改变方式过于简单粗暴

改制前的公立医疗机构,其内部管理架构受限于当前外部的大的制度环境,因此确实存在诸多问题。但不可否认的是,自中华人民共和国成立以来,这套内部管理架构已经运行了近70年,自有其存在的价值和合理性。公立医疗机构改制后,对原有的内部管理架构当然要进行改变(改革),但改变(改革)的程度要因时因势而定,不能采取"一刀切"的做法。并且,在改变的过程中,原有公立医疗机构内部的传统和文化都不能简单地完全予以剔除,进而另开"炉灶"。从某种角度而言,所谓的"企业文化",既包含好的一方面,也包含不合时宜的一方面,两种或多种不同理念、不同文化、不同背景的人员组织在一起,要事先充分考虑到其中差异,并给予合理的摸底、分析、磨合的期限。在此种情况下,法人治理结构的构建也要同时进行,确切而言,这两者是一体两面的情形。哪一项工作做细致了,另一项工作就事半功倍。但无论如何,完全在医疗机构内部实行企业化运营管理模式,从实践来看,代价较大。

3. 过于迷信学历、"大牌"专家,忽视普通医务人员的权益和感受,利益分配失衡,造成普通医务人员流动频繁甚至出现群体性事件

无论医院的硬件设备、装修设施多么先进、多么豪华,就医院的本质而言,它仅是一个对患者进行诊疗、护理的场所。对实践操作进行分析后不难发现,与患者及患方家属"接触"时间最多的是院内的普通医务人员,而不是那些"大牌"的专家、学者等。业内话讲就是"三分治病、七分护理"。而医疗又是一个实践性很强的学科,从改制后的医疗机构的长远发展来看,无论从任何角度分析,形成本院"土生土长"的学科带头人、专家、经验丰富的护士、护士长,都是极其必要的。因此,改制后的医疗机构中,如何平衡"高学历""大专家"与普通的医护人员之间的关系,如何平衡医院内部各群体之间的利益分配,是一个重点问题。在实践中,无论是在未改制的公立医疗机构内部,还是在已经改制的医疗机构内部,重

大夫、轻护士,重诊疗、轻护理,重大牌、轻普通医务人员,重医生、轻医技人员的情况,屡见不鲜,甚至于不时有"护士因为利益分配不公或权益得不到保障,进行集体请愿"的新闻见诸媒体。

4."跑马圈地"重量不重质,通过"讲故事"融资圈钱,将并购的大量公立医疗机构作为某种营销渠道,或将并购的医疗机构溢价出售,或由政府溢价回购

公立医疗机构改制的终极目的,前文已陈,此不赘述。但从目前笔者所搜集到的资料来看,对公立医疗机构改制是否成功的探讨,均停留在"公立医疗机构改制"这一程序是否推进、是否完成的技术层面;从诸多媒体报道的内容来看,也大都是从改制后的医疗机构自身是否盈利这一角度进行描述,尚未见有哪一社会资本或国有资本在投资改制医疗机构之后,最终完全亏损的报道。即便有报道说某地的公立医疗机构的改制出现了问题和困境,参与改制的社会资本或国有资本退出,通常也都描述为股权易手或政府溢价回购。如2011年,双鹭药业发布公告称拟投资1.6亿元,与新乡市中心医院合资设立一所大型综合性医院。但在2013年4月,双鹭药业将所持新乡市中心医院东区医院80%股权全部转让给新乡市中心医院,交易价格1.78亿元。①

相较于媒体已经报道出来的某某集团并购某某医疗机构之外,还有大量的公立医疗机构被并购或改制的情况,因这样或那样的问题,并没有被集中报道。即使是上市企业披露的并购项目,也往往分散各地,不集中,比如上市医药企业恒康医疗,几乎每隔三四个月就签下一家医院,目前收购的医院分布在辽宁、江西、安徽、四川等多地。有人指出,这种方式有违专业投资机构的模式:可复制和连续投入,再通过转让或者上市寻求退出。②

笔者以为,只要不违反法律规范性文件,并购之后,无论股权如何易手、如何融资,都应当被允许。但医疗行业毕竟与老百姓的生命健康息息相关,可以运用市场化的手段去进行改制、去进行运作,但要考虑到这一行业自身的特殊性,最重要的是,不能将国家制定的与医改有关的好的政策,在实际操作过程中给"搞歪了",资本介入公立医疗机构改制过程中,营利不仅可以还应当受到保障和鼓

---

① 参见《资本圈地国有医院,经营模式待考》,载中国经营网(http://www.cb.com.cn/companies/2014_1213/1101472_2.html),访问日期:2018年1月19日。
② 参见曹凯:《公立医疗机构改制并购门槛难迈:利润被利益相关者私相分配》,载新浪网—财经(http://finance.sina.com.cn/roll/2016-11-14/doc-ifxxsmic6240357.shtml),访问日期:2018年1月19日。

励,但不能对此进行像"炒房""炒股票""炒期货"那样的炒作。否则,伤害的是我们所有人。

四、法律实务

(一) 概况

应当明确的是,在公立医疗机构进行产权变动模式下的改制,到目前为止,没有统一适用于全国的规范或指南,本部分在介绍法律实务时,仅是就公立医疗机构在产权变动的改制模式下,在实践中所具有的一些共性的事项、程序进行陈述。

从逻辑进行分析,在介绍公立医疗机构进行产权变动模式下的改制时,首先要确定,哪些医疗机构可以进行改制,哪些医疗机构不能进行改制。从理论层面进行分析,只要符合国家医改的大政方针,符合拟改制医疗机构所在地政府的规划目标,且与国家医改的战略性目标不违背,任何医疗机构都可以进行改制。

2016年12月27日,国务院发布《"十三五"深化医药卫生体制改革规划》,其中有文字表述为"原则上政府举办的传染病院、精神病院、职业病防治院、妇幼保健院和妇产医院、儿童医院、中医医院(民族医院)等不进行改制"。诸多媒体对此报道为:"国务院定调!不准儿童、中医、妇产等公立医疗机构改制。"此种描述,不够严谨,没有准确表达文件的核心精神。

从实践操作层面来看,目前进行改制的医疗机构,大多具有以下特征:

(1) 地方政府财政困难,对于卫生事业的拨款力不从心,甚至有些地方政府,还存在挤占、暂时挪用卫生事业的财政性资金的情况,有些地方政府在创建所谓××城市时,还有要求包括医疗机构在内的本行政区域内的各家单位进行捐款等行为;

(2) 医疗机构自身因为这样或那样的因素,管理不善、最终导致运营无以为继;

(3) 当地政府因医疗资源配置问题,需要满足不同层次群众需求;

(4) 拟引进参与公立医疗机构改制的主体,在业内享有良好声誉,可以使拟进行改制的公立医疗机构,无论从管理层面还是从技术层面,均能更上一层楼。

一旦公立医疗机构拟进行改制,一般而言,均需先将改制方案报其主办主管单位进行审核批准。对于政府举办的公立医疗机构而言,一般除由卫生行政主管部门同意、政府办公会确认批准之外,还应根据相关规定,报国资委或财政部门进行批准。对于非政府举办的公立医疗机构,一般应报主办单位和卫生行政主管部门批准。在实践中,通常要向相关主管部门递交公立医疗机构改制方案,根据各地政府的要求,改制方案有所不同。

(二)产权变更模式改制中的律师实务

在涉及产权变动模式的改制中,根据改制进行过程中所处的阶段,律师所提供的法律服务一般包括以下内容。

1. 洽谈阶段

(1)为改制前期提供法律服务

在改制前期,根据产权主体或改制企业的委托范围,为出资人的改制申请、改制方案编制、国有产权转让方案的编制和实施、改制企业产权变更等法律事务提供咨询性法律服务。

律师,特别是医疗卫生专业律师在公立医疗机构改制前期可以发挥如下重要作用:

① 对公立医疗机构改制方案的合法性、有效性、潜在法律风险及其法律后果提供专业判断、意见和建议。

② 准确把握委托人的交易意图,为正确决策、降低法律风险提供法律服务。

如果参与公立医疗机构改制的律师具有医疗机构工作背景或长期从事医疗卫生法律服务,对医疗服务市场有较为深入的认识的时候,就可以更全面了解改制双方的优势与劣势、机遇和挑战,提供除法律意见以外的更为全面的意见。

(2)在培育医院资本市场环境与多渠道融资的过程中提供法律咨询与合规化服务

公立医疗机构要多渠道融资,也需要开展多方位的资本运营。医院能否开展资本运营,能够在什么程度上开展资本运营,需要对医院进行经营体制的经济研究和法治研究才能科学地判断。公立医疗机构改革融资大致可以分为银行贷款融资、租赁融资、风险投资融资、资本市场融资等。这些融资行为,特别是除银行贷款以外的融资行为,法律关系均比较复杂,均需要律师提供专业的法律服务,才可以尽量降低法律风险。

2. 尽职调查阶段

尽职调查是公立医疗机构改制过程中很重要的一部分。尽职调查的目的是尽快了解企业的基本情况,找出企业存在的问题,为下一步提出改制方案奠定基础;同时尽职调查有助于中介机构评估项目风险,提高自身的业务风险防范和风险管理水平。

律师在公立医疗机构改制过程中,对拟改制医疗机构(以下简称"目标医院")的尽职调查的主要内容包括:

(1) 目标医院的性质

适用的法律法规及政策规定包括以下几类:

① 国有产权转让限制;

② 对医院管理人员的资格有无特别要求;

③ 地方政府投资及税收优惠政策;

④ 对医院被并购后的服务有无本地化限制或其他特殊要求等。

(2) 目标医院组织和产权结构现状

① 收集目标医院及其附属机构的组织结构和产权结构或类似的信息(包括所有的附属医院和其他直接或间接拥有某种利益的组织形式),以便判断其合法性,尤其考虑并购后适用的法律规定。

② 检查目标医院及其附属机构的组织文件(章程)及补充条款。

③ 目标医院及其附属机构的规章制度和补充文件。

④ 目标医院及其附属机构历次院长办公会的会议记录。

⑤ 目标医院及其附属机构有资格从事医疗服务的科目。

⑥ 目标医院及其附属机构的纳税证明(如果有)。

⑦ 一定时期内目标医院及其附属机构,作为一方与它方签订的有关业务合并、资产处置或收购(不管是否完成)的所有协议。

⑧ 有关目标医院被出让方转让的所有文件,包括但不限于改制方案、与改制协议有关的协议等有关文件。

⑨ 询问目标医院人员影响医院经营而没有收(录入)备忘录(或会议记录)的会议内容,以发掘值得深入调查的事件。

(3) 附属协议

① 列出目标医院所有的附属机构以及所有合作公司(或医院)的董事和经

营管理者名单。

②所有目标医院与上述①所列单位和人员签署的书面协议、备忘录(无论这些文件现在是否有效)。

③上述②所列举的各类文件包括但不限于：有关分担税务责任的协议(如果有)、保障协议、租赁协议、保证书、咨询、管理和其他服务协议、关于设施和功能共享协议、购买和销售合同、许可证协议。

(4) 债务和义务

①目标医院和附属机构所欠债务清单。

②证明债务性文件，以及与债权人协商的补充性文件或放弃债权文件。

③所有的信用凭单、抵押文件、信托书、保证书、分期付款购货合同、资金拆借协议、信用证、有条件的赔偿义务文件，以及其他涉及目标医院和附属机构收购问题、其他目标医院和附属机构有全部或部分责任等的有关文件。

④涉及由目标医院、附属机构以及它们的经营管理者进行贷款的文件。

⑤与借款者沟通或给予借款者的报告文件，包括所有由目标医院或其附属机构或独立的会计师递交给借款者的相关文件。

(5) 政府规定

①有关政府部门签发给目标医院和其附属机构的各类许可证明的复印件。

②所有递交给政府管理机构沟通的报告和文件的复印件。

③有关目标医院和其附属机构违反行政法规、规章而收到的报告、通知、函等有关文件，包括但不限于医疗服务、环境保护、安全卫生等规定。

(6) 财务数据

①所有审计或未审计过的目标医院财务报表，包括资产平衡表、收入报表、独立会计师对这些报表所出具的审计报告。

②所有来自审计师对目标医院管理建议和报告以及目标医院与审计师之间往来的函件。

③内部预算和项目准备情况的文件，包括描述这些预算和项目的备忘录。

④资产总量和可接受审查的账目。

⑤所有收入和土地使用权。

⑥医疗服务成本、药品销售成本、临床科研成果转化与开发的详细情况。

⑦过去5年主要经营和账目变化的审查。

⑧ 采纳新的会计准则对原有会计准则的影响。

⑨ 目标医院审计师的姓名、地址和联络方式。

(7) 管理和职工

① 目标医院及其附属机构的结构情况和主要职工的个人经历。

② 目标医院的所有职工及其聘用合同、劳动合同、劳务合同,及工会或集体谈判合同,每个职工重新谈判续签合同的到期日。

③ 所有员工手册和提供给员工的有关用工关系的条款或条件的文献资料。

④ 遵守相应政府劳动人事管理部门有关职工福利规定的文件。

⑤ 所有涉及现管理层或原管理层与职工所签的关于保守目标医院机密、知识产权转让、非竞争条款的协议复印件。

⑥ 所有以目标医院名义,与目标医院及附属机构的职工签订的协议,包括贷款协议、信用延期协议和有关保障、补偿协议等的复印件。

⑦ 列出目标医院经营管理者和重要科室主任以及他们的薪酬和待遇情况。

⑧ 职工利益计划,包括但不限于:计划概述、递交有关税务和劳动人事行政管理部门的定期表格、报告;向行政机关递交有关要求确认和批准的职工利益计划的申请文件;最新年度的计划评估报告和财务报告;以及有关下列计划的最新实际评估报告,包括退休金、奖金、分期补贴、退休、人身保险、丧失劳动能力补助、离职、保险、节假日、度假和因病离职的待遇。

(8) 法律纠纷情况

① 先列出正在进行的或已受到威胁的投诉、诉讼、仲裁或政府调查(包括国内和国外)情况的清单,包括当事人、损害赔偿情况、诉讼类型、保险金额、保险公司的态度等。

② 所有的诉讼、仲裁、政府调查的有关文件。

③ 列出所有由法院、仲裁委员会、医疗纠纷人民调解委员会、医学会、政府机构作出的,对目标医院及其附属机构有约束力的判决、裁定、调解书、命令、禁令、执行令、鉴定书的清单。

④ 由律师出具的有关诉讼和其他法律纠纷的函件。

⑤ 列出有关诉讼、仲裁中当事人双方自行和解、调解、协议放弃权利主张、要求或禁止进一步活动的情况。

⑥ 所有提出专利、商标和其他知识产权侵权行为的函件。

⑦ 所有有关受到威胁的政府调查或宣称目标医院违法的函件。

⑧ 检查医疗服务或产品责任控诉案件的可能性,至少须包括医疗服务或产品保证、处理此类控诉案的经验与改正服务、产品回收的记录。

⑨ 对上述调查所得资料进行研究。

(9) 资产情况

① 列出所有目标医院及其附属机构合法拥有或租赁拥有的不动产,指明每一处不动产的所有权、方位、使用情况;如系租赁拥有,列出租赁期限、续签条件、租赁义务等情况。

② 列出目标医院及其附属机构所拥有的不动产被抵押的情况。

③ 目标医院及其附属机构所拥有的不动产的保险情况,包括每一处不动产的保险文件。

④ 所有由目标医院及其附属机构因出租或承租而签署的租赁、转租赁协议,包括这类协议履行情况的文件。

⑤ 所有有关不动产的评估报告。

⑥ 所有有关目标医院及其附属机构拥有或出租情况的调查报告。

⑦ 有关目标医院及其附属机构拥有的或出租的不动产的税收数据。

⑧ 所有药品及器械存货的盘点表,包括存货的规格、存放地点和数量等。

⑨ 所有目标医院及其附属机构在经营中使用的设备情况,指明这些设备的所有权情况以及有关融资租赁的条款或有关设备可被拥有或租赁使用的协议。

⑩ 任何有关有形资产收购或处置的有效协议。

(10) 税务情况

① 目标医院及下属机构主要税种、税率介绍。

② 目标医院及下属机构税收优惠政策和财政补贴情况介绍。

③ 如享受税收优惠政策及财政补贴,提供依据。

④ 税务行政处罚情况说明。

(11) 经营情况

① 由目标医院及其附属机构对外签订的所有协议,包括战略联盟协议、管理协议、咨询协议、研究和开发协议等。

② 一定时期内所有的已购资产的供货商的情况清单。

③ 药品及器械等购货合同和供货合同的复印件以及价格确定、相关条件及

特许权规定的说明。

④ 所有的市场开拓、销售、特许经营、分拨、委托、代理、代表协议复印件以及联营、集团医院或医联体医院的名单。

⑤ 列出目标医院及其附属机构服务及产品的消费者的清单。

⑥ 有关药品存货管理程序的规章制度。

⑦ 列出目标医院在国内或地区内主要竞争者的名单。

⑧ 目标医院服务或产品销售过程中使用的标准格式文本,包括但不限于各种病历、处方单、检验单、检查单、诊断证明、订购单、各种临床应用及管理表格等。

⑨ 所有一定时期内作出的有关目标医院提供的服务或制造的产品的明确或隐含的质量保证的文件。

⑩ 所有关于广告、公共关系的书面协议和广告品的拷贝。

(12) 保险情况

① 所有的保险合同、保险证明和保险单,包括但不限于下列承保险种:一般责任保险、产品责任保险、火险或其他灾害险、职工的社会保险及其他人身保险、医疗责任事故险、手术意外险、场地责任险。

② 有关上述保险险种是否充分合适的报告和函件,以及在这种保险单下权利的保留、拒绝赔偿的报告和函件。

(13) 实质性协议

① 有关实质性合同履行过程中产生的违约情况,影响或合理地认为会影响目标医院及其附属机构的有关情况。

② 其他一些上述事项中尚未列出的实质性合同或协议,包括但不限于:需要第三方同意才能履行的协议;作为计划中的交易活动的结果可能导致违约的协议;以任何方法在目标医院和其他实际的和潜在的竞争对手签署的限制竞争的协议或谅解备忘录。

(14) 环境问题

① 有关目标医院及其附属机构过去或现在面临的环境问题的内部报告。

② 目标医院及其附属机构根据国家、地方政府环境部门或有关授权机构的规定所作的陈述或报告的复印件。

③ 针对目标医院和其附属机构的有关环境问题作出的通报、投诉、诉讼或

其他相类似文件。

(15) 知识产权

① 所有由目标医院及其附属机构拥有或使用的商标、服务标识、商号、版权、专利和其他知识产权。

② 一种非法律的技术性评估和特殊知识构成的并在市场上获得成功的知识性集成,如被采纳使用的可行性研究报告、诊疗系统。

③ 涉及特殊技术开发的作者、提供者、独立承包商、职工的名单清单和有关委托开发协议文件。

④ 列出非专利保护的专有产品的清单,这些专有产品之所以不申请专利是为了保证它的专有性秘密。

⑤ 所有目标医院知识产权的注册证明文件,包括知识产权的国内登记证明和国外登记证明。

⑥ 足以证明下列情况的所有文件:

a. 正在向有关知识产权注册机关申请注册的商标、服务标识、版权、专利的文件;

b. 正处在知识产权注册管理机关反对或撤销程序中的文件;

c. 需要向知识产权注册管理机关申请延期的文件;

d. 申请撤销、反对、重新审查已注册的商标、服务标识、版权、专利等知识产权的文件;

e. 国内或国外拒绝注册的商标、服务标识、版权、专利或其他知识产权的文件;

f. 所有由目标医院或其附属机构作为一方与它方签署的商标、服务标识、版权、专利、技术或其他知识产权使用许可协议;

g. 由目标医院或其附属机构转让或接受转让的商标、服务标识、版权、专利、技术或其他知识产权的协议;

h. 由目标医院或其附属机构在商标、服务标识、版权、专利、技术诀窍、技术或其他知识产权上提出权利主张包括法律诉讼的情况;

i 由第三者对目标医院或其附属机构使用或拥有的商标、服务标识、版权、专利、技术或其他知识产权提出权利主张包括法律诉讼的情况。

⑦ 涉及目标医院或其附属机构与知识产权注册管理机关之间就上述第⑥

项所列项目互相往来的函件。

⑧ 其他影响目标医院或其附属机构的商标、服务标识、版权、专利、技术诀窍、技术或其他知识产权的协议。

⑨ 所有的商业秘密、专有技术秘密、委托发明转让、或其他目标医院或其附属机构作为当事人并对其有约束力的协议,以及与目标医院或其附属机构或第三者的专有信息或知识产权有关的协议。

(16) 其他

① 所有涉及目标医院或其附属机构的业务、经营或产品的具有重要意义的管理、市场开拓、销售或类似的报告。

② 所有目标医院或其附属机构对外发布的新闻报道。

③ 所有涉及目标医院或其附属机构或它们的产品、服务或其他重大事件的报道和介绍手册。

④ 任何根据判断对并购者来说是重要的、需要披露的涉及目标医院的业务的财务情况的信息和文件。

律师在获得全部必备的信息材料后,应当制作最终的尽职调查报告。尽职调查报告一般包括以下内容:

(1) 报告的目的与范围。明确律师已经由委托人处所获悉的开展尽职调查工作,并出具尽职调查报告所要达到的目的。

(2) 律师的工作准则。律师是否根据有关法律、法规和国有资产监督管理部门的有关规定,根据委托人的授权,按照律师行业公认的业务标准、道德规范和勤勉尽责精神,出具工作报告。

(3) 律师的工作程序。律师在开展尽职调查工作过程中的主要工作方式、工作时间和工作流程,包括对调查对象提供材料的查验、走访、谈话记录、现场勘查记录、查阅文件的情况等。

(4) 报告的相关依据。律师制作调查报告所依据的文件材料以及报告反应情况的截止时间。

(5) 尽职调查报告的正文。正文内容应当与律师的工作程序以及律师出具的调查清单所涉及的范围基本保持一致,如公司概况、经营情况、资产状况、知识产权、诉讼以及处罚情况等,正文部分可以分别对每一个具体问题进行分析与解释。

(6) 尽职调查的尾部。律师对尽职调查的结果,发表结论性意见。

3. 出具法律意见书

完成尽职调查报告之后,律师所能提供的业务还包括就改制初步方案及可能涉及的法律问题提供法律意见书。律师在改制前出具的法律意见书,主要是应有关主体的委托,在尽职调查报告的基础上,就委托的事项提供符合法律法规要求的法律意见书,如改制医疗机构的产权界定方面的法律意见书、关于改制具体方案的可行性法律意见书,关于国有产权或股权的出让的法律意见书,关于资产重组、债务重组、股权重组方案的法律意见书,关于职工安置方案的法律意见书等。

律师对公立医疗机构改制工作出具的法律意见书,一般包括以下内容:

(1) 出具法律意见书的依据;

(2) 律师应当声明的事项;

(3) 律师接受委托人的委托进行尽职调查的情况;

(4) 律师针对改制方案或国有产权转让方案的具体内容的合法性发表意见(律师按照方案内容逐项发表意见,本部分的具体内容以方案涉及的项目和法规要求的项目为准);

(5) 律师对改制方案或国有产权转让方案的整体性结论意见;

(6) 律师认为需要说明的其他问题(包括律师认为需要提出的保留意见及其依据)。

4. 交易方式协商阶段

律师在此阶段的主要任务是:

(1) 协助交易各方确定交易方式;

(2) 根据交易各方协商结果,设计合法有效的合同条款与内容。

一般而言,在涉及产权变动的公立医疗机构改制的模式下,所签署的协议应当包括以下内容:

① 交易主体信息;

② 转让标的:公立医疗机构拟转让的有形、无形财产的名称、数量、股权比例等;

③ 转让方式、转让价款、转让时间、接收账户信息等;

④ 标的交付方式、进度安排;

⑤ 职工安置方案；

⑥ 改制前、后债权、债务的承担；

⑦ 改制后医院法人治理结构的组成，以及相关与法人治理结构有关的程序性事项；

⑧ 合同终止、解除的情形；

⑨ 合同终止、解除的后续事项安排；

⑩ 违约责任；

⑪ 争议解决方式；

⑫ 附则。

(3) 协调交易各方的观点、利益、冲突，促使达成一致。

(4) 协助解决相关争议问题，排除法律障碍。

(5) 协助制订改制方案。

在这一阶段，参与改制服务的律师应当根据国家的法律法规、地方政府的改制政策规定，结合改制医疗机构的实际情况，综合当地政府和主管部门、医疗机构经营管理者和广大职工的意愿，合法地运用各种财务处理方法设计一个兼顾各方利益、有利于医疗机构的长远发展、符合现代医院制度要求且法律风险较小的改制方案，编制各类法律文件，参与谈判，审核其他交易方提供的材料或法律文本。并在改制方案顺利通过后，在有关各方的配合下，指导医疗机构具体实施改制方案的内容，对于实施改制方案过程中出现的问题及时帮助改制医疗机构应对和解决。

改制方案一般包括如下内容：

① 改制医疗机构基本情况；

② 改制的目的以及必要性，改制目标以及可行性；

③ 改制的方式及相应的资产重组方案（包括土地使用权、非专利技术以及商标的处置方案）；

④ 债权债务（包括拖欠职工工资费用等）处置方案；

⑤ 改制后企业的资本组织形式、注册资本、股权结构；

⑥ 职工安置方案（含离退休人员及费用管理方案）；

⑦ 参与改制其他投资方的基本情况；

⑧ 与改制相关的协议书草案；

⑨ 企业章程(草案);

⑩ 改制的实施方案和时间安排;

⑪ 其他需要说明的问题。

5. 交易阶段

(1) 协助产权主体或改制医疗机构向有关主管部门提出申请立项,提交可行性报告、改制的初步方案等产权交易必备的各类法律文件,对报批、备案程序提供咨询意见。

(2) 协助产权主体或改制医疗机构向产权交易所签发包含各类保证、承诺内容的书面文件。

(3) 协助产权主体或改制医疗机构取得产权交易所签发的产权交割单,配合产权主体或改制医疗机构办理产权交割手续。

(4) 在卫生计生等行政主管部门批准同意改制后,协助进行资产评估、验资、界定产权。

(5) 协助参与具体改制方案的实施。

6. 交易后续阶段

主要是协助解决改制并购过程中的遗留问题和新的纠纷问题。

(1) 代理改制医疗机构进行产权纠纷调处和诉讼。

(2) 代理改制医疗机构进行职工安置与劳动纠纷方面的民事诉讼或仲裁。

(3) 改制前遗留的医疗侵权责任、医疗服务合同案件。

(4) 涉及改制医疗机构的其他法律纠纷问题等。

以上是律师参与公立医疗机构产权变更模式下改制工作的律师实务的简要总结。在实践工作中,可以以此为提纲展开律师工作,并根据具体情况进行调整。

第三节 产权不变动的改制模式

一、托管

所谓医院托管是指医院产权所有者或经授权的管理者将医院的全部管理权委托给符合条件的法人管理,并支付相应管理费的一种改制方式。

从现有实践操作来看,现实之中的托管方,大多数是在医疗领域具有较强实力、具有较强从业经验的大型涉医企业集团。2003年,上海美外医疗科技有限公司正式托管无锡市仁德医院。该医院院长、医务科科长、行政总监等6个重要职务的管理人员都是来自上海美外医疗科技有限公司。① 2003年年底,新成立的上海仁济医疗管理有限公司分别托管浙江省苍南县人民医院和无锡市南长区医院。②

国务院《关于印发加快剥离国有企业办社会职能和解决历史遗留问题工作方案的通知》(国发〔2016〕19号)中规定:"对因特殊原因确需保留的医疗、教育机构,按照市场化原则进行资源优化整合,实现专业化运营管理。"北京市政府随后印发的《北京市剥离国有企业办社会职能和解决历史遗留问题实施方案》中也做了类似规定。从该规定可以看出,对于国有企业举办的医疗机构,采取托管的改制模式,是符合国家政策要求的"资源优化整合、专业化运营管理"改制方式之一。因此,对于国有企业举办的公立医疗机构的托管,是值得我们认真深入研究的。

二、组建医院集团

医院集团,是指三个或三个以上医院为了特定目的组成的统一管理体。但是从现有政策来讲,作为医院集团的表现形式之一的医疗联合体(以下简称"医联体")已经成为政府力推的一种形式。医联体是将同一个区域内的医疗资源整合在一起,通常由一个区域内的三级医院与二级医院、社区医院、村医院组成的一种"3+2+1"模式的医疗联合体,达到区域内医疗资源有效共享,基层服务能力进一步提升,推动形成基层首诊、双向转诊、急慢分治、上下联动的分级诊疗模式。医联体依其成立及存在是合并成一个法人还是以多个法人并存为标志,可以分为松散型、紧密型以及混合型。目前我国大多数医联体都以松散型模式存在,即产权不变动下的医院联合体。

2017年国务院办公厅《关于推进医疗联合体建设和发展的指导意见》(国办

---

① 参见孙桂芬、孙远玲、于润吉:《民营医院发展六种模式分析》,载《中国卫生资源》2004年7期。
② 参见《公立医院民营化改革的三种模式》,载全球医院网(http://xinwen.qqyy.com/a/1001/27/4bbb.html),访问日期:2018年1月19日。

发〔2017〕32号）指出2017年度要基本搭建医联体制度框架，全面启动多种形式的医联体建设试点；到2020年，在总结试点经验的基础上，全面推进医联体建设，形成较为完善的医联体政策体系。所有二级公立医院和政府办基层医疗卫生机构全部参与医联体。开展医联体建设，有利于调整优化医疗资源结构布局，促进医疗卫生工作重心下移和资源下沉，提升基层服务能力，有利于医疗资源上下贯通，提升医疗服务体系整体效能，更好地实施分级诊疗和满足群众健康需求。

在不同类型的医联体中，基于契约关系的松散型技术协作联盟是目前国内医联体的主要形式。由于未打破原有的所有制关系和资产属性，各个医疗机构之间主要基于达成的合作协议，由上级医院向下级医院提供技术和专家支持，实现联盟内的信息互认、转诊等，在人员调配、利益分配等方面是相对独立的。因此，松散型的医联体在组建时具有阻力小、速度快的特点，较为容易建立起上级医院对下级医院的技术指导和知识传授关系，也可以基于协议在一定程度上搭建起双向转诊的通道。

而另一方面，医联体内部各个医疗机构保留的自主性和独立性，使得这种医疗联盟的稳定性和可持续性较差。上级医院和下级医院之间通常以短期经济利益为导向，缺乏分工合作的长期目标和合作意识，没有形成真正的利益共同体和责任共同体。公司制的医疗集团建立在所有权和资产整合的基础之上，实行人、财、物的统一管理，三级医院和二级医院、基层社区卫生服务中心之间形成了真正的利益共同体和责任共同体，突破了"分级管理""分灶吃饭"的原有体制，在沟通交流、业务开展上更为顺畅。但不同层级医院既有管理方式、信息标准、文化理念、薪酬待遇以及员工认同等方面的差异和冲突，都需要不断磨合。在国内长期形成的医疗体制下，如果没有政府的大力推动，很难在平衡利益和风险的情况下建立医疗机构之间的紧密联合。

笔者当年讨论组建医院集团的相关问题时，本意是数个公立医疗机构之间，基于双方或多方的协议，通过吸收合并组建医院集团，以起到优势互补、对诸如疑难杂症会诊中心和各类诊治中心、药品配置中心、临床检验和质控中心、大型仪器等多种医疗资源实现共享，并且也可以为管理部门合并和人员精简、后勤服务社会化等提供体制和机制上的支持等诸多作用。但同时也预判到，从长远来看，公司制的医院集团成长前景更好。

从目前搜集到的资料来看,当前更多地体现在同一大型企业集团在各地并购不同的医疗机构后,诸多医疗机构所形成的颇具规模的医疗集团。如,诸多药企在并购多家公立医疗机构后,也被媒体冠以"医院集团"的名称,在此种模式下的医院集团的特征等情况仍需深入学习、讨论。[①]

三、法律实务

从目前各地实践操作来看,公立医疗机构改制的实践操作中,股份制是当前公立医疗机构改制的主流,有时股份制的改制也被称为股权投资。另一类的改制模式应为经营权投资,一般多见于PPP、IOT模式之中,本书另有其他章节进行讨论,本章不再赘述。

(一)托管模式的法律实务

单纯性以托管形式组建医疗集团的方式,在实践中更多出现在第一轮的公立医疗机构的改制时期,即便是根据现有的媒体报道,也可以发现,多出现在2003年。从目前的情况来看,涉及单纯性的托管的改制方式,在目前公立医疗机构改制的大环境下,因为资本影响的因素、国家医改方针政策的改变等现实情形,如前所述,仍具有现实意义和其存在的价值。

托管的目的是在不改变或暂不改变企业产权归属的条件下,对所托管的企业进行集中统一经营管理。同时根据该企业的清产核资情况,利用注销、重组、转让、清盘、破产等方式,依法作出妥善处理,以实现企业资源的再配置和企业资产的保值、增值,防止资产的流失。律师在托管领域可以利用自身法律职业的优势,努力开拓相关业务,主要包括托管前的资格审查与合规化等问题以及托管协议签订过程中的法律服务等。

托管时,各方应当签订托管协议,托管协议应当包含以下内容:

(1)协议主体信息;

(2)医院在交接日之前的资产情况,包括动产、不动产和无形资产;

(3)医院在交接日前三年财务情况,包括债权债务;

(4)职工安置方案;

---

① 参见媒体报道《17家医药类上市公司参与医疗机构并购》,载中国制药网(http://www.zyzhan.com/news/detail/43235.html),访问日期:2018年1月19日。

(5) 医院托管后的治理结构与财务制度；

(6) 托管方的经营方案与权限；

(7) 托管所需要达到的目标；

(8) 托管费用及支付方式；

(9) 监督机制；

(10) 合同的解除与终止；

(11) 合同解除与终止后的事项；

(12) 违约责任；

(13) 担保条款；

(14) 保密条款；

(15) 禁止商业贿赂条款；

(16) 争议解决条款；

(17) 附则。

(二) 医联体法律实务

医联体在实践过程中依然存在很多障碍。政府规制的非公共利益性,错误"默许"了大型医疗机构的规模扩张,阻碍了分级医疗构建。同时缺乏合理统一的转诊制度与标准,医疗保障体系仍不健全,引导分级医疗能力不足。此外,不合理的利益分工格局也是组建医联体模式的瓶颈。目前,医联体尚无成形的运行规范,即联盟内缺乏系统、科学、稳定的运行规则,导致无法让各利益相关集团看到一个"正规有范的联盟"。而我国医联体体系受制于"政策与立法"的外部宏观调控,医联体作为"医改走进深水区"的重要尝试,虽大多数由政府主导,但配套立法保障滞后,相关政策配套不完善,实操性不强,直接导致保证医联体健康运行的治理机制、激励机制、筹资机制、补偿机制的缺失,医联体运行还未能形成统一的质量管理体系。

关于律师实务方面,主要涉及对联合体成员的主体资格审查、资质认定、成员锁定；确立联合体进入项目的方式、出资方式、管理模式；联合体下的医务人员劳动关系以及员工诉求问题；医联体之间的内部责任与对外效力约定问题等。

根据联合体确立阶段分类,医联体构建过程中律师实务主要包括：

1. 医联体设立前,明确委托方的组织结构和功能定位

紧密型医联体涉及合并法人、原医疗机构经营管理模式的改制,以及构建医

联体的集团化管理、法人治理运行机制的落实等问题。松散型医联体主要存在的问题是各独立的医疗机构之间签订详尽的合作协议,确认组建医联体协议年限、转诊会诊制度、人员安置问题、仪器药品采购制度、利润分配问题等,需要在律师的协助下,合理规避风险,并尽量使双方利益最大化,同时整合优势医疗资源,为患者提供良好的就诊服务。律师在医联体构建前期的主要作用:

(1) 准确把握委托人的合作意图,为决策提供法律根据;

(2) 设计适合的合同架构,协助规避法律风险;

(3) 设计确切的合同条款与内容,防范法律风险;

(4) 对方案的合法性、有效性及其法律后果提供专业判断、意见和建议;

(5) 协调联合体各方的观点、利益、冲突,促使达成一致;

(6) 协助解决相关争议问题,排除法律障碍。

2. 医联体设立过程中提供技术协作方面的法律性建议

主要在人才建设、业务指导、信息互通、设备配置等方面形成互动协作。紧密型医联体因其法人合并,涉及原各机构的人员劳动关系问题、社会保险问题等。形成合并的法人治理结构模式后,核心医院和成员机构人才招聘进行统一管理,各医疗机构的管理者统一任免,核心医院拥有对成员机构的人事调配权,根据服务需求按需调剂。松散型医联体由于原有经营模式和劳动关系基本保持不变,主要涉及医生在联合体内的多点执业薪酬问题、时间安排、工作任务以及医疗责任承担问题等。

3. 拟定医联体合作协议

组建医联体所签署的协议,通常应当包括以下事项:

(1) 组建医联体的主体;

(2) 各医院对于转诊制度的构建;

(3) 各医院对于会诊制度的构建;

(4) 各医院对于大型仪器及医疗设备实现共享及收入分配制度的确立;

(5) 各医院对共有的传统优势项目建立诊治中心的构建;

(6) 各医院对于药品采购制度的构建以及药品费用的统一;

(7) 医院之间医疗服务收入分配问题;

(8) 管理实现信息化,就各医院实现网络化管理的出资、建设、各医院可互相查看、调取的信息的项目等相关事项予以明确;

(9) 各方权利义务；

(10) 医联体内人力资源流动机制；

(11) 员工薪酬分配制度和人事(劳动)关系机制；

(12) 合作期限及合作的终止和解除；

(13) 附件。

4. 医联体成立后为委托方提供法律服务

联合体形式下出现医疗纠纷以及员工劳动关系争议等问题时，需要律师协调解决，提供专业的法律服务和诉讼代理等。

5. 医联体设立注意事项

(1) 联合体内部分工和协作机制

医联体章程可以约定在医院层面成立理事会，完善组织管理和协作制度。鉴于医联体对外的责任共担，成员之间有必要完善内部风险分担机制。

(2) 医联体内部医疗资源整合方式和利润分配

根据国务院办公厅《关于推进医疗联合体建设和发展的指导意见》(国办发〔2017〕32号)，在现有政策性文件的指导下构建的医联体与一般情况下的多点执医不同，医联体下的跨机构执医无需备案，给医生执业带来了很大的便利。涉及内部转诊制度，为保证连续性诊疗服务和资源合理化最大化的利用，需要通过协议约定形成优质医疗资源上下贯通的渠道和机制，约定联合体利润分配问题、人力资源流动方式以及医联体内部医务人员薪酬的统筹分配。

关于我国的医疗卫生体制，当前正处在改革进行时，不断地在出台各种规定，这些都将使公立医疗机构改制遇到不可预测的变化。作为医疗卫生法律专业律师，我们也一直在密切地跟踪关注、研究学习。

第四节　劳动人事关系处理

人员安置问题是企事业单位改制过程中最难的问题，也是最敏感的问题，公立医疗机构改制更如此。如果人员安置问题解决不好，不但改制不能顺利开展，还会引发更大的社会问题。因此，保护职工合法权益应当成为改制的基本原则。笔者在参与卫生部有关公立医疗机构改制的课题研究过程中，始终把人员安置问题作为改制过程的核心问题。人员安置问题处理好了,改制就能够顺利完成;人员安置问题处理不好,改制就难以顺利推进和完成。我国用工制度方面的法律体系本就复杂,而不论是采取产权变更的方式还是不变更的方式进行改制,均涉及劳动人事关系的处理,故本章单列本节对公立医疗机构改制过程中劳动人事关系处理的问题展开专题讨论。

一、医疗机构用工关系概况

公务员关系、人事关系、劳动关系、劳务关系以及雇佣关系是目前我国社会全部劳动群体用工关系的总和。为正确处理公立医疗机构改制过程中各种人员安置问题,应首先对前述几种用工关系的概念及其区别从理论上搞清楚,以便更好地指导实践。

(一)劳动关系、人事关系与劳务关系的概念

根据我国法律的规定,用人单位与劳动者之间除公务员关系及雇佣关系外,分为三种关系:劳动关系、人事关系、劳务关系。公务员关系主要由《中华人民共和国公务员法》进行规范和调整,与人事关系在录用、考核、薪酬待遇、辞职辞退、争议救济等方面均存在诸多本质上的不同。考虑到不论哪种医疗机构的改制模式,基本上不涉及公务员管理的问题,故本书不对公务员关系进行分析。而雇佣关系亦主要存在于不具有用人资格的"单位"以及自然人与自然人之间建立的用工关系。在公立医疗机构改制过程中,同样也不涉及雇佣关系,故本书对此亦不作分析。

1. 劳动关系

一般认为劳动关系是指适龄、具有劳动能力的自然人(劳动者)与劳动力使用单位(用人单位)之间,为实现劳动过程而发生的一方有偿提供劳动力,由另一方用于同其生产资料相结合的社会关系,它受劳动法律法规调整。主要表现为劳动者接受用人单位管理,以自己的劳动为用人单位完成一定的生产、工作任务,用人单位为劳动者提供一定的劳动条件,并支付一定的劳动报酬、提供相应保障。劳动关系的权利义务内容在劳动合同中得到比较具体的反映,劳动合同的主要条款包括:劳动合同主体、期限、工作内容和工作地点、工作时间和休息休假、劳动报酬、社会保险、劳动保护、劳动条件和职业危害防护等。劳动合同除前款规定的必备条款外,用人单位与劳动者可以约定试用期、培训、保守秘密、补充

保险和福利待遇等其他事项。

2. 人事关系

人事关系从广义来讲,等同于全部用工体系,所谓"用人之事",包括公务员关系、聘用关系、劳动关系,在中共中央办公厅《关于印发〈深化干部人事制度改革纲要〉的通知》(2000年6月23日)中,就将人事制度分为"党政干部制度""事业单位人事制度""国有企业人事制度",实际上此文件的"人事关系"就包含了公务员关系、狭义人事关系、劳动关系三种用工关系。从狭义角度来看,人事关系特指事业单位与具有事业编制的干部之间建立的用工关系,是我国特有的一种用工制度。

这种特殊的用工制度与我国的编制管理是紧密联系的。我国的劳动者在很长一段时期内分为三大部分:一是行政编,含公务员和参照公务员管理的人员;二是事业编,包括财政全额拨款、差额拨款和自收自支三类人员;三是企业编,主要是原来国有企业的所谓固定工,1995年全国实行全员劳动合同制以后,这种编制基本失去现实意义。在这三类编制中,企业编均为劳动关系,行政编为公务员关系,事业编为人事关系。

人事关系的主要特征有三:其一,人事关系的建立,除法定情况和国家政策性安置、按照人事管理权限由上级任命、涉密岗位等人员外,均应面向社会公开招聘。其二,人事管理中的人的劳动报酬由组织考核而定,而非协商确定。《事业单位人事管理条例》第32条规定:"国家建立激励与约束相结合的事业单位工资制度。事业单位工作人员工资包括基本工资、绩效工资和津贴补贴。事业单位工资分配应当结合不同行业事业单位特点,体现岗位职责、工作业绩、实际贡献等因素。"其三,人事关系的解除可以由双方协商确定。如《事业单位人事管理条例》第17条规定:"事业单位工作人员提前30日书面通知事业单位,可以解除聘用合同。但是,双方对解除聘用合同另有约定的除外。"也即,依此规定,事业单位可以和劳动者约定特殊的解除条件及违约金,而这种约定在公务员关系、劳动关系中都受到很大的限制。

3. 劳务关系

劳务关系是指两个或两个以上的平等民事主体之间就劳务事项进行等价交换过程中形成的一种有偿法律关系。其主体是不确定的,可能是法人之间的关系,也可能是自然人之间的关系,还可能是法人与自然人之间的关系。其内容和表现形式是多样化的,其内容可依照《中华人民共和国合同法》(以下简称《合同法》)第10条、第12条的规定,由当事人根据具体情况自主随机选择条款,具体约定;其表现形式可以口头,可以书面或者采用其他形式。劳务关系与劳动关系联系密切,但是又存在本质的区别。劳务关系中,不存在一方当事人是另一方当事人的职工这种隶属关系,用人单位对提供劳务者并不存在当然的管理权。

4. 相互关系

(1) 劳动关系和人事关系的区别

人事关系和劳动关系曾经都被人民群众视为"铁饭碗",但是时过境迁,随着全员劳动合同制实施以后,"固定工"的概念走下历史舞台,现在社会公认的"铁饭碗"就只有公务员和事业编了。

第一,法律关系性质及适用的法律规范不同。人事关系中事业单位与其工作人员之间建立聘用合同关系,劳动关系则是劳动合同关系。劳动关系由《中华人民共和国劳动法》(以下简称《劳动法》)《中华人民共和国劳动合同法》(以下简称《劳动合同法》)《中华人民共和国劳动合同法实施条例》(以下简称《劳动合同法实施条例》)等规范和调整;而人事关系则由《关于在事业单位试行人员聘用制度的意见》《事业单位人事管理条例》《机关事业单位职业年金办法》等规范和调整。

第二,双方当事人主体关系不同。劳动关系一方是符合劳动年龄且具有与履行劳动合同义务相适应的能力的自然人,另一方是符合法定条件的用人单位,两者间是管理与被管理的关系,即劳动者与用人单位具有隶属关系,劳动者接受用人单位的管理,遵守用人单位的规章制度。人事关系的主体则一方是多元的"个人",另一方是行政上级组织。在人事关系中,用人单位对劳动者具有超出劳动关系的诸多管理职能,例如用人单位可以与劳动者约定特殊的解约条件,在部分地区,用人单位甚至有权利拒绝劳动者提出的单方解除聘用合同的要求。《北京市事业单位聘用合同制试行办法》第32条:"除本办法第三十一条规定的情形外,受聘人员提出解除聘用合同,应提前30日以书面形式通知聘用单位。未能与聘用单位协商一致的,受聘人员应当坚持正常工作,继续履行聘用合同;6个月后再次提出解除聘用合同仍未能与聘用单位协商一致的,即可单方面解除聘用合同。"而用人单位这种"强制工作6个月"的权利在劳动关系中显然是无法想象的,劳动法没有类似的规定,劳动合同即便作出这样的约定也是无效条款,对劳动者没有约束力。

第三,两者都给付劳动报酬,但报酬性质不同。劳动关系中的人的报酬有按劳分配的性质,是持续、定期支付,用人单位无权单方变更。人事关系中的人的报酬,虽然也是按劳分配,但必须是各级人事部门经过对其本人考核"称职"后才发放的。《事业单位人事管理条例》第22条规定:"考核结果作为调整事业单位工作人员岗位、工资以及续订聘用合同的依据。"显然,事业单位有权利根据考核结果调整人事编劳动者的岗位、工资,而这一权利在劳动关系中受到了限制,如果在劳动合同中没有明确约定用人单位享有这一权利的话,用人单位根本不可能根据考核的结果下调劳动者岗位和工资。

(2) 劳动关系和劳务关系的区别

第一,两者产生的依据不同。劳动关系是基于用人单位与劳动者之间生产要素的结合而产生的关系;劳务关系产生的依据是双方的约定。如果双方不存在协商订立契约的意思表示、没有书面协议,也不存在口头约定,而是根据章程的规定而产生的一种用人单位和劳动者之间的具有整分合一性质的权利义务关系,一般应当认为是劳动关系而不是劳务关系。

第二,法律依据方面的主要区别。劳动关系由《劳动法》《劳动合同法》《劳动合同法实施条例》等法律规范调整,而且建立劳动关系必须签订书面劳动合同。劳务关系由《中华人民共和国民法通则》(以下简称《民法通则》)和《合同法》进行规范和调整,建立和存在劳务关系的当事人之间是否签订书面劳务合同,由当事人双方协商确定,也可以采用口头或其他形式。

第三,主体的区别。劳动关系中的一方应是符合法定条件的用人单位,另一方只能是自然人,而且必须是符合劳动年龄条件,且具有与履行劳动合同义务相适应的能力的自然人;劳务关系的主体类型较多,如可以是两个用人单位,也可以是两个自然人。我国现行法律法规对劳务关系主体的要求,不如对劳动关系主体要求的那么严格。长期以来,在司法实践中对劳动关系和劳务关系的区分存在着一个演变的过程。在2010年9月13日最高人民法院《关于审理劳动争议案件适用法律若干问题的解释(三)》(以下简称《劳动法司法解释(三)》)实施之前,司法实务当中多将超出退休年龄、已经依法享受养老保险待遇或领取退休金的人员,与新单位建立用工关系的企业停薪留职人员、未达到法定退休年龄的内退人员、下岗待岗人员以及企业经营性停产放长假人员,均视为劳务关系来对待。但是《劳动法司法解释(三)》第 7 条规定:"用人单位与其招用的已经依法享受养老保险待遇或领取退休金的人员发生用工争议,向人民法院提起诉讼的,人民法院应当按劳务关系处理。"第 8 条规定:"企业停薪留职人员、未达到法定退休年龄的内退人员、下岗待岗人员以及企业经营性停产放长假人员,因与新的用人单位发生用工争议,依法向人民法院提起诉讼的,人民法院应当按劳动关系处理。"依据上述规定,劳动者超过退休年龄,但是未享受养老保险待遇或领取退休金的,仍然有可能属于劳动关系。而第 8 条规定的情形很长时间都被认定为劳务关系,基于《劳动合同法》将非全日制用工纳入劳动关系,才将这些情形确定为劳动关系。

第四,当事人之间在隶属关系方面的区别。处于劳动关系中的用人单位与当事人之间存在着隶属关系是劳动关系的主要特征之一。隶属关系的含义是指劳动者成为用人单位中的一员,用人单位对劳动者享有管理的权力,例如可以给劳动者安排各种职务、层级、评优、奖惩等。而劳务关系中,不存在一方当事人是另一方当事人的职工这种隶属关系,双方法律地位完全平等,各自的权利义务关系主要靠劳务合同约定。如果劳务合同没有约定,劳务者甚至可以不遵守用人单位规章制度、劳动纪律。

第五,当事人之间在承担义务方面的区别。劳动关系中的用人单位必须按照法律法规和地方规章等为职工承担社会保险义务,且用人单位承担其职工的社会保险义务是法律的确定性规范,劳动风险由单位承担;而劳务关系中,如无合同约定,一方当事人不存在承担另一方当事人社会保险的义务。

第六,用人单位对当事人在管理方面的区别。用人单位具有对劳动者违章违纪进行处理的管理权。如对职工严重违反用人单位劳动纪律和规章制度、严重失职、营私舞弊等行为进行处理,有权依据其依法制定的规章制度解除当事人的劳动合同,或者对劳动者进行考核,考核不合格可以调岗、培训等。劳务关系中的一方对另一方的处理虽然也有不再使用的权利,或者要求当事人承担一定的经济责任,但不含当事人一方取消当事人另一方本单位职工"身份"这一形式,即不包括对其解除劳动合同或给予其他纪律处分形式。

第七,在支付报酬方面的区别。劳动关系中的用人单位对劳动者具有工资、奖金等方面的分配权利。分配关系通常包括表现为劳动报酬范畴的工资和奖金,以及由此派生的社会保险关系等。当然,用人单位的这种分配权利受到很多的制约,其向劳动者支付的工资应遵循遵守约定、按劳分配、同工同酬的原则,首先必须遵守合同的约定,在合同约定以外的报酬等,用人单位才享有分配的权利。并且合同约定的工资也有限制,即不能低于当地最低工资的标准。而在劳务关系中的一方当事人向另一方支付的报酬完全由双方协商确定,当事人得到的是根据权利义务平等、公平等原则事先约定的报酬,不受劳动法的规范。

第八,当劳动关系与劳务关系交叉时的处理。根据劳动部发布的《关于贯彻执行〈中华人民共和国劳动法〉若干问题的意见》,派出到合资、参股单位的职工如果与原单位仍保持着劳动关系,应当与原单位签订劳动合同,原单位可就劳动合同的有关内容在与合资、参股单位订立劳务合同时,明确职工的工资、保险、福利、休假等有关待遇。在司法实践中,劳务关系和劳动关系的区别也是一个充满争议的问题,最高人民法院《劳动法司法解释(三)》出台以后,这些争议得到了初步解决。

(二) 公立医疗机构用工关系分析

本书所指公立医疗机构,是指政府举办的纳入财政预算管理的事业单位医疗机构,以及由国有资本出资设立的医疗机构。公立医院的用工方式比较复杂,特别是事业单位的医疗机构往往同时存在人事关系、劳动关系、劳务关系三种用工关系。

1. 人事关系

凡是有事业编制的人员与医疗机构之间的用工关系均系人事关系。例如,在十多年前大中专院校毕业分配至医疗机构的毕业生、现在通过社会公招考录进入事业单位的人员等。

人事关系的一个显著特征是医疗机构与劳动者之间签订的多为聘用合同,往往使用人事行政主管部门(现为人力资源和社会保障局)制定的统一模板。从理论上来讲,医疗机构具有用人自主权,但是这种自主权往往在处理人事关系的人员时受到一定限制。在一些规模较小的医疗机构,虽然有独立的事业单位法人资格,但却没有独立的人事权,单位的人员任免还需要上级单位进行管理。《事业单位人事管理条例》实施以后,用人单位的用人自主权有望得到一定程度的松绑,但在实践中还是困难重重。

2. 劳动关系

随着医疗机构自主权的不断扩大,医疗机构有很多岗位都不再需要"难进难出"的事业编人员,而是采用劳动合同制,方便管理。像医疗辅助岗位的护理、医技、后勤等,越来越多的医疗机构都采用了劳动合同制进行管理。

但是,往往在同样的工作岗位,事业编职工与劳动合同制员工之间的收入却存在严重差异。多数情况下,事业编职工的收入超出劳动合同制员工一倍以上,甚至相差两倍。这样的同工不同酬的现象,具有极大的副作用,不但会使劳动合同制的员工心理失衡,没有长期为单位奉献的心理,而且会使得事业编职工在某种程度上滋生身份优越感,自认为高人一头。这样的用工体制,往往会给改制带来阻碍。在有的公立医疗机构改制时,事业编职工甚至提出要求支付"身份补偿金"。

3. 劳务关系

有不少医疗机构会聘请一些退休的老专家、老教授到医疗机构坐诊,这些老专家与医疗机构之间的关系就属于劳务关系。劳务关系主要由双方签订的《劳务合同》来约束,基本上来去自由,故劳务关系在公立医疗机构改制过程中基本上不会形成明显障碍。

二、公立医疗机构改制中员工安置的法律规范

公立医疗机构有一类改制方式就是不涉及产权变更,包括托管和组建松散医疗机构集团/医联体。在这两种方式下,原有的所有权人继续拥有医疗机构资产的所有权,医疗机构承担的基本医疗服务内容不变,医疗机构非营利性的属性没变。所以公立医疗机构在用工模式上可以暂时不进行大的变化,依然可以保持原有的各种用工方式不变。因此在产权不变更模式下,基本不涉及员工安置问题,本书不再赘述。

而产权变更的改制模式中,由于所有制发生变化或者所有权人发生变化时,用工方式可能产生根本变化,在这种情况下,员工安置就成为产权变更模式中的重要问题,需要专门分析。

(一) 不同用工关系下,员工安置方案的突出特点

公立医疗机构改制过程中,产权变更模式下员工安置方案的设计,应该根据具体不同的用工关系,采用具体不同的安置方案。

对于人事关系的员工安置问题一直以来是事业单位医疗机构改制过程中的重点难点问题,需要解决事业单位人员的身份转换、人事聘用关系的终止、解除、

变更,以及相应经济补偿、社会保险等问题。如前所述,事业编员工长期以来根深蒂固的"铁饭碗"的观念,以及身份优越感、退休后待遇的实质差别,都决定了员工安置方案的困难。在十多年来的实践中,各类改制案例中,也根据具体情况采取了不同的安置方案,但是核心都以尽量不减损这些员工的"奶酪"为基础。

对于劳动合同的员工安置问题,可以借鉴国有企业改制的经验,但是政府举办的公立医疗机构更为简单一些。因为这一类公立医疗机构与国有企业虽有相似之处,如两者同属国有资产、都是管办分开等,但是以劳动合同制角度来讲,存在着明显差异。即在国企改制时,还存在所谓"固定工"即原来企业编的劳动合同制职工和"临时工"的差别。在国企改制过程中,"固定工"的安置方案是主要的痛点。而在公立医疗机构来讲,从1995年全员劳动合同制至今,"固定工"和"临时工"的分别已经逐渐淡化了。特别是作为事业单位的公立医疗机构来讲,劳动合同制员工都是随着时代的演变而自聘的,基本不存在"固定工"的概念。所以在政府办医疗机构改制过程中,劳动关系的职工安置相对简单,按照劳动合同法的有关规定执行即可。

而国有资本举办的医疗机构,例如国有企业举办的医疗机构,其性质仍为国有非企业单位或者国有企业,这一类公立医疗机构改制的过程中,可以主要参考国有企业改制的模式,在员工享有的民主权益和员工安置方案方面均可借鉴。

对于劳务关系而言,在员工安置过程中属于相对简单的一类用工关系,因为不涉及身份隶属关系、不涉及社保等问题,劳务合同的期限一般也都可以任意终止,所以此类员工基本上不存在安置的困难。

如前所述,公立医疗机构改制中员工安置方案与单位属性密切相关,所以产权变更的改制模式从单位属性是否变性的角度来看,可以分为两大类:一类是不变性模式,即改制前后,医疗机构的单位属性不变,原来是事业单位,改制后还是事业单位,原来是企业单位,改制后还是企业单位;一类是变性模式,即改制后,原为事业单位的医疗机构变为企业单位,或者原为企业单位的医疗机构变为事业单位。

从十多年来的实践经验看,单位不变性的改制模式中,改变的只是产权方,用工关系不发生本质的变化——即用人单位本身没有变化(无需注销原单位),用工主体没有变化,人事关系、劳动关系、劳务关系的属性没有变化,此时员工安置方案的阻力相对较小。而在单位变性的改制模式中,由于产权方和单位本身

(原单位注销)都发生变化,用工关系也随之发生本质变化,此时的阻力就变得非常之大。想让原事业编员工变身为企业雇员,"铁饭碗"被打破、退休待遇下降、调动工作难度增大,这些变化足以让绝大部分员工产生抵触心理。与之相反,即便是非事业单位的医疗机构变身为事业单位,员工变为事业编,也并非一帆风顺。笔者原来所在的国有企业职工医院改制为股份制医院(原有"固定工"变身为股东员工)后,当地政府拟将该医院变成事业单位医疗机构,成为当地第一人民医院的分院,原有股东员工全部转为事业单位。从一般人角度来看,这无疑是"天上掉馅饼"的好事,但是这个方案在股东会(员工大会)上竟然被否决了,个中缘由笔者道听途说,不足为凭,但是由此可见员工安置方案的复杂性。

(二) 现有法律规范

国务院《关于创新重点领域投融资机制鼓励社会投资的指导意见》(国发〔2014〕60号,以下简称《指导意见》)是近一个时期以来指导事业单位医疗机构改制的纲领性文件。《指导意见》第25条规定:"加快社会事业公立机构分类改革。积极推进养老、文化、旅游、体育等领域符合条件的事业单位,以及公立医院资源丰富地区符合条件的医疗事业单位改制,为社会资本进入创造条件,鼓励社会资本参与公立机构改革。将符合条件的国有单位培训疗养机构转变为养老机构。"并在第26条进一步规定了社会资本进入的形式:"鼓励社会资本加大社会事业投资力度。通过独资、合资、合作、联营、租赁等途径,采取特许经营、公建民营、民办公助等方式,鼓励社会资本参与教育、医疗、养老、体育健身、文化设施建设。尽快出台鼓励社会力量兴办教育、促进民办教育健康发展的意见。各地在编制城市总体规划、控制性详细规划以及有关专项规划时,要统筹规划、科学布局各类公共服务设施。各级政府逐步扩大教育、医疗、养老、体育健身、文化等政府购买服务范围,各类经营主体平等参与。将符合条件的各类医疗机构纳入医疗保险定点范围。"

从上述文件规定可以看出,产权变更的模式可以有独资、合资的方式,产权不变更的模式可以有合作、联营、租赁、特许经营、公建民营、民办公助等方式。考虑到医疗机构管理条例不允许医疗机构出租资质,故上述各种方式中,租赁方式可能就不适用于医疗机构改制。

1. 产权变更模式下,调整人事关系依据的法律规范

当人们在研究变更产权的改制模式下事业编员工安置的法律依据时会惊讶

地发现,现有的《事业单位人事管理条例》在规定劳动合同的终止条件时,并没有类似《劳动合同法》第44条第(五)项"用人单位被吊销营业执照、责令关闭、撤销或者用人单位决定提前解散"的规定,只是有一个兜底的规定,"双方对解除聘用合同另有约定的除外"。

2017年10月1日实施的《中华人民共和国民法总则》(以下简称《民法总则》)将事业单位列为非营利法人的一种,并在第95条规定了非营利法人的终止:"为公益目的成立的非营利法人终止时,不得向出资人、设立人或者会员分配剩余财产。剩余财产应当按照法人章程的规定或者权力机构的决议用于公益目的;无法按照法人章程的规定或者权力机构的决议处理的,由主管机关主持转给宗旨相同或者相近的法人,并向社会公告。"由此可见,即便事业单位终止,《民法总则》关注的也只是剩余财产的处理,对于人员如何安置也仍没有规定。

即便在一些地方存在可能适用于事业单位改制的规定,也对事业编员工"关爱有加"。例如,《北京市事业单位聘用合同制试行办法》第28条规定:"受聘人员有下列情形之一的,聘用单位可以单方面解除聘用合同,但应提前30日以书面形式通知拟被解聘的受聘人员:……(三)聘用合同订立时所依据的客观情况发生重大变化,致使合同无法履行,经当事人协商不能就变更聘用合同达成协议或受聘人员不服从另行安排工作的。因上述情况解除聘用合同的,聘用单位要为拟被解聘人员提供不少于6个月的自行择业期,在自行择业期内的待遇不得低于本市最低工资标准。自行择业期满后仍未就业的,由聘用单位依照本市社会保险的有关规定办理社会保险关系调转手续。"由此可见,如果北京的事业单位医疗机构改制,拟转变为企业单位,则可以适用上述"客观情况重大变化"的法律规定进行变更、解除聘用合同,但是还需要依法提供不少于6个月的自行择业期,这都是劳动合同法所不具有的"福利"。

在法律法规对事业编员工如此"厚爱"的情况下,对于因产权变更导致事业单位变企业的改制模式中,事业编员工的安置就变得很困难。

从现有法律规定来看,事业单位医疗机构依据《事业单位人事管理条例》,可以解除事业编员工聘用合同的法定情形主要有以下几种:

> 第十五条 事业单位工作人员连续旷工超过15个工作日,或者1年内累计旷工超过30个工作日的,事业单位可以解除聘用合同。

第十六条　事业单位工作人员年度考核不合格且不同意调整工作岗位,或者连续两年年度考核不合格的,事业单位提前 30 日书面通知,可以解除聘用合同。

第十七条　事业单位工作人员提前 30 日书面通知事业单位,可以解除聘用合同。但是,双方对解除聘用合同另有约定的除外。

第十八条　事业单位工作人员受到开除处分的,解除聘用合同。

同时,根据《事业单位人事管理条例》第 19 条的规定:"自聘用合同依法解除、终止之日起,事业单位与被解除、终止聘用合同人员的人事关系终止。"对于人事争议,第 37 条规定:"事业单位工作人员与所在单位发生人事争议的,依照《中华人民共和国劳动争议调解仲裁法》等有关规定处理。"人事关系终止后,解除聘用合同的员工就可以不再纳入员工安置方案。

对于如何解决编制内员工的安置难题,随着事业单位改革的推进,近年来发生一些积极的变化。

中共中央、国务院《关于分类推进事业单位改革的指导意见》(中发〔2011〕5号)及其配套的《关于事业单位分类的意见》《关于承担行政职能事业单位改革的意见》《关于创新事业单位机构编制管理的意见》《关于建立和完善事业单位法人治理结构的意见》《关于分类推进事业单位改革中财政有关政策的意见》《关于分类推进事业单位改革中从事生产经营活动事业单位转制为企业的若干规定》《关于分类推进事业单位改革中加强国有资产管理的意见》《关于深化事业单位工作人员收入分配制度改革的意见》《事业单位职业年金试行办法》9 个文件,都对事业单位的固有管理体制进行了大刀阔斧的改革,有利于增加事业单位人员的流动性。

2016 年 7 月 22 日,人社部召开的 2016 年第二季度新闻发布会,人社部新闻发言人在介绍事业单位人事制度改革下一步工作安排时明确表示,研究制定高校、公立医疗机构不纳入编制管理后的人事管理衔接办法,配合有关部门做好经营类事业单位、部分城市三级甲等公立医疗机构开展编制管理改革等工作。所谓"不纳入编制管理",就是取消事业单位编制,但保留事业单位性质。而之所以要保留事业单位性质,主要考虑到学校、公立医疗机构的公益属性,不能完全推向市场化,还要由财政进行差额拨款。在全部取消事业单位编制后,未来的高校和公立医疗机构将会全员实行合同聘任制。

《北京市城市公立医院综合改革实施方案》也明确提出要"同步调整与编制管理相关的财政经费、养老保险、户籍管理、出国交流、住房补贴等政策,推进医务人员从'单位人'向'社会人'转变"。

所以对于现阶段事业编制的员工身份置换方面存在的难题,随着改革开放的不断深入和扩展,事业单位的"隐性福利"逐步显性化、社会化,在不远的未来,将不成为问题。

2. 产权变更模式下,调整劳动关系依据的法律规范

对于正常的劳动关系,在改制过程中,员工安置的问题除了应该遵循《劳动法》《劳动合同法》的相关规定外,还可以借鉴《企业国有产权转让管理暂行办法》(国务院国有资产监督管理委员会、财政部令第3号)、《国务院办公厅转发国资委关于进一步规范国有企业改制工作实施意见的通知》(国办发〔2005〕60号)、《关于印发国有大中型企业主辅分离辅业改制分流安置富余人员的劳动关系处理办法的通知》(劳社部发〔2003〕21号)、劳动部关于印发《违反和解除劳动合同的经济补偿办法》的通知(劳部发〔1994〕481号)等规范性文件,为医疗机构的改制设计比较健全的员工安置方案提供有力借鉴。

例如《国务院办公厅转发国资委关于进一步规范国有企业改制工作实施意见的通知》规定:

(一)改制方案必须提交企业职工代表大会或职工大会审议,并按照有关规定和程序及时向广大职工群众公布。应当向广大职工群众讲清楚国家关于国有企业改革的方针政策和改制的规定,讲清楚改制的必要性、紧迫性以及企业的发展思路。在改制方案制订过程中要充分听取职工群众意见,深入细致地做好思想工作,争取广大职工群众对改制的理解和支持。

(二)国有企业实施改制前,原企业应当与投资者就职工安置费用、劳动关系接续等问题明确相关责任,并制订职工安置方案。职工安置方案必须经职工代表大会或职工大会审议通过,企业方可实施改制。职工安置方案必须及时向广大职工群众公布,其主要内容包括:企业的人员状况及分流安置意见;职工劳动合同的变更、解除及重新签订办法;解除劳动合同职工的经济补偿金支付办法;社会保险关系接续;拖欠职工的工资等债务和企业

欠缴的社会保险费处理办法等。

（二）企业实施改制时必须向职工群众公布企业总资产、总负债、净资产、净利润等主要财务指标的财务审计、资产评估结果，接受职工群众的民主监督。

上述文件，一是规定了在国有企业改制过程中员工享有的民主权益，包括参与权、知情权和监督权等；二是规定了员工安置方案的产生、通过以及具体内容。

再比如，《企业国有产权转让管理暂行办法》还明确规定"转让方、转让标的企业未按规定妥善安置职工、接续社会保险关系、处理拖欠职工各项债务以及未补缴欠缴的各项社会保险费，侵害职工合法权益的"，国有资产监督管理机构或者企业国有产权转让相关批准机构应当要求转让方终止产权转让活动，必要时应当依法向人民法院提起诉讼，确认转让行为无效。

在公立医疗机构改制时，同样应该保障员工的民主权益，做好民主决策的工作，并且制订详细的员工安置方案，尽量降低产生劳动和人事纠纷的可能性。

具体来说，对于改制过程中劳动合同关系的解决，医疗机构和劳动者双方一般会出现以下几种状态：

（1）继续履行原有劳动合同

改制后医疗机构承继原医疗机构所签订的劳动合同，继续履行所签的劳动合同的权利和义务。法律依据主要是我国《劳动合同法》第33条："用人单位变更名称、法定代表人、主要负责人或者投资人等事项，不影响劳动合同的履行。"和第34条："用人单位发生合并或者分立等情况，原劳动合同继续有效，劳动合同由承继其权利和义务的用人单位继续履行。"而工作年限的计算可以按照《劳动合同法实施条例》第10条的规定："劳动者非因本人原因从原用人单位被安排到新用人单位工作的，劳动者在原用人单位的工作年限合并计算为新用人单位的工作年限。原用人单位已经向劳动者支付经济补偿的，新用人单位在依法解除、终止劳动合同计算支付经济补偿的工作年限时，不再计算劳动者在原用人单位的工作年限。"

《关于进一步规范国有企业改制工作的实施意见》（国办发〔2005〕60号）指出："改制为国有控股企业的，改制后企业继续履行改制前企业与留用的职工签订的劳动合同；留用的职工在改制前企业的工作年限应合并计算为在改制后企业的工作年限;原企业不得向继续留用的职工支付经济补偿金。"需要说明的是,在改制为国有控股企业时,才适用本款的规定;并且劳动年限要合并计算、不支付经济补偿金。

(2) 变更原有劳动合同

劳动合同的变更,是指劳动合同双方当事人就已订立的劳动合同条款进行修改、补充或废止部分内容的法律行为。当继续履行劳动合同的部分条款有困难或不可能时,劳动法律、法规允许双方当事人在劳动合同的有效期内,对原劳动合同的相关内容进行调整,劳动合同的部分内容经过双方当事人协商一致得以依法变更后,未变更的部分仍然有效。

从我国劳动法律、法规来看,公立医疗机构产权变更的改制完全有可能造成原用人单位一方法律人格特征的变更、劳动期限的变更、工作地点或岗位变化等情况,这时医疗机构和劳动者双方如能协商变更劳动合同,则劳动合同发生变更,双方可借此机会就劳动合同的期限、工作岗位、劳动保障、福利待遇等问题予以规范,劳动合同变更可不支付经济补偿金。

(3) 解除原有劳动合同

劳动合同的解除,是指劳动合同依法签订后,未履行完毕前,由于某种原因导致当事人一方或双方提前终止劳动合同的法律效力,停止履行双方劳动权利义务关系的法律行为。

根据《劳动合同法》第40条第(三)项的规定,劳动合同订立时所依据的客观情况发生重大变化,致使劳动合同无法履行,经用人单位与劳动者协商,未能就变更劳动合同内容达成协议的,用人单位提前30日以书面形式通知劳动者本人或者额外支付劳动者一个月工资后,可以解除劳动合同。根据《劳动法》第26条第(三)项的规定,劳动合同订立时所依据的客观情况发生重大变化,致使原劳动合同无法履行,经当事人协商不能就变更劳动合同达成协议的,用人单位可以解除劳动合同。根据劳动部《关于企业实施股份制和股份合作制改革中履行劳动合同问题的通知》(劳部发〔1998〕34号)的规定,在企业实施股份制或者股份合作制改革过程中,与职工经协商确定不能就变更劳动合同达成一致意见的,可以按照《劳动法》第26条第(三)项的规定由用人单位解除劳动合同。

根据《劳动合同法》《关于国有大中型企业主辅分离辅业改制分流安置富余人员的劳动关系处理办法》(劳社部发〔2003〕21号)、《违反和解除劳动合同的经济补偿办法》(劳部发〔1994〕481号)等法律、文件的规定,企业改制时与职工解除劳动合同,应当支付相应的经济补偿金;《关于进一步规范国有企业改制工作的实施意见》(国办发〔2005〕60号)亦明确规定:"对企业改制时解除劳动合同且不再继续留用的职工,要支付经济补偿金。"

当然,如果在改制过程中,员工违反了法律规定的几种情形,医疗机构可以依法单方解除劳动合同,主要依据《劳动合同法》第39条:"劳动者有下列情形之一的,用人单位可以解除劳动合同:(一)在试用期间被证明不符合录用条件的;(二)严重违反用人单位的规章制度的;(三)严重失职,营私舞弊,给用人单位造成重大损害的;(四)劳动者同时与其他用人单位建立劳动关系,对完成本单位的工作任务造成严重影响,或者经用人单位提出,拒不改正的;(五)因本法第26条第1款第(一)项规定的情形致使劳动合同无效的;(六)被依法追究刑事责任的。"

从第39条可以看出,《劳动合同法》还是赋予了用人单位有限制的单方解除劳动合同的权利,一定程度上体现了用人单位的用工自主权。但为了防止用人单位滥用单方解除权,随意解除与劳动者的劳动合同,法律严格限定了用人单位与劳动者解除劳动合同的条件。在司法实践中,劳动争议仲裁委员会和人民法院对这些"劳动者过错"条款的适用总是异常严格,侧重于保护劳动者的权益,体现出我国劳动法鲜明的"单方强制保护"的特点。所以在实务中,因为对于《劳动合同法》第39条规定的"严重""重大损害""拒不改正"等词组所反映的程度在实践中很难把握,用人单位以其规定的情形解除与劳动者的劳动合同最终得到司法保护是比较困难的。

笔者曾经代理过一个劳动争议:一个司机违反公司制度,未将一辆本田雅阁汽车开回公司停车场,而是停在自己家楼下无人看管的场地,导致车辆被盗。由于该车辆未上盗抢险,给公司造成30万元经济损失。公司以《劳动合同法》第39条规定的"给用人单位造成重大损害的"解除与司机的劳动合同,但是被劳动争议仲裁委撤销了解除行为,裁决双方继续履行劳动合同,理由就是单位不能证明30万元是"重大损害"。

(4) 终止原有劳动合同

劳动合同的终止,是指劳动合同期满或者当事人约定的劳动合同终止条件出现,以及其他法定情形出现时结束劳动关系的行为。

企业改制过程中劳动合同到期的职工,原劳动合同自行终止,主体企业可不再与其续签劳动合同,企业按《劳动和社会保障部办公厅关于〈国营企业实行劳动合同制暂行规定〉(国发〔1986〕77号)废止后有关终止劳动合同支付生活补助费问题的复函》(劳社厅函〔2001〕280号)和《劳动合同法》的有关规定执行:

第一,国有企业职工劳动合同期满与企业终止劳动关系后有关生活补助费的支付问题,地方有规定的,可以按地方规定执行。地方没有规定的:① 对于《规定》废止(2001年10月6日)前"录用"的职工,应计发劳动者至废止前工作年限的生活补助费,最多不超过12个月;② 对在《规定》废止后"录用"的职工,劳动合同期满终止劳动关系的,可以不支付生活补助费。

第二,对于国有企业改制的,企业中的原国有企业职工终止劳动合同后是否支付生活补助费,由各省、自治区、直辖市根据实际情况确定。

第三,2008年1月1日《劳动合同法》实施之后劳动合同终止的,除用人单位维持或者提高劳动合同约定条件续订劳动合同,劳动者不同意的情形外,终止固定期限劳动合同的,应支付经济补偿金,经济补偿年限自2008年1月1日起计算;2008年1月1日前按照当时有关规定,用人单位应当向劳动者支付经济补偿的,按照当时有关规定执行。

第四,根据《劳动部关于实行劳动合同制度若干问题的通知》(劳部发〔1996〕354号)的规定,对于劳动合同期满终止后符合退休条件的职工,可以办理退休手续,领取养老保险金;不符合退休条件的,企业应当协助职工办理失业登记,领取失业救济金。根据《劳动合同法》第45条的规定,对于在本单位患职业病或者因工负伤并被确认丧失或者部分丧失劳动能力的劳动者的劳动合同的终止,按照国家有关工伤保险的规定执行。

3. 产权变更模式下,调整劳务关系依据的法律规范

医疗机构和提供劳务者之间的法律关系主要受民法、合同法调整,不存在隶属关系,劳务关系双方如无特殊约定,一般而言均可以随时提出解除、终止劳务合同的请求。即便存在期限和解约的特殊约定,用人单位也仅承担约定的违约责任,没有约定违约责任的,仅赔偿对方实际损失。而在劳务关系中,劳务合同的提前解除,提供劳务者的实际损失是很低的,是改制医疗机构完全可以承担的,并不需要处理安置问题。

对于是否继续或者解除劳务合同关系,双方协商不成,则适用民事争议处理

程序,当事人可以采用诉讼的解决方式,提供劳务者不能提起劳动争议仲裁。

三、员工安置方案的设计

改制医疗机构在设计员工安置方案时首先应该把方案设计的指导思想、原则以及政策依据进行阐明。方案的设计也应该尽量保证原单位有劳动能力和达到技术水准的员工继续上岗,方案内容必须包括以下几点:企业人员的基本状况(在职、离岗退养、离休、工伤等)以及安置方法、经济补偿标准和支付方式、保险费(养老、医疗、工伤等)的支付和拖欠状况等。

(一) 设计员工安置方案的重点

在设计员工安置方案时,应该注意以下几点:

1. 人事关系的处理

由于事业编员工安置缺乏明确的法律依据,故应尽量按照协商一致的原则完成身份置换的问题。既往实践中,由于事业编员工根深蒂固的"铁饭碗"思维,往往存在难以协商的问题。所以多数情况下,对于事业编员工往往采取维持原编制的做法,即使医疗机构变身为企业,还是"老人老办法",原来事业编员工保持事业编不变,今后仍可调入事业单位,这样才能有效化解事业编员工的安置问题。

2. 医疗机构员工劳动、劳务关系的处理

如前所述,应遵循依法和协商一致的原则,通过终止、解除、变更或重新签订劳动合同的办法调整职工的劳动关系。

3. 明确离退休人员管理

由于多年来劳动合同制的推行,因此不论是在事业单位还是国有企业中原劳动关系的退休职工,基本上都已经社会化了,即均已在社保局领取退休金。故在这种情况下,已退休的劳动关系的员工,就已经和改制单位没有关系了。而事业单位中原事业编的退休员工,其退休待遇不能降低,应由事业单位主管部门继续负责,或者由新的产权方在出资中预留足够的安置费用,确保退休职工的待遇不降低。

4. 经济补偿金或安置费的标准、资金来源及支付方式

《劳动合同法》施行以后,对经济补偿金的支付规定主要是《劳动合同法》第47条、第97条第3款以及《劳动合同法实施条例》第27条。资金来源是转让医

疗机构所得的净收益。实践中存在的经济补偿金支付方式主要有货币补偿、股权补偿等方式。

5. 职工与企业间债权、债务关系的处理

职工与企业间债权、债务关系的处理,可以借鉴《关于进一步规范国有企业改制工作的实施意见》(国办发〔2005〕60号)第4条第(五)项的规定:"企业改制时,对经确认的拖欠职工的工资、集资款、医疗费和挪用的职工住房公积金以及企业欠缴社会保险费,原则上要一次性付清。"

改制过程中要特别注意,对于解除劳动合同的经济补偿金,和移交社会保障机构管理职工的社会保险费,以及支付拖欠职工的工资、医疗费和挪用的职工住房公积金要优先支付,并且禁止挪用。

(二) 其他特殊职工的安置利益

1. 工伤(包括职业病)职工

根据《工伤保险条例》相关规定,对于工伤(包括职业病)职工的安置利益可分为以下几种情况:

(1) 对因工致残(包括职业病)被鉴定为一级至四级伤残,丧失劳动能力或大部分丧失劳动能力职工,不能解除劳动合同,保留劳动关系,退出工作岗位,享受以下待遇:从工伤保险基金按伤残等级支付一次性伤残补助金;从工伤保险基金按月支付伤残津贴;工伤职工达到退休年龄并办理退休手续后,停发伤残津贴,按照国家有关规定享受基本养老保险待遇,基本养老保险待遇低于伤残津贴的,由工伤保险基金补足差额,并由用人单位和职工个人以伤残津贴为基数,缴纳基本医疗保险费;用人单位分立、合并、转让的,承继单位应当承担原用人单位的工伤保险责任,企业破产的,在破产清算时依法拨付应当由单位支付的工伤保险待遇费用。

(2) 对因工致残(包括职业病)被鉴定为五级、六级伤残,部分丧失劳动能力的职工,经工伤职工本人提出,该职工可以与用人单位解除或者终止劳动关系,由工伤保险基金支付一次性工伤医疗补助金,由用人单位支付一次性伤残就业补助金。具体标准由省、自治区、直辖市人民政府规定。

(3) 对因工致残(包括职业病)被鉴定为七级至十级伤残的职工,劳动合同期满终止,或者职工本人提出解除劳动合同、聘用合同的,由工伤保险基金支付一次性工伤医疗补助金,由用人单位支付一次性伤残就业补助金。具体标准由省、自治区、直辖市人民政府规定。

2. 患病或非因工负伤的职工

对患病或者非因工负伤,在规定医疗期内的职工,可以与其他职工一并参加改制,并继续享有医疗期待遇。医疗期满后,既不能从事原工作,也不能从事用人单位另行安排的工作的,用人单位可依法解除劳动合同并支付经济补偿金。

根据《违反和解除劳动合同的经济补偿办法》(劳部发〔1994〕481号)的规定,对于患病或非因工负伤职工在解除劳动关系时,用人单位除应当支付经济补偿金外,还应当支付不低于6个月工资的医疗补助费。患重病或绝症的,还应当适当增加医疗补助费,患重病的增加部分不低于医疗补助费的50%,患绝症的增加部分不低于医疗补助费的100%。

3. 孕期、产期、哺乳期内的女职工

职工本人自愿与用人单位解除劳动关系的,在按规定计发应得工资等,并对其三期待遇补偿方案协商一致后,可终止劳动关系,并根据约定支付经济补偿金。本人不同意解除劳动合同的,如不存在《劳动合同法》第39条规定的法定情形,用人单位不能解除劳动合同。

4. "停薪留职""挂名""两不找"、长期放假、长期离岗等未实际在用人单位工作的职工

"停薪留职""挂名""两不找"、长期放假、长期离岗等未实际在用人单位工作的职工,由单位通知其限期返回单位,协商处理劳动关系。协商一致返回原单位工作的,原劳动合同继续履行;协商一致到改制后单位工作的,解除原劳动合同,依法支付相应经济补偿金,在其自愿的基础上,可将经济补偿金等额折合为改制后单位的股权;协商不一致的,解除劳动关系并支付经济补偿金。通知发出后逾期不归的,可按照单位有效规章制度的规定,通知解除劳动关系,并不支付经济补偿。

结语

公立医疗机构改制,政策性强,方方面面的利益变动大,又涉及大量体制内

员工身份转换问题,还涉及国有资产保值、增值问题,改制过程中的合法合规审查是重中之重,律师可在其中发挥重要作用。因此,律师在为公立医疗机构改制项目提供法律服务时,一定要严守法律关,严格依法依规提供法律服务,全面、如实审查、披露法律风险,为改制的顺利完成发挥应有的作用。

第 3 章

医药卫生领域 PPP[①]

PPP(Public-Private-Partnership)模式,是指政府与企业之间为了合作建设城市基础设施项目,或是为了提供某种公共物品和服务,以特许权协议为基础,彼此之间形成一种伙伴式的合作关系,并通过签署合同来明确双方的权利和义务,以确保合作的顺利完成,最终使合作各方达到比预期单独行动更为有利的结果。

PPP 模式将部分政府责任以特许经营权方式转移给企业,政府与企业建立起"利益共享、风险共担、全程合作"的共同体关系,政府的财政负担减轻,社会主体的投资风险减小。是当下最为热门的一种经济行为。

医药卫生事业以往多以政府为主导,所有制结构比较单纯——要么是公立医疗机构,要么是非公立医疗机构。这种单纯的所有制结构,目前也受到 PPP 模式的巨大影响,医药卫生领域也面临着巨大的变革。本章重点对医疗机构的 PPP 展开讨论。

[①] 本章撰稿人:王良钢、蒋莉、李岑岩。
王良钢,北京市盈科律师事务所高级合伙人,历任北京市律师协会第六、七、八、九届医药法律专业委员会委员,第八、九届副主任,第十届特邀委员。现为盈科律师研究院院长、国家财政部 PPP 中心专家,中国卫生法学会理事,中国医师协会显微外科医师分会顾问,中国政法大学联合导师,PPP 中心专家委员会委员,北京市律师协会 PPP 课题组副组长,E-mail:bjwls@vip.sina.com。
蒋莉,女,北京市百瑞律师事务所律师,北京市律协医药委员,E-mail:jianglilawyer@163.com。
李岑岩,北京至瑾律师事务所主任,北京市律协医药委员,清华大学法律硕士联合导师,北京大学谈判协会特邀评委,E-mail:zhijinlawyer@126.com。

第一节 概述

一、世界各国医药卫生领域 PPP 发展历程

(一) PPP 在英国医药卫生领域的应用概况

欧洲国家和地区在公私合营方面处于世界领先地位,其中英国发展得最早,处于前沿位置且最具有代表性。1990 年,英国完成国有公用事业私有化市场改革后,虽然社会私人资本一定程度上缓解了政府财政压力,提高了行业效率,但也有反对私有化的声音,英国政府对民间参与公共建设的模式并不热衷。随着欧盟各国签订《马斯特里赫特条约》,面对控制财政支出、改善基础设施的双重压力,英国政府开始积极思考出路,但直至 1997 年之前,英国 PPP 都处于探索阶段,项目总额没有大的飞跃。1997 年,布莱尔领导的工党上台执政,由于 PPP 与其执政理念相吻合,英国政府开始要求各部门提出 PFI(Private Finance Initiative)项目清单,并提出完善一系列配套政策法律。在医疗服务方面,1997 年 7 月《国家卫生服务法案》颁布实施,使医院成为可以与民间机构签订 PFI 协议的合格主体。

PFI 私人筹资模式是英国 PPP 公私合营中应用最广、最具有影响力的模式,有超过 90% 的 PPP 医院项目采用。这种模式是"设计—建设—融资—运营",对私人的主动性要求很高,医院项目的设计、建设、投资及运营都由私营部门负责。具体流程包括:私营部门设计建造公立医院,建造完成后由私营部门负责管理非医疗性业务,如餐饮、清洁、洗涤、安保等,管理期限通常为 30 年,在这个期间,医院建筑设施的所有权属于私营部门,期限届满后,医院所有权转移给政府,私营部门退出该项目。而医院的核心医疗服务由医院全权负责,与私营部门无关,公立医院每年向私营部门所提供的服务支付其相应回报。PFI 模式可以将私营部门的资金、管理、商务以及创新技术引入公共设施和服务,并减少政府部门的财政支出和负债,转移风险,最终实现项目的物有所值,英国 PFI 模式的特殊之处在于公立医院始终把握医院的核心医疗业务。

2012 年,英国相关评估报告显示,英国公私合营大多能过按照政府与私营

部门在合同订立之初的条款履行,并且合同管理也非常完善,英国医疗PPP对于缓解英国财政压力、改善医院基础设施、满足居民医疗保障需求具有重要而积极的作用。①

(二) PPP在西班牙医药卫生领域应用概况

英国PFI模式取得成功后,西方发达国家纷纷效仿,以缓解政府财政压力,所不同的是,一些国家没有对私营资本直接参与核心医疗服务提供进行严格限制。西班牙采用的是ALZIRA模式,该模式起源于西班牙Alzira小镇,这种模式下,私营部门负责建设医院并对医院的服务享有一定时间的经营权,私营部门对医院的医疗和非医疗部分都拥有经营管理权,而且负有向居民提供医疗服务的职责。私营部门对医院的医疗服务经营可以是在公立医院中经营管理一个部门,为病人提供某些小型诊断性服务,如胃镜检查等;也可以在公立医院附近新建一个私人经营的小型医院,直接提供治疗服务,其价格可以适当高出政府参考价格。但无论何种形式经营,都必须符合公立医院的要求,按照公立医院制定的临床流程标准去执行治疗,政府则根据医院的就诊人数给予资金补助。据统计,西班牙采用ALZIRA模式运营的医院,人均医疗费较其他公立医院降低25%,而且候诊时间缩短,患者满意度较高。目前,整个西班牙约有15%~20%的医院服务属于公办私立性质。

(三) PPP在美国医药卫生领域应用概况

美国实行的是高度市场化的医疗保障体系,个人购买商业医疗保险,医疗保健服务大都由私立医院和医生提供,政府主要负责向无力购买商业保险的人提供公共保险计划,美国大部分医疗机构是私立性质,而政府公立医院仅占医院总数的25%。因此,PPP在美国医药卫生领域的应用主要集中在新药研发、医学研究等方面。

1987年,著名的制药公司默克集团联合洛克菲勒基金会,启动了向西非和加勒比地区捐助药物,治疗流行于这些地区河盲症的MDP(Mectizan Donation Program)计划,这是美国医药卫生领域开展的首个PPP项目。在MDP计划取得巨大成功后,美国大批医药公司、非政府组织、各种慈善基金会纷纷参与到美

---

① 参见桂欣:《英国政府在医疗卫生领域PPP投融资模式的操作及启示》,载《知识经济》2010年第3期,第86页。

国国内或国际性的 PPP 项目中来。1990 年美国国家卫生研究院基金会成立,为支持和开展新的 PPP 项目提供了良好的平台。2004 年 3 月,在相关报告中专门论述了 PPP 模式在推动医学科研和临床应用中的作用,标志着美国食品药物管理局决心将 PPP 引入新药研发。2005 年,美国国立卫生研究所(NIH)专门成立了负责 PPP 的项目管理机构——NIH for PPP,旨在通过促进 NIH 和其他的公共部门与私营部门的 PPP 关系,推动协作联合,发展国民卫生事业。之后,一大批重要的医学科研运用 PPP 模式开展起来,人类基因组计划、骨关节炎计划、生物标记计划等一些重要的计划纷纷实施,不仅减轻了联邦政府的财政负担,更是极大地调动了私营部门的积极性,加快了医学科研和临床成果的转化,极大地促进了美国医学科研和卫生事业的发展。在 PPP 项目中,公共部门主要负责设计研究方案、组织病源,私营部门以低价提供具有专利权的药品、医疗设备、试剂及科研经费等;作为回报,私营部门可以获得用于产品更新的临床试验数据、产品推广效应、正面的舆论效应等。

二、我国与医药 PPP 相关的法律制度及政策、法规

当前作为全面深化改革重要内容的医疗卫生改革已经进入了新的时期,国家鼓励和引导社会资本发展医疗卫生事业,形成投资主体多元化、投资方式多样化的办医体制。国务院出台政策明确支持医疗卫生等公共服务领域采用政府和社会资本合作(PPP)模式,来吸引社会资本的参与,为人民群众提供更加优质高效的公共服务,为此我们来梳理下现阶段与医疗 PPP 相关的政策及法律法规。

(一) 与医疗卫生体制改革相关的主要政策、法规

(1) 中共中央、国务院《关于深化医药卫生体制改革的意见》(2009 年 3 月 17 日)

根据第 4 条第(十)项的规定,建立政府主导的多元化卫生投入机制,明确政府、社会与个人的卫生投入责任,明确政府在提供公共卫生和基本医疗服务中的主导地位,鼓励和引导社会资本发展医疗卫生事业。积极促进非公立医疗卫生机构发展,形成投资主体多元化、投资方式多样化的办医体制。抓紧制定和完善有关政策法规,规范社会资本包括境外资本办医疗机构的准入条件,完善公平公正的行业管理政策。鼓励社会资本依法兴办非营利性医疗机构。国家制定公立医院改制的指导性意见,积极引导社会资本以多种方式参与包括国有企业所办医院在内的部分公立医院改制重组。稳步推进公立医院改制的试点,适度降低公立医疗机构比重,形成公立医院与非公立医院相互促进、共同发展的格局。支持有资质人员依法执业,方便群众就医。完善医疗机构分类管理政策和税收优惠政策。依法加强对社会力量办医的监督。

(2) 国务院《关于鼓励和引导民间投资健康发展的若干意见》(国发〔2010〕13号)

根据第4条第(十四)项的规定,鼓励和引导民间资本进入社会事业领域,鼓励民间资本参与发展医疗事业。

(3) 国务院办公厅《关于鼓励和引导民间投资健康发展重点工作分工的通知》(国办函〔2010〕120号)。

(4) 国务院办公厅转发发改委卫生部等部门关于《进一步鼓励和引导社会资本举办医疗机构意见的通知》国办发〔2010〕58号。

(5) 国务院《关于促进健康服务业发展的若干意见》(国发〔2013〕40号)

第1条第(三)项规定了"发展目标"。到2020年,基本建立覆盖全生命周期、内涵丰富、结构合理的健康服务业体系,打造一批知名品牌和良性循环的健康服务产业集群,并形成一定的国际竞争力,基本满足广大人民群众的健康服务需求。健康服务业总规模达到8万亿元以上,成为推动经济社会持续发展的重要力量。

第2条第(二)项规定了"加快发展健康养老服务"。推进医疗机构与养老机构等加强合作,在养老服务中充分融入健康理念,加强医疗卫生服务支撑。建立健全医疗机构与养老机构之间的业务协作机制,鼓励开通养老机构与医疗机构的预约就诊绿色通道,协同做好老年人慢性病管理和康复护理,加强医疗机构为老年人提供便捷、优先优惠医疗服务的能力。推动二级以上医院与老年病医院、老年护理院、康复疗养机构等之间的转诊与合作。各地要统筹医疗服务与养老服务资源,合理布局养老机构与老年病医院、老年护理院、康复疗养机构等,形成规模适宜、功能互补、安全便捷的健康养老服务网络。发展社会健康养老服务。提高社区为老年人提供日常护理、慢性病管理、康复、健康教育和咨询、中医保健等服务的能力,鼓励医疗机构将护理服务延伸至居民家庭。鼓励发展日间照料、全托、半托等多种形式的老年人照料服务,逐步丰富和完善服务内容,做好上门巡诊等健康延伸服务。

(6) 中共中央《关于全面深化改革若干重大问题的决定》(2013年11月)

根据第46条第2款的规定,鼓励社会办医,优先支持举办非营利性医疗机构。社会资金可直接投向资源稀缺及满足多元需求服务领域,多种形式参与公立医院改制重组。允许医师多点执业,允许民办医疗机构纳入医保定点范围。

(7)《关于非公立医疗机构医疗服务实行市场调节价有关问题的通知》(发改价格〔2014〕503号)。

(8)《关于推进县级公立医院综合改革的意见》(国卫体改发〔2014〕12号)提出落实支持和引导社会资本办医政策,完善社会办医在土地、投融资、财税、价格、产业政策等方面的鼓励政策,优先支持举办非营利性医疗机构,支持社会资本投向资源稀缺及满足多元需求服务领域。

(9)国务院办公厅《关于印发全国医疗卫生服务体系规划纲要(2015—2020年)的通知》(国办发〔2015〕14号)。

(10)国务院办公厅《关于全面推开县级公立医院综合改革的实施意见》(国办发〔2015〕33号)。

(11)国务院办公厅《关于印发深化医药卫生体制改革2014年工作总结和2015年重点工作任务的通知》(国办发〔2015〕34号)。

(12)国务院批转发改委《关于2015年深化经济体制改革重点工作意见的通知》(国发〔2015〕26号)。

(13)国务院办公厅《关于城市公立医院综合改革试点的指导意见》(国办发〔2015〕38号)。

(14)《关于促进社会办医加快发展若干政策措施的通知》(国办发〔2015〕45号)。

(15)国务院办公厅《关于推进分级诊疗制度建设的指导意见》(国办发〔2015〕70号)。

(二) 与医疗领域PPP相关的政策、法规[①]

(1)《关于推广运用政府和社会资本合作模式有关问题的通知》(财金〔2014〕76号)

根据第2条第(二)项的规定,各级财政部门要重点关注城市基础设施及公共服务领域,如城市供水、供暖、供气、污水和垃圾处理、保障性安居工程、地下综合管廊、轨道交通、医疗和养老服务设施等,优先选择收费定价机制透明,有稳定

---

① 参见贾向明、卓识:《PPP法律法规汇编全集》,民主与建设出版社2015年版。

现金流的项目。

(2)《政府和社会资本合作模式操作指南(试行)》(财金〔2014〕113号)

第6条第2款第(一)项规定了"政府发起"。财政部门(政府和社会资本合作中心)应负责向交通、住建、环保、能源、教育、医疗、体育健身和文化设施等行业主管部门征集潜在政府和社会资本合作项目。

(3)国务院《关于创新重点领域投融资机制鼓励社会投资的指导意见》(国发〔2014〕60号)

第8条规定了"鼓励社会资本加大社会事业投资力度"。加快社会事业公立机构分类改革。积极推进养老、文化、旅游、体育等领域符合条件的事业单位,以及公立医院资源丰富地区符合条件的医疗事业单位改制,为社会资本进入创造条件,鼓励社会资本参与公立机构改革。将符合条件的国有单位培训疗养机构转变为养老机构。

(4)国家发改委《关于开展政府和社会资本合作的指导意见》(发改投资〔2014〕2724号)

(5)《关于在公共服务领域推广政府和社会资本合作模式指导意见的通知》(国办发〔2015〕42号)

根据第4条第(十二)项的规定,广泛采用政府和社会资本合作模式提供公共服务。在能源、交通运输、水利、环境保护、农业、林业、科技、保障性安居工程、医疗、卫生、养老、教育、文化等公共服务领域,鼓励采用政府和社会资本合作模式,吸引社会资本参与。

(6)中共中央国务院印发《关于深化国有企业改革的指导意见》(中发〔2015〕22号)

(7)《国务院关于国有企业发展混合所有制经济的意见》(国发〔2015〕54号)

(8)《财政部关于规范政府和社会资本合作合同管理工作的通知》(财金〔2014〕156号)

三、医疗健康领域采用PPP的意义和社会价值

现阶段,我国对医疗健康领域采用PPP模式给予充分的支持和保障,国家大力推动社会资本进入医疗行业,是因为社会化多元办医主体符合多方利益诉求,无论对于政府、公众、医务人员还是企业来说,都是利国又利民的事业,是中

国医疗服务体系变革的必然趋势。

对于政府来说，社会办医可减轻政府的财政负担，中国各级地方政府作为公立医院的主办方，虽然对公立医院的投入不断加大，但对公立医院的补偿始终不到位，政府财政压力日渐加大。通过鼓励社会化办医，引入社会资本加盟，改变政府独家提供医疗卫生服务资源的局面，自然能减轻政府的负担，缓解地方政府债务压力。

对于公众来说，社会办医可以满足医疗服务需求。目前，我国医疗卫生资源相对不足，通过引入社会资本，可以从供给端补充医疗服务量。社会资本对市场需求的敏锐度可以及时满足尚未满足的医疗服务需求，比如美容、医养一体等新兴医疗服务。与此同时，通过引入社会资本与社会化管理经验，可以撼动运营效率相对低下的公立医院的垄断地位，增强公立医院的竞争意识，释放公立医院的运营活力，倒逼公立医院努力提升公众的就医体验。引入社会资本拓宽服务供给端的同时，也能催生医疗服务行业的发展，拉动社会就业与经济发展。

对于医务人员来说，社会办医可以提高其社会地位，社会资本进入医院进行公司法人现代化管理改革，有利于打破公立医院目前的垄断地位，倒逼公立医院进行法人治理改革，创新运营机制。公立医院将不再是医务人员的唯一选择，公立医院必须想办法改善医务人员的薪酬体系与激励体系，真正凸显医生的技术价值，使医务人员得到应有的社会地位。

对企业来说，社会办医可促进其发展，目前我国多项扶持政策为社会办医创造有利环境，医疗服务板块未来增长空间十分巨大。社会资本在医疗服务行业不断探索新的模式，已经逐渐探索出持续发展的道路。医药行业、医药商业或其他医疗服务公司，通过进入医院，有效延伸自身产业链，与标的医院紧密结合，共同谋求发展机会。

四、我国医药领域 PPP 的特点

（一）我国医药领域 PPP 适用的医疗机构

我国医疗卫生服务体系中，医院分为公立医院和社会办医院，社会资本参与医院经营虽然从广义上分为社会资本参与公立医院经营、社会资本参与非营利性非公立医院经营及社会资本参与营利性非公立医院经营三种方式。但从 PPP 的本质上来说，PPP 强调的是政府的公共服务事业和社会资本的经营性结合，政府通过社会资本的参与获得融资、提高管理效率,增加医疗卫生资源。因此,对于社会资本参与营利性非公立医院,该类医院属于营利性质,不再属于公共服务事业和公益事业范畴,因此这种参与不应适用于PPP领域。另外,对于非营利性非公立医院,由于社会资本参与该医院的动机不是为了获利,更多的是类似于捐资办医的概念,也不宜适用于PPP领域,所以,从狭义上来说,医疗PPP模式更多的只是适用于公立医院。

(二)大健康领域PPP的发展现状和可行性的趋势

1. 我国大健康领域的发展现状

医药领域PPP不局限于公立医院机构内,在大健康领域也会有更多更大的发展。中共十八届五中全会审议通过了《中共中央关于制定国民经济和社会发展第十三个五年规划的建议》,将"健康中国"建设列入"十三五"规划中,并在2016年制定了《"健康中国2030"规划纲要》,"健康中国"的概念随之从卫计委层面上升到国家战略,医疗健康行业迎来了积极良好的政策环境,其中多处提到了要发展健康服务新业态,积极促进健康与养老、旅游、互联网、健身休闲、食品相互融合、催生出大健康新产业、新业态和新模式。

根据《2015年中国卫生和计划生育统计年鉴》数据,2012年,美国卫生费用占GDP的比重达到17%,加拿大、法国、德国、日本卫生费用占GDP比重超过10%,而我国的卫生费用只占GDP的5%左右。随着我国居民收入不断提高,老龄化进程不断推进,居民对医疗卫生、养老等需求将不断加大。随着居民对医疗养老等需求不断增加,国家必将大力发展医疗服务、健康养老、健康保险、中医药保健、健康服务信息化(网上预约挂号、远程会诊)等,围绕大健康、大卫生和大医学的医疗健康产业有望突破8万亿的市场规模,这个市场是新兴的也是巨大的,如何将这个巨大的市场与PPP更好地融合,更好地发挥出应有的社会效应呢?我们就以健康养老、医养一体的模式为例来看大健康领域PPP的发展趋势。

2. 从医疗养老来看大健康领域PPP的发展趋势[①]

我国现在已经进入快速老龄化阶段,民政部数据显示,我国老年人口将年均增加800万到900万,到2020年,老年人口将达到2.48亿,预计到2035年进入

---

① 参见《2016年中国大健康产业发展趋势分析》,载中国产业信息网(http://www.chyxx.com/industry/201512/371128.html),访问日期:2018年2月9日。

重度老龄化阶段,老龄人口将达到4.37亿,占总人口30%。纵观我国养老产业,经历了从公办到公办民办共存,直至现在"公私合营(PPP)"的历程。最开始的模式是公办养老院,由政府出资建养老院,这些养老院大多靠近居住区,医疗、交通等配套设施都非常齐全,而且收费低廉,所以很多公办养老院"一床难求"和排队等床现象特别严重,因此逐渐开始寻求新的探索改革路径。

2000年来,国家陆续出台《关于支持社会力量兴办社会福利机构的意见》《关于加快发展养老服务业的若干意见》等文件,民办养老院在政策的引导下开始实行,民办养老院不仅能拿到一次性的建设补贴,还有床位补贴、税收减免、水电优惠等各项政策的支持。

各地对于养老院的补贴标准根据各地的经济发展有所不同,陕西省政府发布《关于鼓励和引导社会资本进入养老服务领域的若干意见》规定,对符合条件的民办公益性养老机构,新建机构每张床位一次性补助3 000元,改扩建机构每张床位一次性补助2 000元;北京市也提高了社会办非营利性养老机构的支持标准,由原来每张床位8 000元至16 000元的市级支持标准提高到20 000元至25 000元,同时,此类养老机构运营阶段的补贴标准也将由原来的收住一位老人每月200元至300元标准提高到300元至500元等级。

现在随着各地政府大力推进PPP建设,推进医疗养老PPP的建设,很多地方开始对养老院探索公私合营PPP的模式,医疗卫生及大健康领域改革进入了新的历史阶段。国务院及各部委相继出台在医疗、养老领域采用PPP模式的相关政策法规,吸引社会资本方的参与。民政部、发改委、财政部发文《关于鼓励民间资本参与养老服务业发展的实施意见》(民发〔2015〕33号),鼓励民间资本采取股份制、股份合作制、PPP等模式建设或发展养老机构,鼓励以社会资本的力量举办规模化、连锁化的养老机构,推进医养一体,在养老机构内设医疗机构,各项医疗、康复费用可以纳入基本医疗保险支付范围;并在融资、税收比例上均给以优惠政策,在用地上也给予充分的保障。

可以预见,未来随着医疗卫生体制改革的更加深入,医疗大健康领域运用PPP模式将会越来越广泛,形式也会越来越多样化。

3. 我国医疗PPP的现状

我国医疗服务体系存在公立医院医疗资源分布不均、民营医疗机构能力不足等情况,2014年,我国共有三级公立医院1 842家,还有各类二级公立医院、社区医院等,由于我国医疗机构大多为政府举办,公立医院在整个医疗服务体系中承担了绝对主导的作用,民营医疗机构一直较弱势,其提供的总服务量远远低于公立医疗机构,民营医院的床位数、诊疗人次和入院病人数量仅占全部卫生服务的10%左右,民营医疗机构能力明显不足。

为了鼓励和引导社会办医,大力发展非公立医疗机构,加强民营医疗机构的医疗服务总量,国家明确提出PPP模式应用于医疗机构等公共服务项目,医院PPP项目随后进入快速发展阶段,现在医疗PPP模式已在医院新建、改建等项目中得到了广泛的运用。根据最新的《全国PPP综合信息平台项目库第5期季报》统计,截至2016年12月末,三四线城市的教育、医疗、养老PPP项目共1 237个,投资额共5 656亿元,季报显示医疗、养老领域PPP发展势头非常强劲。

第二节 模式

一、目前我国医疗领域PPP模式的分类

我国医疗领域PPP模式按照医疗供给资源来分,可以分为新建医院PPP项目和存量医院PPP项目两种模式;按照PPP项目运营模式来分,包括管理合同、委托运营、BOT模式(建设—运营—移交)、BOO模式(建设—拥有—运营)、IOT模式(投资—运营—转让)、TOT模式(移交—运营—移交)等。

二、医疗领域PPP的主要运作方式[①]

(一)委托运营模式

委托运营模式(Operations & Maintenance,O&M),是指政府将存量公共资产的运营维护职责委托给社会资本或项目公司,社会资本或项目公司不负责用户服务的政府和社会资本合作项目运作方式。政府保留资产所有权,只向社会资本或项目公司支付委托运营费。合同期限一般不超过8年。

---

① 参见《探索与创新空间尚大——从中国医院PPP四大典型案例谈起》,载中装新网(http://www.cbda.cn),访问日期:2018年1月14日。

实例

香港大学深圳医院

香港大学深圳医院是"十一五"期间深圳市政府投资兴建的最大规模公立医院,医院投资35亿元,医院产权归深圳市政府所有,由香港大学、深圳大学和深圳市政府共同组建一个医院董事会;具体的运营工作,包括医院人员的聘用、器材的引进等均由港大成立的管理层负责。双方在医院管理体制、财政投入机制、人事分配制度等领域进行改革,推动"政事分开、管办分开、医药分开、营利与非营利分开"。

在人员管理方面,医院员工不享受其他公立医院的政府公务员待遇,而是由香港大学实行全员聘用,参照香港的考核和薪酬机制,以此来吸引和留住人才。按照协议,香港大学管理的5年后,医院仍归属于深圳市的公立医院,但政府将不再为医院提供财政支持,医院盈亏自负。这是一次O&M模式的探索,医院能否成功还有待时间的证明。

(二) 建设—运营—移交模式

建设—运营—移交模式(Build-Operate-Transfer,BOT),是指由社会资本或项目公司承担新建项目设计、融资、建造、运营、维护和用户服务职责,合同期满后项目资产及相关权利等移交给政府的项目运作方式。合同期限一般为20—30年。

实例

东县中医院

社会资本方陕西必康制药集团控股有限公司根据协议规定向如东县政府支付特许经营权费,受让本项目一定期限(20年)的特许经营权,特许经营期结束后必康制药按照协议的规定,将项目设施按既定的标准无偿移交给如东县政府或其指定的部门。本项目的核心医疗业务由如东中医院自己负责;必康制药通过对医院的医疗大厦、配套用房等全部建筑物维修维护(含装饰装修等),以及除医疗设备之外的全部配套设施设备(含空调系统、强弱电系统、供气负压传呼系统、网络通讯、给排水、锅炉、管道等全部公用设施)的维修维护获得政府按照本协议的约定支付的购买服务费;另外负责非核心医疗业务的运营,药品、试剂及医用耗材的配供;停车场、洗车服务、保安、保洁、餐饮经营、超市经营,并获得相应的运营收益。

该项目是入选财政部首批PPP示范项目和江苏省首批PPP试点项目,并且是首批示范试点项目中唯一来自医疗卫生行业的项目。

(三)改建—运营—移交模式

改建—运营—移交模式(Rehabilitate-Operate-Transfer,ROT),是指政府在TOT模式的基础上,增加改扩建内容的项目运作方式。合同期限一般为20—30年。

实例

门头沟区医院

2010年8月,公立医院北京门头沟区医院作为北京首家引入社会资本的公立医院,采用ROT改建—运营—移交模式,将公立医院改革纳入社会资本的集团化运营中。门头沟区医院与凤凰医疗集团合作办医。凤凰医疗集团是目前国内发展历史最长、规模最大的社会资本办医企业,也是国际资本市场中首家上市的中国医院集团,门头沟区医院通过与凤凰医疗集团合作,取消院长行政级别,建立理事会领导下的院长负责制,理事会实行委任制,举办单位和政府各委任3名,理事会制订年度计划、预算和人事任免等重大决策;此外,医院组建监事会,由政府方、资本方、医院职工代表共9人组成;凤凰医疗集团组成管理团队,门头沟政府每年向其支付200万管理费。改革的效果可以从数字的变化见到:从医院管理来看,床位从改革前的252张增加到502张,副高级职称人员由48人增至60人;从居民就医来看,2013年,医院门诊急诊人数达到48万人次,同比增长28.6%;人均住院费用远低于同级同类医院平均水平9.84%。这种模式的创新应该说是成功的,可复制的。

(四)投资—运营—移交模式

投资—运营—移交模式(Investment-Operation-Transfer,IOT),即由投资方承诺作出固定投资,改善医院医疗设施和服务水平,以换取在管理和营运方面相关的医院权利,在某一定约定期限内收取基于协议的管理费,并提供药品、医疗器械及医用耗材,并在协议约定结束后将管理、运营转还给医院所有人。该模式在医院的产权性质不变、非营利性质不变、人员隶属关系不变的情况下,项目公司通过对医院进行全权管理。

实例

门头沟区妇幼保健院

北京门头沟妇幼保健院即采取该种模式。凤凰医疗集团向北京门头沟区妇幼保健院一次性投资人民币1500万元,获得管理门头沟区妇幼保健院自2015年至2030年共15年收取年度绩效管理费的权利。

该托管PPP模式与公立医院私有化改制相比,不改变存量公立医院的所有权,因利益冲突较小而容易实施。托管可以帮助公立医院提升效率,托管需要社会资本方参与部分或全部投资,并通过一定的合作机制与政府部门分担项目风险,共享项目收益。根据项目的实际收益情况,政府可能会向托管公司收取一定的托管费或给予一定的补偿,合同结束后要求社会资本方将医院运营权移交给政府部门。在盈利模式上,托管公司不拥有医院的所有权,不直接参与医院的分红,但可以通过医院供应链的管理,医院各项业绩提升后带来的收益、医院管理费等方式获得盈利。

(五)设计—采购—施工模式

设计—采购—施工模式(Engineering-Procurement-Construction/Turnkey, EPC),也称交钥匙工程,是指公司受业主委托,按照合同约定对医院工程建设项目的设计、采购、施工、试运行等实行全过程或若干阶段的承包。通常公司在总价合同条件下,对所承包工程的质量、安全、费用和进度负责。在EPC模式中,Engineering不仅包括具体的设计工作,而且可能包括整个建设工程内容的总体策划以及整个建设工程实施组织管理的策划和具体工作;Procurement也不是一般意义上的建筑设备材料采购,而更多的是指专业设备、材料的采购;Construction的内容包括施工、安装、试运行、技术培训等。

实例

汕头潮南民生医院

该医院是由香港企业家吴镇明先生投资兴建,建成后委托汕头大学医学院第一附属医院全面经营管理,是一所按照"三级医院"标准设计和配套建设的大型综合性合资医院。汕头大学医学院第一附属医院对该院进行托管,该院的管理和医疗团队全部来自于托管方,投资方不参与,也不干预医院的运营和管理。由于角色明晰,目标一致,医院一年内便实现了运营的收支平衡。其独特的托管模式在国内开创了先河,医院引入PPP模式至今,成效显著,先后被中国医院协会和健康报社等授予"全国诚信民营医院""群众满意医院"等荣誉称号。

(六) 私募—融资—计划模式

私募—融资—计划模式(Private-Finance-Initiative,PFI),PFI模式可以理解为BOT模式的优化模式,政府部门或公立医院提出新建医院的项目,通过招投标,获得特许经营权的社会资本方进行医院的建设和运营,并以收回成本并取得利润,在规定的时间后将该项目无偿归还政府,但可以继续通过租用的方式获得运营权而取得利润。从广义上来看,只要存在公私部门长期的、广度的合作,都可以被纳入PPP模式,因此PFI通常也被看做PPP的一种类型。

实例

广州广和医院

2004年11月,广东省由广州市第一人民医院与广济医疗器械有限公司合作建立的广州广和医院在广州成立,它由广州市第一人民医院提供品牌和业务用房,并在技术力量上给予支持,广济医疗器械有限公司提供资金和业务管理。它将公立医院的品牌和技术优势与民营企业的资金优势和灵活经营相结合,起到优势互补的效果。这家医院自试营业以来,已经基本达到运营平衡,成为广州市职工医疗保险定点医院。

(七) 管理合同

管理合同(Management Contract,MC),是指政府将存量医疗机构资产的运营、维护及患者服务职责授权给社会资本或项目公司的项目运作方式。政府保留医疗机构所有权,只向社会资本或项目公司支付管理费。管理合同通常作为转让—运营—移交的过渡方式,合同期限一般不是很长。

实例

中信医疗入主汕尾公立医院

2015年3月,汕尾市政府正式将汕尾市人民医院、妇幼保健院和第三人民医院三所市直属公立医院,交给中信集团全资子公司中信医疗。汕尾市政府和中信医疗共同出资组建项目公司,公司资本金以三家医院的净资产评估作价,再由中信医疗按照六成的股权配比投入现金,占控股地位。董事会5名成员中,董事长、财务总监和人事总监,都由中信医疗方面派出,汕尾市国资委提名副董事长和董事各1名。人员身份实行"老人老办法、新人新办法"。中信在引进医疗信息系统、医药分销配送、医药物业支持、医护人员培训、医疗洗涤等方面存在优势,并以此与政府方进行医院PPP合作。

(八)建设—拥有—运营模式

建设—拥有—运营模式(Build-Own-Operate,BOO),由BOT模式演变而来,二者区别主要是BOO方式下社会资本或项目公司拥有项目所有权,但必须在合同中注明保证公益性的约束条款,一般不涉及项目期满移交。

(九)转让—运营—移交模式

移交—运营—移交模式(Transfer-Operate-Transfer,TOT),是指政府将存量资产所有权有偿转让给社会资本或项目公司,并由其负责运营、维护和用户服务,合同期满后资产及其所有权等移交给政府的项目运作方式。合同期限一般为20—30年。

三、医疗领域PPP各参与方的权利义务[①]

PPP是地方政府在财政债务压力下为增强公共产品和服务供给能力,提高供给效率的有效手段,是政府与社会资本方为提供公共产品或服务而建立的一种合作伙伴关系,强调的是公司合作、利益共享、风险共担。那么,在这种合作模

---

① 参见《2016年医疗领域PPP行业深度分析报告 医疗PPP行业现状及发展趋势分析》,载文档库网(http://www.wendangku.net/doc/e71a51c316fc700abb68fce4-30.html),访问日期:2017年2月9日。

式中,双方的权利义务是怎样界定的,如何才能达到提高效率、合作共赢的目的,本部分也略作分析。

(一) 关于托管与外包模式下的参与方的各项权利义务

托管模式主要包括TOT(移交—运营—移交)、IOT(投资—运营—移交)。托管主要存在于存量医院中,它不改变存量公立医院的所有权,托管需要社会资本方参与投资,并通过合作机制与政府共同分担项目风险,共享项目收益。根据项目的实际收益情况,政府会向托管公司收取一定的托管费或者给予一定的补偿,合同期结束后,社会资本将医院运营权移交给政府。在所有权属上,托管公司不拥有医院所有权,不直接参与医院分红。实际上也可归类于公立医疗机构改制,属于产权不变更模式的改制,详见本书第二章,此不赘述。

社会资本方的收益权可以通过医院供应链管理,比如承接医院的药品、器械和医疗耗材供应;收取医院的管理费以及被托管医院业绩提升后所带来的绩效等来实现。

外包模式主要包括O&M(运营和维护)、DBT(设计—建设—移交)等,外包也存在于存量医院中,它不改变存量公立医院的所有权,由政府负责投资,由社会资本方承包整个项目中的一项或几项。比如,社会资本方只负责工程建设,或者只负责管理维护设施,或者提供部分公共服务,这些职能属于医院非医疗辅助职能,包括设备管理、基础建设、医院药房、医疗信息化等,社会资本方由此收取一定的管理费或运营费;医院将这些项目外包给社会资本方,可以将公立医院从繁重的医院管理工作中脱离出来,使医院更专注于医疗服务,提高医院的医疗服务技术。

该类项目由政府出资,社会资本参与项目的收入来源即政府付费,相应的也承担比较低的风险。

(二) 关于政府与社会资本方合作新建医院PPP模式下各参与方的主要权利义务

社会资本与政府共同投入资源新建医院,可以分为股权类PPP合建与非股权类PPP合建,股权类PPP的代表模式为BOO(建设—拥有—运营)、非股权类PPP代表模式是BOT(建设—运营—移交),本文分别进行分析。

1. BOO(建设—拥有—运营)

这种模式对社会资本方的资金实力要求很高,由社会资本方提供雄厚的资金,从事 PPP 项目的设计、融资、建设及经营;政府以土地、技术和医院品牌作为合作条件,并提供土地、税收方面的优惠;在医院人才培养、学科建设及科研教学等方面也提供支持和帮助;社会资本方则以医疗机构供应链的管理、医院业绩提成等方式获取利润。

社会资本方与政府新建医院并共同治理,形成现代化的医院管理体制,或者采取全权托管的方式,交由公立医院医疗团队对新建医院进行核心医疗服务管理。

BOO 模式相当于社会资本方出资收购了医院的股权,属于股权类 PPP,是以股权投资额购买了永久的管理权,因此社会资本可以长期永久性地拥有并经营医院项目。

2. BOT(建设—运营—移交)

这种模式属于非股权类 PPP 合建,社会资本方在特许经营期内享有管理或运营的权利,但是项目公司在特许期结束后必须将项目设施即医疗机构交还给政府,这是与 BOO 模式最大的不同之处。

3. ROT(改建—运营—移交)

通过 ROT 模式可以实现"管办分开",改变决策机制,实现所有权、决策权、执行权和监督权"四权分离"。

4. EPC(交钥匙工程)

这种模式下,社会资本方只参与运行前的环节,医院的管理和人员全部来自公立医院,社会资本方不参与医院的运营和管理。

5. PFI(私募—融资—计划)

这种模式可以将社会资本方的资金和管理优势与公立医院的品牌及人才技术优势相结合,有优势互补的作用。PFI 模式是对 BOT 项目融资的优化,在合同期满后,如果社会资本方通过正常经营未达到协议规定的收益,可以继续拥有或通过续租的方式获得运营权。

6. O&M(委托运营模式)

这种模式下,政府出让的只是合同期内医院的管理权,医院的具体运营工作由名校的管理团队负责,医院的所有权还是归政府所有。从某种意义上来讲,这种模式也可以划为公立医疗机构改制的范畴,具体内容可参见本书第二章。

(三)医疗领域 PPP 利益相关方

关于医护人员的安置问题涉及医护人员的切身利益,是 PPP 模式中非常重要的问题。如何解决核心医护人员供给保障问题?就医疗领域 PPP 项目而言,有很多会建造房子、会采购设备的社会资本方,但是相比较而言,一所医院能否成功运营,软件配套才是最重要的,医护人员供给不足,尤其是资深的技术好的医护人员几乎都在体制内,那么,如何吸引这部分人才在社会资本举办的非营利性医疗机构中合理流动,是值得我们思考的问题。

现阶段我国医护人员仍以"身份"管理为主,有无事业编制是制约医护人员流动的核心因素之一。虽然部分地方允许社会资本举办的非营利性医疗机构可以拥有相应的事业单位身份,但是事业单位编制数根据床位数进行核定,而床位数由卫生行政管理部门进行审核,如果卫生行政管理部门的理念尚未完全转变或者不愿意承担责任,则推行的难度较大。

《关于印发推进和规范医师多点执业的若干意见的通知》(国卫医发〔2014〕86 号)已就医师多点执行过程中的实操问题给出若干意见,放开多点执业也确实能在一定程度上缓解社会资本办非营利性医疗机构医护人员紧缺的问题。但多点执业现阶段推进困难,而且多点执业目前只能作为补充。要解决全职医师的供给问题,一是要真正取消事业编身份的"隐性福利",甚至取消医疗机构的事业单位编制,二是要真正做到远超公立医院的待遇,才能吸引更多的医护人员。

无论是全职执业的,还是多点执业的医师,都要配套做到公立医院和社会资本举办的非营利性医院的医护人员在身份、学术地位、职称评定、职业技能鉴定、再教育及社保等方面一视同仁。只有这样,才能较好地解决医护人员的供给不足、不愿放弃国家事业编制人员"身份"等问题。

第三节 法律服务

一、全流程法律服务

律师为医疗领域 PPP 项目提供全流程法律服务。总体来说,医疗领域 PPP 主要包括以下流程。

(一) PPP 项目前期筹备阶段

包括前期招商筹备阶段、招商实施阶段、其他相关的前期筹备工作。

(二) PPP 项目融资阶段

PPP 项目的融资义务通常是由项目公司承担。融资安排是 PPP 项目实施的关键环节,此过程中存在着复杂多样的风险,如项目公司能否与银行等金融机构签订融资协议的风险,银行等金融机构所提供的贷款能否符合项目合同约定的资金需求与时限等风险。[①]

(三) PPP 项目建设阶段

项目的建设管理是整个 PPP 项目实施中非常重要的事项。项目公司在建设阶段的主要任务就是按照建设工程法律法规中所规定的基本建设程序、PPP 项目合同的约定等对 PPP 项目建设进行管理,以保证项目建设的合法合规。

(四) PPP 项目执行阶段

1. 项目公司设立

社会资本可依法设立项目公司。政府可指定相关机构依法参股项目公司。项目实施机构和财政部门应监督社会资本按照采购文件和项目合同约定,按时足额出资设立项目公司。

2. 融资管理

项目融资由社会资本或项目公司负责。社会资本或项目公司应及时开展融资方案设计、机构接洽、合同签订和融资交割等工作。财政部门和项目实施机构应做好监督管理工作,防止企业债务向政府转移。

3. 政府支付及绩效监测

项目合同中涉及的政府支付义务,财政部门应结合中长期财政规划统筹考虑,纳入同级政府预算,按照预算管理相关规定执行。财政部门和项目实施机构应建立政府和社会资本合作项目政府支付台账,严格控制政府财政风险。在政府综合财务报告制度建立后,政府和社会资本合作项目中的政府支付义务应纳入政府综合财务报告。

项目实施机构应根据项目合同约定,监督社会资本或项目公司履行合同义

[①] 参见朱静、付冬梅:《律师参与 PPP 项目法律服务的要点与注意事项》,载中国律师网(http://www.acla.org.cn/html/lvshiwushi/20150814/22335.html),访问日期:2017 年 2 月 20 日。

务,定期监测项目产出绩效指标,编制季报和年报,并报财政部门备案。

政府有支付义务的,项目实施机构应根据项目合同约定的产出说明,按照实际绩效直接或通知财政部门向社会资本或项目公司及时足额支付。设置超额收益分享机制的,社会资本或项目公司应根据项目合同约定向政府及时足额支付应享有的超额收益。

社会资本或项目公司违反项目合同约定,威胁公共产品和服务持续稳定安全供给的,或危及国家安全和重大公共利益的,政府有权临时接管项目,直至启动项目提前终止程序。

在项目合同执行和管理过程中,项目实施机构应重点关注合同变更、违约责任和争议解决等工作。

(1) 合同变更。按照项目合同约定的条件和程序,项目实施机构和社会资本或项目公司可根据社会经济环境、公共产品和服务的需求量及结构等条件的变化,提出变更项目合同申请,待政府审核同意后执行。

(2) 违约责任。项目实施机构、社会资本或项目公司未履行项目合同约定义务的,应承担相应违约责任,包括停止侵害、消除影响、支付违约金、赔偿损失以及解除项目合同等。

(3) 争议解决。在项目实施过程中,按照项目合同约定,项目实施机构、社会资本或项目公司可就发生争议且无法协商达成一致的事项,依法申请仲裁或提起民事诉讼。

4. 中期评估

项目实施机构应每3—5年对项目进行中期评估,重点分析项目运行状况和项目合同的合规性、适应性和合理性;及时评估已发现问题的风险,制定应对措施,并报财政部门备案。政府相关职能部门应根据国家相关法律法规对项目履行行政监管职责,重点关注公共产品和服务质量、价格和收费机制、安全生产、环境保护和劳动者权益等。社会公众及项目利益相关方发现项目存在违法、违约情形或公共产品和服务不达标准的,可向政府职能部门提请监督检查。

在上述过程中,涉及的法律文件是:

(1) 项目公司设立文件;

(2) 融资方案;

(3) 履约保函;

(4) 项目产出绩效指标季/年报;

(5) 项目产出说明;

(6) 修订项目合同申请》;等等。

5. 项目运作方式

主要包括委托运营、管理合同、建设—运营—移交、建设—拥有—运营、转让—运营—移交和改建—运营—移交等。具体运作方式的选择主要由收费定价机制、项目投资收益水平、风险分配基本框架、融资需求、改扩建需求和期满处置等因素决定。前文已述,不再赘述。

(五) PPP 项目移交阶段

1. 移交准备

项目移交时,项目实施机构或政府指定的其他机构代表政府收回项目合同约定的项目资产。项目合同中应明确约定移交形式、补偿方式、移交内容和移交标准。移交形式包括期满终止移交和提前终止移交;补偿方式包括无偿移交和有偿移交;移交内容包括项目资产、人员、文档和知识产权等;移交标准包括设备完好率和最短可使用年限等指标。采用有偿移交的,项目合同中应明确约定补偿方案;没有约定或约定不明的,项目实施机构应按照"恢复相同经济地位"原则拟定补偿方案,报政府审核同意后实施。

根据对 PPP 项目运作理解程度的不同,业界对于"移交"形式定义的理解还存在一定差异,字面上容易理解为 PPP 项目执行完毕(特许经营期满)后项目资产的移交。

财政部《政府和社会资本合作模式操作指南(试行)》(财金〔2014〕113 号文)中明确指出了"移交形式包括期满终止移交和提前终止移交两个阶段"。此外,若 PPP 项目采取 TOT(Transfer-Operate-Transfer,移交—运营—移交)运作模式,则此 PPP 项目移交阶段的移交范围包括"期前启动移交""提前终止移交"和"期满终止移交"。而从移交方式上看,又包括了"无偿移交"和"有偿移交"两种。

2. 性能测试

项目实施机构或政府指定的其他机构应组建项目移交工作组,根据项目合同约定与社会资本或项目公司确认移交情形和补偿方式,制订资产评估和性能测试方案。项目移交工作组应委托具有相关资质的资产评估机构,按照项目合同约定的评估方式,对移交资产进行资产评估,作为确定补偿金额的依据。

项目移交工作组应严格按照性能测试方案和移交标准对移交资产进行性能测试。性能测试结果不达标的,移交工作组应要求社会资本或项目公司进行恢复性修理、更新重置或提取移交维修保函。社会资本或项目公司应将满足性能测试要求的项目资产、知识产权和技术法律文件,连同资产清单移交项目实施机构或政府指定的其他机构,办妥法律过户和管理权移交手续。社会资本或项目公司应配合做好项目运营平稳过渡相关工作。

3. 绩效评价

项目移交完成后,财政部门应组织有关部门对项目产出、成本效益、监管成效、可持续性、政府和社会资本合作模式应用等进行绩效评价,并按相关规定公开评价结果。评价结果作为政府开展政府和社会资本合作管理工作决策参考依据。

二、为各参与方服务的要点

医疗领域PPP涉及的主要参与方包括:政府、发展商、项目公司、承包商、银行、咨询公司、医疗设备供应商、保险商等。从律师服务的角度,可以简化为政府方与社会资本方两个方面。其中服务要点为如下内容。

(一) 政府方

1. 协助建立健全PPP模式工作机制及PPP模式管理办法。

2. 参与制订PPP模式实施方案。

3. 参与遴选确定社会资本合作对象。

4. 参与项目洽谈、合同文本起草及签订。

5. PPP项目实施过程中纠纷的处理。

6. 政府主体认为需要律师完成的工作。

(二) 社会资本方

1. 参与社会资本为PPP项目的可行性及合规性论证。

2. 参与PPP项目洽谈全过程。

3. 协助起草招投标文件。

4. 协助签订PPP项目合同文本。

5. PPP项目风险防范。

三、各阶段服务要点

(一) PPP 项目前期筹备阶段

1. 前期招商筹备阶段

该阶段可以配合政府参与 PPP 项目招投标工作,协助政府选择专业咨询服务机构,尤其是配合政府及相关专业咨询服务机构共同探讨、设计 PPP 项目投融资以及 PPP 项目运作方式等方案,就 PPP 项目投融资、运作方式等方案的合法性、可行性等出具法律意见,并就前期招商筹备阶段涉及的其他关键问题设计可行性方案。

2. 招商实施阶段

该阶段可以参与引进社会资本方的招商谈判、磋商工作以及针对各类法律文件进行草拟或者修改、审核相关法律文件并出具法律意见书等,尤其是配合政府针对 PPP 特许经营协议中的关键性条款进行细化设计,对投资计划及融资方案的设计等。

3. 其他相关的前期筹备工作

该阶段主要配合政府对 PPP 项目公司的组建、设立等设计合法性、合理性方案,尤其是配合草拟、修改、审核相关的合同文件,并对此提出专业法律意见或建议。

(二) 融资阶段的法律服务

专业律师提供法律服务要点如下:

(1) 参与融资方案的设计、机构接洽与融资谈判,提供融资的风险分析和合法建议,保证融资方式的选择符合 PPP 相关规范性文件的要求和实施方案的设计。

(2) 审查融资合同、协助签订融资合同,确保项目公司能按照 PPP 项目合同的约定提供项目建设和运营的资金,包括项目公司与融资方签订的项目贷款合同、担保人就项目贷款与融资方签订的担保合同、政府与融资方和项目公司签订的直接介入协议等。

(3) 协助完成融资交割及备案等工作,以免项目公司未向政府方履行相应的备案手续而承担 PPP 项目合同约定的违约责任。

(三) 项目建设阶段的法律服务

专业律师在此阶段可提供的法律服务包括：

(1) 在 PPP 项目建设中对工程项下的合同的审查，包括工程承包合同、原料供应合同、建设期保险合同等，尤其是工程承包合同的审查，应确保项目公司既能按照项目合同的约定完成项目建设，又能将工程费用超支、工期延误、工程质量不合格等风险转移给承包商。

(2) 协助选择承包商和供应商等。需要进行招投标选择设计单位、施工单位、监理单位、勘察单位等的，应规范适用招投标法律法规；需要进行政府采购的，应当规范适用政府采购的法律法规。①

(四) 项目运营过程中的法律服务

专业律师可协助项目公司做以下工作：

(1) 协助项目公司按照合法合规的程序选择资信状况良好、管理经验丰富的运营商。

(2) 审查运营服务合同和运营期保险合同，确保通过风险分配机制或投保相关保险来转移运营风险。

(五) 项目移交阶段的法律服务

(1) 协助项目公司按照项目合同约定的形式、内容、标准与规范性文件要求的程序保质保量地移交项目。

(2) 协助制订移交方案或审查项目移交委员会制订的移交方案。

(3) 项目移交中相关合同和技术转让的法律审查、项目实施相关人员移交的合法性把握等。

(六) PPP 合同设计的要点

PPP 结构的每个选项都有不同特点，以下针对共性问题，分析 PPP 合同核心条款设计。

1. 背景条款

具体包括合同相关术语的定义和解释、合同签订的背景和目的、声明和保证、合同生效条件、合同体系构成等。这是对 PPP 结构选择与特点以及项目目

---

① 参见刘建华、朱静：《律师为 PPP 项目公司提供法律服务的思考》，载搜狐网（http://mt.sohu.com/business/d20170117/124489892_480400.shtml），访问日期：2017 年 2 月 20 日。

的的核心陈述,决定了项目的后续全过程设计和处理,具有重要意义,为项目合同的必备篇章。

2. 原则条款

在所选PPP结构下,项目合同各方需就订立合同的主体资格及履行合同的相关事项加以声明和保证,并明确项目合同各方因违反声明和保证应承担相应责任;明确关于合同正文、合同附件、补充协议和变更协议等效力优先次序,以及履约原则和违约处理原则。

3. 主体条款

第一,明确政府主体、社会资本主体,重点明确项目合同各主体资格。如签订项目合同的政府主体,应是具有相应行政权力的政府,或其授权的实施机构;签订项目合同的社会资本主体,应是符合条件的国有企业、民营企业、外商投资企业、混合所有制企业,或其他投资、经营主体。

第二,概括性地约定各主体的主要权利和义务。如政府方依法监管权力和行使项目合同约定的权利,遵守项目合同、及时提供项目配套条件、项目审批协调支持、维护市场秩序等义务;社会资本主体按约定获得政府支持的权利和按约定实施项目、获得相应回报的权利等,按约定提供项目资金,履行环境、地质、文物保护及安全生产等义务,承担社会责任等。

第三,主体条款部分还应当明确项目公司的设立及其存续期间的法人治理结构及经营管理机制等事项。如政府参股项目公司的,还应明确政府出资人代表、投资金额、股权比例、出资方式等,政府股份享有的分配权益,政府股东代表在项目公司法人治理结构中的特殊安排等。

4. 标的条款

在PPP合同的这个部分,应主要约定政府和社会资本合作关系的重要事项,包括合作内容、合作期限、排他性约定及合作的履约保证等,为项目合同的必备篇章。

在合作内容方面,着重明确合作项目的边界范围。如涉及投资的,应明确投资标的物的范围;涉及工程建设的,应明确项目建设内容;涉及提供服务的,应明确服务对象及内容等,以及政府为合作项目提供的主要条件或支持措施。

明确社会资本主体在合作期间获得回报的具体途径,以及合作各阶段项目有形及无形资产的所有权、使用权、收益权、处置权的归属。

如有必要,可做出合作期间内的排他性约定以及项目合同各方的履约担保事项。

5. 执行条款

该部分内容是有效履行 PPP 项目合同的核心,应当详尽约定执行规划、方案以及流程。

(1) 项目前期工作

重点约定项目公司设立、管理架构组建,技术、商业、财务和经济等方面的各项准备,实施方案编制和审核以及合作项目前期工作内容、任务分工、经费承担及违约责任等事项。

对于政府开展前期工作的经费需要社会资本主体承担的,应明确费用范围、确认和支付方式,以及前期工作成果和知识产权归属。

项目合同应明确各方在前期工作中违约行为的认定和违约责任。可视影响将违约行为划分为重大违约和一般违约,并分别约定违约责任。

(2) 工程建设

重点约定合作项目工程建设条件,进度、质量、安全要求,变更管理,实际投资认定,工程验收,工程保险及违约责任等事项。

如涉及土地整理事项,项目合同应约定征地、拆迁、安置的范围、进度、实施责任主体及费用负担,并对维护社会稳定、妥善处理后续遗留问题提出明确要求。

在该部分,项目合同还应约定工程完工之后的保修安排和质保金、保修期保函的设置和使用。

若需要,可对项目建设招标采购、工程投资、工程质量、工程进度以及工程建设档案资料等事项安排特别监管措施,应在合同中明确监管的主体、内容、方法和程序,以及费用安排。

项目合同应明确各方在工程建设工作中违约行为的认定和违约责任。可视影响将违约行为划分为重大违约和一般违约,并分别约定违约责任。

(3) 绩效检测与支付

项目实施过程中,加强工程质量、运营标准的全程监督,确保公共产品和服务的质量、效率和延续性,鼓励推进第三方评估,评价结果向社会公示,作为合同调整的重要参考依据,并据此作为价费标准、财政补贴等的支付依据。

6. 资金条款

(1) 根据投资概算等约定项目投资规模、投资计划(分年度)、投资控制与超支责任、融资方案和资金筹措、融资条件、投融资监管及违约责任等事项。

（2）如政府为合作项目提供投资补助、基金注资、担保补贴、贷款贴息等支持，应明确具体方式及必要条件，以及设定对投融资的特别监管措施，各方投融资违约行为的认定和违约责任。

7. 验收条款

项目验收应遵照国家及地方主管部门关于基本建设项目验收管理的规定执行，通常包括专项验收和竣工验收。项目合同应约定项目验收的计划、标准、费用和工作机制等要求。如有必要，应针对特定环节作出专项安排。

8. 运营条款

（1）运营包括试运营和正式运营。重点约定合作项目运营的外部条件、运营服务标准和要求、更新改造及追加投资、服务计量、运营期保险、政府监管、运营支出及违约责任等事项，适用于包含项目运营环节的合作项目。

（2）项目合同应约定项目运营维护与设施修理事项，详细内容可在合同附件中描述。

（3）项目合同应约定在运营过程中产生的主副产品的权属和处置权限，以及运营期间由于政府特殊要求造成社会资本主体支出增加、收入减少的补偿方式、补偿金额、支付程序及协商机制。

9. 核算条款

在PPP合同中，应对项目的投资规模、投资计划与资金到位方案等进行系统、科学的核算和评估，约定合作项目收入、回报模式、价格确定和调整方式，财务监管及违约责任等事项。

10. 移交条款

（1）政府移交资产：重点约定政府向社会资本主体移交资产的准备工作、移交范围、履约标准、移交程序及违约责任等。

（2）社会资本方移交项目：重点约定社会资本主体向政府移交项目的过渡期、移交范围和标准、移交程序、质量保证及违约责任等。

（3）项目合同应明确各方在移交工作中违约行为的认定和违约责任。可视影响将违约行为划分为重大违约和一般违约，并分别约定违约责任。

11. 担保条款

（1）如有必要，可以约定项目合同各方的履约担保事项，明确履约担保的类型、提供方式、提供时间、担保额度、兑取条件和退还等。

(2) 对于合作周期较长的项目,可分阶段安排履约担保。

12. 保险条款

(1) 项目合同应约定工程建设期需要投保的险种、保险范围、保险责任期间、保额、投保人、受益人、保险赔偿金的使用等。

(2) 项目合同应约定运营期需要投保的险种、保险范围、保险责任期间、保额、投保人、受益人、保险赔偿金的使用等。

13. 信息披露与保密条款

(1) 为维护公共利益、促进依法行政、提高项目透明度,合同各方有义务按照法律法规和项目合同约定,向对方或社会披露相关信息。详细披露事项可在合同附件中明确。

(2) 项目合同应约定保密信息范围、保密措施、保密责任。保密信息通常包括项目涉及国家安全、商业秘密或合同各方约定的其他信息。

14. 廉政与反贿赂条款

(1) 项目合同应约定各方恪守廉洁从政、廉洁从业和防范腐败的责任。

(2) 项目合同应约定反不正当竞争和商业贿赂条款,保证项目过程的法治与公平。

15. 合同的变更、修订与转让条款

(1) 项目合同应对合同内容变更或修订的触发条件、变更程序、处理方法等进行约定。

(2) 项目合同应约定合同权利义务是否允许转让;如允许转让,应约定需满足的条件和程序。

16. 特许经营权条款

(1) 从本质上讲,特许经营模式是将政府的角色从服务提供者变成服务价格和质量的规范者。

(2) 特许经营权是政府允许社会资本运营商在指定区域内负责全面提供公共服务,同时负责所有资本投资,但在项目合同中必须强化监管措施,防止垄断利益损害。

17. 不可抗力和法律变更条款

(1) 项目合同应约定不可抗力事件的类型和范围,根据不可抗力事件对合同履行造成的影响程度,分别约定不可抗力事件的处理。

(2) 项目合同应约定如在项目合同生效后发布新的法律、法规或对法律、法规进行修订,影响项目运行或各方项目收益时,变更项目合同或解除项目合同的触发条件、影响评估、处理程序等原则和事项。

18. 解约条款

(1) 按照公平合理的原则,重点约定合同的退出机制,即明确合同解除事由、解除程序以及合同解除后的结算、项目移交等事项。

(2) 结合项目特点和合同解除事由,可分别约定在合同解除时项目接管、项目持续运行、公共利益保护以及其他处置措施等。

19. 违约条款

(1) 其他章节关于违约的未约定事项,在本章中予以约定;或者对于合同中涉及违约的各种情形在合同中予以集中约定,并对相应的违约责任进行明确细化。

(2) 项目合同应明确各方在各个环节中违约行为的认定和违约责任,可视影响将违约行为划分为重大违约和一般违约,并分别约定违约责任。

20. 纠纷解决条款

(1) 重点约定争议解决方式,如协商、调解、仲裁或诉讼。

(2) 项目合同应当约定争议期间的合同履行,除法律规定或另有约定外,任何一方不得以发生争议为由,停止项目运营服务、停止项目运营支持服务或采取其他影响公共利益的措施。

21. 兜底条款

约定项目合同的其他未尽事项,包括合同适用的法律、语言、货币等事项。

结语

从本章的讨论可以看出,PPP 模式以其独特的魅力,在医药卫生领域方兴未艾。医药专业律师可凭借自己对医药卫生领域或者大健康领域的熟悉,进一步加大对医药卫生领域 PPP 的研究,占领这个法律服务市场,并规范这个法律服务市场。本章仅仅是抛砖引玉,以期引起大家对这一热点问题的兴趣和探讨。

第 4 章

医药产业的投资、并购、重组[①]

医药产业的投资、并购、重组,实际上是普通的公司并购、重组业务中的一种特殊类型,基于医药产业的自身特点,与其他普通的公司并购、重组业务存在一定的区别。例如在药品企业的并购、重组过程中,药品的发明专利、生产许可等,都是需要重点关注的焦点问题。

本书方向为创新医事法律非诉业务,考虑到由于目前的政策限制,医疗机构的投资多以改制的方式进行,本书另辟专章讨论。虽然医疗机构的并购、重组实际在操作上存在诸多问题,但本书重在律师实务,故不对医疗机构的并购、重组进行专题讨论。本章以对医药企业的投资、并购、重组的法律实务问题讨论为主。

[①] 本章撰稿人:邓勇、李洪奇、龚乐凡、杨逢柱。

邓勇,北京市律协医药委特邀委员,北京中医药大学人文学院法律系副教授,北京大成律师事务所律师,E-mail:18610015092@163.com。

李洪奇,北京大成律师事务所高级合伙人,第八届、第九届北京市律协医药委主任,第十届北京市律协医药委名誉主任。

龚乐凡,北京市中伦律师事务所权益合伙人;宋金花,北京市中伦律师事务所律师。

杨逢柱、冉晔,北京中医药大学人文学院法律系副教授。

第一节 医药产业并购现状

一、国内现状

(一) 一拥而上

随着中国人口老龄化的日益严峻和环境污染对人类健康的危害不断凸显，健康需求与医疗消费不断增加，医疗健康行业蕴藏着巨大的市场空间。与医疗健康行业的发展壮大相适应，近年来，医药行业的并购事件越来越频繁。很多优势企业将兼并重组作为企业做大做强的重要途径，特别是一些上市公司借助资本市场融资功能，通过并购实现快速增长。目前涉及中药企业并购的公司，如康恩贝、信邦制药、佐力药业、香雪制药等涉及金额较大的公司已经完成并购，而太安堂、精华制药、众生药业等公司还有并购项目正在操作之中。据不完全统计，2013年至2014年4月涉及上市公司投资的案例55件，投资量过亿的并购案例就达到7件，其中，中药饮片和中成药最受追捧，分别占投资总数的30.9%和21.4%。[①] 另外，根据投中集团旗下金融数据产品CV Source统计，2014年国内医疗健康领域并购市场宣布交易398起，环比上涨22.46%，交易规模140.44亿美元，环比上涨70.21%。此外，CV Source统计还显示，2014年医疗健康领域VC/PE融资案例66起，融资规模13.48亿美元，交易均值2 042.98万美元，环比上升38.02%。

当下医药产业发生的资本动作不可谓不多。可圈可点的中药全产业链布局不仅有康美药业，广州医药集团(以下简称"广药集团")也积极借助资本与资产相结合的路径进行资本扩张，旗下白云山和记黄浦中药(以下简称"白云山和黄中药")成功并购南阳冠宝药业有限公司；红日药业早前也通过使用超募资金5 898.61万元增资康仁堂，意在扩大中药配方颗粒市场；香雪制药则以7 590万元的价格收购广东化州中药厂100%股权。一些非中药主营企业亦摩拳擦掌。

[①] 参见马艳梅：《重组并购将是中药行业发展的必经之路》，载中国制药网(http://www.zyzhan.com/news/detail/43979.html)，访问日期：2018年1月14日。

最引发关注的是九州通。2015年3月,九州通与劲牌有限公司合资成立湖北九州通中药产业发展有限公司,随后全资收购湖北金贵中药饮片有限公司;后来,又在4月通过收购并增资持有湖北香连药业有限责任公司81.49%的股权,扩大中药产品线与销售。而在中药材价格步步高涨的情况下,一些有远见的企业纷纷盯紧中药材资源。继2016年先后收购安徽亳州药材市场、广东普宁中药材市场及河北安国药材市场之后,康美药业2017年又大举进军甘肃定西市场。广药集团也积极开展了采芝林贵州昌昊、山东金银花、丹参,潘高寿重庆城口太白贝母和中一内蒙古黄芪等GAP基地建设。

预计未来,我国医药行业和与医药相关的健康产业市场将不断扩大。中国社科院曾发布的《中国药品市场报告》显示,2010年,中国医药市场价值预估为9 261亿元人民币,而在2020年将达到2万亿元。此外,国务院2013年公布的《关于促进健康服务业发展的若干意见》中提出,至2020年,医疗健康行业总规模将超过8万亿元,涉及药品、医疗器械、保健用品、保健食品、健身产品等产业。这将使投资者们对中医医疗健康行业的关注有增无减,成为继互联网行业之后的又一投资热点,医药领域投资、并购将继续保持活跃状态。

(二) 乍暖还寒

另一方面,频繁的并购与较低的并购成功率并存。据有关研究显示,我国企业并购的成功率仅在30%左右,而绝大部分并购的失败都源于人事整合、营销整合、管理整合、企业文化整合等一系列资源整合的不利。双方往往十分重视并购的谈判过程,而对事后的整合管理重视不够、准备不足,面对磨合过程中的企业文化冲突、员工士气低落及改革阻力等问题,缺乏完备的应对方案及整合计划,最终使并购流于失败。[①]

并购后的医药企业如何成功整合并发挥出规模效应?一个个医药企业"航空母舰"组建后怎样发挥最强的战斗力?除了对管理团队的整合以外,整个集团内部产品线的重新梳理是摆在每个企业面前的课题。医药企业并购完成以后,如何有效地整合资源,怎样让合并后的企业更好地运行、发展、赢利,远比并购这一行为重要。一些医药企业因事前未能充分估计并购后的障碍,也没有对整个

---

① 参见王晓彤:《我国企业并购行为中的失范现象及防范对策》,载《吉林大学学报(社会科学版)》2005年第1期,第90—91页。

集团内部产品线进行重新梳理,找不到企业重组的正确途径,结果非但不能利用被兼并企业来增加自己的利润,反而增加了管理成本,甚至运行不善以至倒闭。如清华紫光2000年4月收购衡阳中药厂后,因在资源整合未投入过多精力,使其第二年亏损近6 000万元。有效地整合资源有赖于并购后企业成功的流程再造和企业文化的发展融合,若不能达到一种更高层次上的资源优化配置和卓有成效的文化管理,并购将失去其原有的意义。

二、国际方面

(一) 升温态势

伴随着全球经济一体化程度的提高,国际直接投资(Foreign Direct Investment,FDI)的流动量也呈现蓬勃的趋势。2015年6月24日,联合国贸易和发展会议组织在日内瓦发布了《2014年世界投资报告》,报告中称,2014年全球外国直接投资总量约为12 300万亿美元,较2013年全球外国直接投资总量14 500亿美元同比下降了16%。然而流向发展中经济体的投资量达到3 810亿美元,达到了历史最高水平。其中流入中国的外国直接投资为1 290亿美元,较2013年的1 240亿美元增长约4%,2014年中国首次超过美国成为了全球第一大外资流入国。报告还显示,全球主要跨国企业中有28%将中国视为最具吸引力的投资目的地。在这样的大背景下,中国医药产业接受FDI的流入量也呈现逐年递增的态势。

近些年来,世界500强的外国医药企业纷纷与我国医药企业合资或并购我国医药企业,其中也包括不少中药企业。根据投资中国网站(China Venture)2015年对外公开的最新统计数据表明,2015年4月至2015年9月六个月期间,以中国药企为标的的并购案为80例,披露总金额约为82.45亿美元。此组数据表明我国医药企业已悄然进行着新一轮的并购潮,医药行业正处于大洗牌阶段。此时FDI进入我国医药产业实乃大势所趋。中国外商投资企业协会药品研制与开发行业委员会(RDPAC)执行总裁卓永清在接受《瞭望东方周刊》采访时表示:"未来几年,跨国制药企业与中国企业的合作将会在全产业链上任何环节,包括中药产业。"

有数据记录的中国医药行业接受国际直接投资(FDI)的案例呈现数目逐年递增、交易额逐年增大的态势。据笔者收集、整理,以下为近20年中国药企引入

FDI 的重要案例。表格如下：

表 1 近 20 年中国药企引入 FDI 的重要案例

投资企业	时间	标的企业	投资形式
德国默沙东	1994 年	杭州华东医药集团	中德合资
	2005 年	全球临床数据管理中心	新设投资
	2011 年	深圳华大基因研究院	合作协议
	2012 年	先声药业集团	中德合资
	2012 年	默沙东亚洲研发总部与中国研发中心	新设投资
	2013 年	默沙东(中国)投资有限公司	新设投资
法国赛诺菲	1995 年	杭州民生集团	中法合资
	2010 年	唐山美华太阳石药业	并购
	2010 年	北京安万特制药有限公司	新设投资
	2010 年	民生药业	中法合资
瑞士诺华制药	2011 年	浙江天元生物药业有限公司	收购85%股权
瑞士奈科明	2010 年	共冬天普升华医药公司	收购51.34%股份
英国葛兰素史克	1984 年	中美天津史克制药有限公司	合资
	1997 年	葛兰素威康(苏州)制药有限公司	新设投资
	2010 年	南京美瑞制药	全资收购
	2011 年	国药控股股份有限公司	合作协议
德国默克	2011 年	北京清大天一科技有限公司	全资收购
美国辉瑞制药	2011 年	上海医药	投资参股
	2012 年	浙江海正药业	中美合资

通过对以上近 20 年医药行业重大的 FDI 案例的数据分析,我们不难发现,1994 年至 2010 年的十多年间,跨国医药企业在我国投资的主要方式集中在中外合资经营企业,即与我国的医药企业合作在中国投资建厂开办企业。然而从 2010 年以来的近几年间,外商对我国医药企业的投资方式以合资办厂转而形成了现在以合作并购投资方式为主的局面。跨国药企与我国内资药企合作能很好掌握渠道,把握核心技术和资源,降低投入成本,减少市场风险,目前来看与内资药企合作是 FDI 进入中国医药市场的最佳方式。

外资之所以选择并购我国医药企业的动因主要有以下三方面：

其一,我国医药行业的良好态势使外企愿意从战略层面对我国医药企业进行投资。基于中国市场内中药较之于西药更快的市场增长率,许多跨国药企一改以往不重视中国医药市场的态度,转而将投资目光转向了目前成长良好的中药产业。作为我国医药市场行业的一部分,中药产业以其取材天然、价格低廉、疗效显著和副作用轻微等众多优势,在我国受到社会大众的追捧与青睐。我国素来有着"药食同源"的传统中医理念,故而中药在我国有着广泛的群众基础。作为我国为数不多完全享有自主知识产权的中药产业,就目前已取得的市场占有率来说,中药制造产业还有着巨大的市场潜力和成长空间,后发优势明显。

其二,中药企业自身特点决定跨国并购是外资企业开拓中国中药市场最稳妥的方式。中国本土中药企业成长良好,发展前景广阔,拥有众多资源优势,容易成为外资并购的目标。此外,随着新医改对医药市场的大幅拉动和中国医药企业日渐强大,外资并购中国医药企业将迎来"井喷"。瑞士诺华制药的收购计划可谓打响了外资并购中药企业的"第一枪"。

其三,随着人们崇尚"回归自然"生活理念的提升,世界范围内掀起天然药物疗法和自然疗法的热潮,医药市场急剧升温。在外资以"收购、并购"方式进军中国市场的背景下,中药企业难以逃脱外资的视野。此外,外资药企在华优势已不明显,尤其在"GSK 行贿案"后,销售增幅大幅下滑,而拜耳收购本土成熟品牌,实则是开拓非处方药市场的保守做法,同时,外资药企通过这种"收购"或"合资"的形式,可享受中国药企招标政策"照顾"。中国传统医药一直都在世界医药行业中保持着重要的地位,从医治的疗效来说,并不亚于西医药品。

(二) 霜风凄紧

在如火如荼的医药企业国际直接投资背后,亦存在着我国的医药市场被外资药企争抢的危机。瑞士药企诺华制药日前在中国高调宣布,将针对中国市场研发中草药,并欲以 5 亿元并购中国药企。诺华制药在国际非处方药(OTC)市场份额位居第四。因其进入中国较晚,目前在华 OTC 市场的销售份额并不高,因此希望通过中药业务提升在华销售业绩。

另一方面的危机是,当跨国医药公司把目光瞄准我国中草药市场的同时,国内却有 90% 以上的中药没有申请专利。在中国,有很多医药的知识都是作为一种秘方存在的,虽然疗效显著,但却说不清楚其作用机理。一旦资金雄厚的外资企业利用科技手段对中医药进行化学研究,搞清其作用机理,并申请专利,那么,我们的医药民族企业很难再走向国际市场,也可能丢掉国内市场。所以,这是我们医药企业必须要面对的问题:怎样抓住机遇,利用国际医药公司的平台,做大做好我们的本土医药企业。外资并购中药企业导致中药秘方配方等商业秘密被外资控制,市场定价权和市场格局也将被重新洗牌,直接影响到中药产业的健康发展和安全。便宜的中草药及其秘方经过跨国公司的加工提取并赋予知识产权后,价值翻数倍,致使中国本土中药企业定价权丧失、固有中药市场拱手相让。医药"知识产权和商业秘密"被外资控制,使中药企业成为西方跨国公司的附庸,中药产业安全问题凸显。

第二节　医药产业并购、重组中的理论分析

一、并购

1. 并购的含义

并购包括兼并及收购两层含义、两种方式。企业之间的兼并与收购行为,是企业法人在平等自愿、等价有偿基础上,以一定的经济方式取得其他法人产权的行为,是企业进行资本运作和经营的一种主要形式。在进行并购时,应根据企业的实际情况,以及发展战略、经济运营情况进行分析决策。

作为医疗机构,并购的动因很多,出发点也各不相同,主要在于提升经济效益,成功进行体制改革,实现多样化经营,获得先进技术和管理经验等,但其最终目标只有一个,即追求企业利润的最大化。当然,医疗机构在作出并购决策,追求利益的同时,也会面临阻碍并购成功的因素。因此,医疗机构在并购过程中,要注意规避风险,避免不必要的损失。

2. 并购的类型

当前我国医药企业的并购类型主要有五种:收购明星单品、收购普药产品群、收购销售网络、强化在某领域的地位、延伸产业链。收购明星单品,此类型的收购方分别以步长制药、济民可信、康恩贝为代表,并购的意图都是某一个好的品种。收购普药产品群,此类型的收购目标较多,往往是中意某个厂家的多个品种,以天士力、修正药业、葵花药业为代表。收购销售网络,该类型的收购,以优势互补为目的,倾慕于对方的销售网络,为了扩大自身的销售渠道而出手收购,以赛洛菲收购太阳石药业为代表。强化在某领域的地位,此种收购方式可谓是,一方贵为龙头老大,再将老二收为旗下,地位更加巩固,该类以苗药厂家贵州百灵收购和仁堂为代表。延伸产业链,此类型的代表为,康美药业为了介入人参产

业收购新开河药业,马应龙收购医院以借此从肛肠药制造向下游的肛肠医院延伸。下表是笔者整理的五类主要的医药企业并购类型:

表2 医药企业主要并购类型

并购类型	并购方	并购标的	并购价值
收购明星单品	步长制药	菏泽中药厂	丹红
	济民可信	金水宝、无锡山禾药业、康莱特	金水宝、醒脑静和黄氏响声丸、康莱特注射液
	康恩贝	拜特、古伊泰	丹参川芎注射嗪注射液、麝香通心滴丸
收购普药产品群	陕西奥星制药	渭南华仁制药	86个药品批文
	天士力	辽宁仙鹤制药	心血管产品群
	修正药业	柳河、双阳、永春制药厂等	
	葵花药业	华威得菲尔、重庆御一药业、唐山葵花、佳木斯中药厂、鹿灵公司等	
收购销售网络	赛诺菲	太阳石药业	扩大销售渠道尤其是在三四线城市的渠道网络
强化在某领域的地位	贵州百灵	和仁堂药业	巩固在苗药领域的霸主地位
	华润三九	顺峰药业	构建在皮肤用药类的领导地位
延伸产业链	康美药业	新开河药业	介入人参产业
	马应龙	数家医院	从肛肠药制造向下游的肛肠医院延伸

二、重组

重组,是对企业的资金、资产、劳动力、技术、管理等要素进行重新配置,构建新的生产经营模式,使企业在变化中保持竞争优势的过程。不仅是医疗机构,企业重组作为企业发展的重要过程,贯穿于企业成长的每一个阶段。医疗机构的重组是针对产权关系和管理结构、其他债务、资产所展开的企业的改组、整顿与整合的过程,以此改善企业经营管理状况,增强医院在同类医疗行业中的竞争能力,推进医疗机构体制的全面创新。医疗机构的重组可以包括:所有权、资产、负债、人员、业务等要素的重新组合和配置变化。医疗机构在进行重组时,应确保医疗机构转变后的合理性、可操作性、全面性,这样有利于改革后的医疗机构,在传统的卫生领域顺利进行创新转变,成为一种全新的医疗经济体制模式。医疗机构的并购重组作为一种大胆的创新体制,现已有部分地区采取了类似实践,不管是已经转型的企业,还是正在观望仍使用原有体制的医院,主要目的都是为了实现本企业的战略目标,并不断向前开拓。医疗机构选择并购重组能够达到的有利目标有以下8个方面:(1) 为医院筹集需求资金,为未来发展寻求合作伙伴;(2) 提高医疗机构管理效率,降低营运成本;(3) 确定医院在同行业同领域中的行业地位;(4) 增强医疗机构的品牌效应,通过规模壮大,吸纳更多的患者;(5) 分拆业务上市;(6) 充分利用未来税收利益;(7) 实现最佳资源分配;(8) 发挥协同效应。

三、关于医药企业国际直接投资中外资的探讨

"外资"并不是一个专门的法律术语。"外资并购"这一概念中的"外资"显然是指外国投资者,但是对于什么是外国投资者或者说判断是否为外国投资者的标准,我国还没有明确统一的法律规定,学界也存在争论。三部外商投资企业法规定,外国投资者是指外国的公司、企业、其他经济组织以及个人。对于这一规定,一般是按照注册地标准来理解的,即外国投资者应以其外国注册地或者外国国籍作为认定标准。凡在外国注册设立的法人即为外国投资者,凡具有外国国籍的自然人即为外国投资者。《关于外国投资者并购境内企业的规定》中所指的"外国投资者"还包括外国投资者在中国境内依法设立的投资公司。在《关于外商投资企业境内投资的暂行规定》中,中外合资经营企业、中外合作经营企业、外资企业以及外商投资股份有限公司都被视为外国投资者。在上述这两个规章中,外国投资者的判断标准似乎采用了"资本控制标准",即凡资本为外国籍股东所控制的经济组织都被认为是外国投资者。

第三节 国内医药并购中存在的问题与实务操作建议

一、并购前的尽职调查

实践中多数企业因为项目负责人没有安排专业的可行性研究,没有科学地对技术、经济、财务、商业、法律等多个方面进行分析和论证,只是根据一方的陈

述和主张及其出具的有关材料,就相信对方就是理想的目标企业。并且双方都对并购项目的成功寄予很大希望,甚至一方已经做好配套生产的安排,包括扩建厂房和申请新版 GMP 认证等工作;另一方则希望整体并入对方以求更好发展,并购项目甚至得到了当地政府和药监部门的认同和支持。然而,却有可能在后期的进程中遇到重重阻碍,最终使并购不能顺利进行。

尽职调查能清晰地揭示其中非常严重的法律障碍和法律风险,律师通过尽职调查,对公司是否具备并购交易的合法资质、并购交易的合法性、药品专利的法律状态和药品技术的归属等一系列可能影响并购顺利进行的因素进行严格细致的审查。及时提出应对策略和法律建议,从而避免公司因盲目推进项目而遭受更大损失。

二、尽职调查中的风险因素

医药企业技术壁垒高、产品周期长、行业监管严格,使得对医药企业的投资、并购与其他行业相比更为复杂、更具有挑战性。在尽职调查过程中,有些风险不容易被发现,若不及时处理会带来较为严重的后果,为日后的争议埋下隐患。

本部分旨在讨论医药企业投资、并购过程中的法律风险,帮助投资人和并购方严谨缜密地看待目标公司可能存在的问题,并通过交易架构化解,以降低风险。

(一) 交易架构和业务/市场准入许可风险

在医药企业并购或投资交易中,目标公司的业务/市场准入许可是法律和商业尽职调查的重中之重:(1) 如果目标公司是制药企业,则需要关注其药品生产许可证、GMP、药品注册证/注册批件、临床试验批件、药品经营许可证、GSP 和实验动物使用许可证等;(2) 如果目标公司是医疗器械公司,则要重点查验医疗器械注册证、临床试验批件(如部分第三类医疗器械等)、医疗器械经营许可证等。

在股权投资或者并购交易的实务中,如果私募/风投机构意向投资的医药目标公司处在早期或成长期,比较常见的情况是目标公司在某个产品领域已经拥有比他人先进的科研成果或技术,意图进军该业务或产品领域,但其业务或产品尚未成熟,并未获得相关业务或产品的注册证或批件等业务/市场准入许可。

这个问题的法律解决方案的重点在于,缺乏有关业务/市场准入许可时能否作出有效的判断以及化解风险的方案设计。这就要求投资者能够基于被投资企业所处的成长阶段,理解其产品的特性、成熟度和潜力,对风险作出全面评估,设计恰当的投资或并购的条款条件、交易方式。比如,在交易文件中将产品推进计划以及获得相应业务/市场准入许可的预估时间表等作为目标公司或股东的承诺事项或作为其他安排,详细交易安排则会因医药产品差异和当事方之间博弈的结果而有所不同。

如果不采用股权收购模式,而是通过资产收购的话,目标公司的业务/市场准入许可是否具备、该等许可能否"转让"以及怎样"转让"则是收购方关注的重点,因为这直接影响整个交易架构的设计,甚至决定整个交易的成功与否。从中国法律层面上讲,买卖、出租、出借许可证或者医药产品批准证明文件为法律所禁止,违反则须承担行政责任乃至刑事责任。

这里有必要先探讨一下为什么医药领域收购项目会不时采用资产收购模式而非股权收购模式?一方面,收购方基于商业上的考虑,如药品从发现到成熟历时长(需几年到几十年不等)、耗资高(数亿乃至数百亿美元)等,仅愿意收购部分业务而非全部;另一方面,收购方也会根据自身的运营能力以及目标公司资产的优劣进行选择。比如,拜耳(Bayer)医药保健有限公司仅收购东盛科技启东盖天力制药股份有限公司的"白加黑"感冒片、"小白"糖浆、"信力"止咳糖浆等抗感冒、止咳类西药非处方药业务及相关资产,而非全部;美国再生元(Regeneron)保留Eyleas药品在美国的生产及市场营销权,但将该药品在除美国以外的全球市场权在销售利润五五分成的条件下与拜耳进行合作。在中国法律项下,直接转让业务/市场准入许可不具有可行性,实务中为了规避重新申请业务/市场准入许可的要求,收购方以股权并购方式收购目标公司并同时进行非核心或劣质资产剥离及其他处置,但该等处置方式必须进行十分严谨审慎的架构设计以确保合法性。

此外,收购方也可考虑通过法律规定的、药品生产技术转让的方式实现。在资产收购后,即使重新申请相关业务/市场准入许可也较为容易获得,但这种转让方式需要满足法律上的特定条件或应在特定的时间窗口完成。

通过"药品生产技术转让"方式进行资产收购的特定条件之一,是兼并重组中的企业双方应当均为符合法定条件的药品生产企业,其中一方应持有另一方50%以上股权或股份,或者双方均为同一药品生产企业控股50%以上的子公司,双方可进行药品生产技术转让。这一要求为收购方通过"药品生产技术转让"方式进行资产收购并在之后申请新的业务/市场准入许可提供了创造性的交易架构想象空间,但操作的前提必须是能够最大限度地降低该架构的不合规风险。

如上所述,在特定情形下,"药品生产技术转让"式的资产收购还应遵守严格的时间窗口限制。比如,出售方欲放弃全厂或部分剂型生产改造以使其符合新版GMP认证要求,其可将相应品种的生产技术转让给有资质的收购方,但值得注意的是,注射剂等无菌药品生产企业的交易应在2014年12月31日前,其他类别药品生产企业的交易应在2016年12月31日前,按要求提出药品品种转移注册申请,逾期食品药品监督管理局将不予受理。

对于私募/风投机构而言,虽然通过"资产受让"的方式直接收购医药目标公司的可能性不大,但在其对医药目标公司进行投资的时候,务必需要关注未来的退出方法,如果私募/风投机构熟悉医药行业资产出售的游戏规则,那么就为将来的成功退出和高价套现创造了更多的选择可能性。实践中,无论是将部分资产剥离出售给已经进行战略布局的大型药企,还是转换思路寻求其他路径均可实现成功退出的目的,但路径选择在于投资人/操盘手对医药领域资产并购规则的熟练程度及灵活运用能力。可见,医药行业中资产并购的模式无疑为私募/风投机构的退出多提出了一条选择途径,资产并购架构的多样性为私募/风投机构的退出选择增加了很多想象空间。

(二)行业隐性政策风险

在医药领域的投资和并购中,最具有行业特色的便是行业隐性政策风险。这些隐性政策可能以某个政府部门内部书面或口头通知的形式存在,不为公开信息,但可直接或间接地影响整个交易的架构乃至走向。面对这个风险,如果在医药领域没有丰富的投资经验,对行业的发展和政策导向不熟悉、反应不够灵敏,就很难察觉并采取防范措施。

例如在一宗收购项目中,收购方除了收购一家境内制药企业的某一剂型药品的全部生产业务之外,同时收购了其进口的其他剂型药品的境内总经销业务,而对于后者,收购方计划在收购后重新设立一家公司经营该药品。

在中国法律项下,药品经营(包括药品批发或零售,对药品生产企业而言一般仅经营药品批发业务)的行业监管严格,经营企业应在获得药品经营许可证且通过 GSP 认证后开展经营活动。特别是在 2013 年新版 GSP 规范颁发后,新办药品经营企业(特别是药品批发企业)获得该等许可证和 GSP 认证更为困难。实务中,近几年部分地区食品药品监管管理局几乎没有颁发新的药品经营许可证(批发类)。虽然该隐性政策未见于任何官方书面文件,但从国家食品药品监管管理局相关负责人的公开媒体访谈中可见端倪,如在 2013 年 2 月 19 日召开的国家食品药品监督管理局新闻发布会上,药品安全监管司司长李国庆曾公开向媒体表示,就目前的情况来看,我国 1.3 万家批发企业退出 1 万家,剩下 3 000 家可能是比较理想的状况。

所以,针对这样的隐性政策风险,能否通过曲线绕道交易方案设计的方式达到目标,依赖于投资人/操盘手对医药法律法规的挖掘及深耕之道。比如,除了通常的股权收购外,收购方以其在国内已经获得药品经营许可证且通过新版 GSP 认证的其他关联实体作为收购主体也不失为一种选择,但收购方式的具体安排有待根据实际项目情况进行分析。如果私募/风投机构准备投资某个尚未获得药品经营许可证且未通过新版 GSP 认证的药品经营企业,在尽职调查时就非常有必要与当地食品药品监督管理局沟通确认该类隐性政策是否存在。

(三) 收购主体扩大经营范围的风险

与其他行业的投资并购不同,要运营医药资产,需要进行一定的业务布局并且拥有运作相应资产的平台,比如,收购方在不同行业或同一行业的不同业务领域拥有不同专长的关联公司。通常情况下,针对特定收购项目,收购方会以已经获得相关业务/市场准入许可的关联公司作为收购主体。否则,设立新公司后收购医药资产,或者收购医药资产后再设立新公司运营,均意味着收购方需新申请相关业务/市场准入许可,其将面临耗时长、获得与否的不确定性等风险,上文讨论的问题解决思路在此不再赘述。但是,如果收购方在中国并无该等关联公司,通常策略是收购方使用与收购业务相类似业务的实体作为收购实体,但应在收购前或收购后(运营之前)扩大该收购实体的经营范围。

从法律层面上看,在医药行业,收购主体扩大经营范围仍需前置许可,即应首先申请相关业务/市场准入许可,或者扩大业务/市场准入许可的生产/经营范围。实务中,在没有行业隐性政策或可以规避行业隐性政策的情形下,这样操作与收购完成后重新申请业务/市场准入许可相比会有很大优势。比如,在法律法规允许的范围内与出售方达成一系列协议,转移出售方的员工、机器、设备等,便可简化重新申请业务/市场准入许可的流程,缩短申请时间。

(四) 药品商品名称更换的风险

药品的商品名称更换与一般产品的名称更换不同,其应符合一定的条件并履行法定的审批和备案程序。在讨论实务案例之前有必要了解药品商品名称的确定程序。无论是进口药品还是国产药品,在药品申请注册时即需要提供药品包装、标签设计样稿(其中已载明药品的商品名称),作为药品注册申请材料的必备文件之一。国家食品药品监督管理局在批准药品注册时将一并批准药品的包装及标签。因此,药品包装及标签(包括其商品名称)早在上市批准时即已确定,如需更改,则应按照要求向相应的食品药品监督管理局申请变更,在变更备案成功后方可进行。实务中,我们遇到的情况是,跨国制药企业(目标公司)仅愿意出售其在中国地区的药品销售业务而保留该药品的境外生产业务,收购方计划在交易完成后在中国境内直接贴上自己的已注册商标,即更换药品商品名称(Re-branding)。其中涉及两个法律问题,一是贴标行为在法律上是否可行? 二是如果可行,则需履行什么程序以使整个交易合法合规?

上述案例的背景是,出售方与收购方不存在任何关联关系,药品上已有的商品名称为出售方的注册商标,拟用的注册商标为收购方所有;出售方在境外保留生产业务,并直接拥有该药品的中国进口药品注册批件/注册证(其上载明已批准使用的商品名称)。在这种情况下,国家食品药品监督管理局原则上不允许药品更换为其他制药企业的注册商标。为了避开这一限制,我们在征求客户同意的情况下通过模糊界限的方式获得国家食品药品监督管理局的认可。当然,每个案例情形不一样,具体如何模糊界限需根据项目实际情况以及当事方的意愿进行设计。在"贴标获批"的情况下,更换商品名称这一行为也仅可在境外生产时一并进行,因为贴标这一行为在法律上视为生产活动,未经国家食品药品监督管理局的许可,收购方不能在境内直接进行贴标。国家食品药品监督管理局批准在中国境内进行贴标生产的可能性非常小,要想增加获批的可能,那么结合项目其他情况进行申请的策略就变得非常关键。

(五) 药品采购合同转让的风险

药品采购合同作为资产收购、资产重组的重要组成部分,不应忽视转让该类合同时可能存在的重大风险。该风险不在于合同转让在法律上是否有效,而是合同转让在实务中的可行性。比如,制药行业目标公司通过政府药品集中采购平台的招标方式获得特定药品供应商的资格,那么该目标公司与公立医疗机构之间签订的特定药品采购合同能否转让?

从法律上讲,如果制药行业目标公司转让与公立医疗机构之间的药品采购合同已经征得该公立医疗机构的同意,则该转让即为有效;且从相反角度考虑,法律上并未明文规定该等转让行为无效;但在实务操作层面,这将构成公立医疗机构的违规网下采购事件。无论对公立医疗机构还是对收购方,如果不做尽职提示而仅考虑合同转让法律效力的话,其面临的法律风险和处罚,以及项目交易完成后药品采购合同无法继续履行的法律后果,应该由谁承担呢?

(六) 贴牌生产的风险

贴牌生产(OEM),又叫定牌生产,最早流行于欧美一些发达国家,是跨国公司寻找并结合各自优势的一种游戏规则,能降低生产成本,提高品牌附加值。医药企业的贴牌生产具有相当的普遍性,虽然表面上很"无辜",但却有意想不到的潜在风险,值得在收购和投资交易中给予足够的关注。

我们在实务中经手的案例情况是,境外医疗器械公司计划委托境内一家医疗器械公司生产一款二类医疗器械,境外医疗器械公司提供产品设计图纸及生产步骤,境内医疗器械公司依据该设计进行生产并将该医疗器械出口交付给境外医疗器械公司,由该公司进行最后的产品检测,验证合格后进行产品包装,再将其出口到中国作为进口医疗器械销售,其价格比国内同类医疗器械的价格高四到五倍。

这个游戏背后的奥妙,无非是在药品和医疗器械"原产地规则"的认定上利用有关特定术语和标准的模糊性,创造解释和想象的空间。如其中一条标准是:经过两个以上国家(地区)参与生产的货物,以最后完成实质性改变的国家(地区)为原产地。对于如何解释"最后完成实质性改变",根据不同货物或者即使是同类物但其性能不同的货物而言,"最后完成实质性改变"的标准亦存在不同,更不用说具体的解释规则了。

在上述案例中,最后的产品检测及包装能否构成"最后完成实质性改变"?如果单纯进行产品检测及包装很难说服海关其构成"最后完成实质性改变",这对项目投资会带来什么样的风险?可以采用什么方式化解这样的风险?

此外,在中国法律项下,贴牌生产中的原产地认定规则直接决定了医药产品的身份和身价,如进口药品的价格可根据中国法律法规所允许的差别定价规则予以确定,其最终确定价格一般比国内同类药品高。在股权投资或资产并购交易中,如果目标公司涉及 OEM 生产安排,则应辨别其中隐藏的法律风险点。

比如,对于目标公司委托境外企业进行医药产品 OEM 生产情况,了解医药产品的实际生产国家或地区以及中国的原产地认定规则是非常必要的,因为其中隐藏的法律风险涉及目标公司的医药产品定价和进出口税费负担等;对于目标公司本身为境外企业进行 OEM 生产来说,了解医药领域的 OEM 生产的特殊监管规定,如 OEM 本身是否合规及委托方资格审核等,则是非常关键的,其意味着交易文件的条款条件设置及调整问题。

(七) 专利/技术风险

无论是医药领域的股权并购还是资产并购,知识产权方面的尽职调查一直是重头戏之一。如果存在知识产权侵权,即便未来经历千辛万苦获得医药产品业务/市场准入许可,产品热卖,一但被拖入侵权诉讼的漩涡,便会对于目标公司的上市、预期的收益产生重大不利影响。因此如果认为这属于技术范畴而非法律尽职调查的内容,则是非常危险的。况且,很多并购的动因即是收购方看重目标公司拥有在相关领域内的前沿技术(如专利、专有技术等)或知名的品牌、作品等有形或无形的资产(如商标、企业声誉、版权作品等),或者投资人认为目标公司存在技术的创新和竞争力,对于其他市场上的竞争对手能起到提高准入门槛,甚至可能改写市场竞争局面的作用。但是如果这些知识产权是"沙滩上的城堡",随时面临被他人起诉,那么整个交易的可行性就要被质疑了。

知识产权方面的尽职调查的难点在于专利/技术,即确保目标公司或者目标资产的专利/技术拥有"freedom to operate"(FTO)自由使用的资格能力。对专利/技术方面,包括专有技术(Know-How)的尽职调查而言,如果仅仅是调查专利、专利申请、技术的数量、有效期、现行状态、许可、转让等情况,我们通过目标公司提供相应的专利证书或其他证明文件复印件等方式即可判断其是否存在法律风险。此外,我们也会通过各类数据库再予以核实。但无论是查验文件还是数据库核实,其均无法发现目标公司的专利或技术是否存在侵犯他人在先权利等风险。

实务中为了证明无侵权风险,可对专利/技术进行 FTO 调查,即对目标公司的专利/技术是否侵犯他人在先权利进行调查,以便收购方能够对该专利/技术自由使用和开发,比如经该专利/技术生产的产品投入市场后无侵权的隐患;广义的 FTO 还包括实施该专利/技术时不违反所适用的法律法规规定。由于专利/技术 FTO 尽职调查的技术性强、责任重大、费用高昂、耗时长,可能影响整个交易进程,如果目标公司的专利/技术数量多,则将是一笔不小的收购成本。

在开展尽职调查前,专利/技术的 FTO 调查范围、调查细节以及由谁进行调查等问题,应当根据项目情况和客户的意愿找出一条适合的途径。虽然专利/技术 FTO 调查并不能成为收购方的"护身符",但能直接影响收购方是否实施收购的决策。如果目标公司属于高新技术行业,或其运营模式是依靠单一或少数专利/技术的,在投资该类目标公司时,私募/风投机构进行 FTO 调查是非常必要的。

(八) 固定资产风险

在实践中,固定资产的尽职调查往往会被忽视,而且多数停留于文件的审阅,无法达到充分尽职调查以发现潜在风险的要求,成为"视觉盲点"。在某个医药并购项目中,律师在进场尽职调查的途中为两边琳琅满目的房地产广告所吸引,在厂房所在的区域也不时可以见到"拆"字,其意味着当地的经济发展水平,但也隐约让人担忧,目标公司是否同样处于拆迁范围?经过追问了解,虽然目标公司所处的区域尚未出台控制性详细规划,但是被拆迁的可能性很大,这会对于收购之后的企业运营带来严重不利影响。由于律师及时提出这个问题并调整交易条款纳入其他预备性生产安排,收购方因此化解了一个潜在的、因未来遭遇停产而面临重大经济损失的风险。

在医药投资、并购项目中,固定资产(如厂房、机器、设备等)的尽职调查通常情况下由会计师负责,但会计师和律师在项目尽职调查中也应当紧密配合,二者互通有无。无论是医药企业之间的并购还是私募/风投机构投资医药目标公司,拆迁风险均存在,审慎的律师在通用的尽职调查清单之外,须能够在细微之处发现问题,并充分利用医药法律法规的允许空间设计详尽可行的交易架构解决问题,才能确保项目的万无一失。

(九) 环保风险

如果目标公司是制药公司,无论是资产并购还是股权并购,环保方面的尽职调查是不可或缺的一部分。比如,查验目标公司是否办理污染物排放/排放污染物许可证、在建工程(如有)是否取得了环保部门的批准,查阅目标公司的环境影响评价、危险废物排放(如有)是否已经获得危险废物管理(转移)计划备案表、转移联单,等等。通常情况下,法律尽职调查不会涉及现场核实或者实验室检测某些污染物是否超标等技术性调查。对于技术性调查,仅仅对目标公司环境影响报告和年度检查报告的各项污染物排放情况等进行书面审查并不能发现实际问题并解决问题。

随着环保法规的执法日益严格,环保尽职调查越来越引起收购方和投资者重视。对于污染严重的制药公司的尽职调查,与上文专利/技术 FTO 调查情况类似,环保调查范围、调查细节以及由谁进行调查等问题,也应当根据项目情况以及客户的意愿找出一条适合项目情况的途径。环保尽职调查过程中发现的技术、法律问题也是律师在起草交易文件时应重点考虑的事项,如是否预提环保整改准备金、将相应问题的解决作为付款前提条件事项或其他事项等,律师均应为客户严格把关。

上文只是我们基于投资经验有选择性地列举 9 个常见的或者主要的风险,实践中不同的项目涉及的风险可能千变万化,专业人士不仅要就发掘这些难以察觉的风险点而殚精竭虑,更要在相关的领域拥有丰富的经验。虽然医疗健康领域是投资的热点,我们也会看到更多的投资和并购交易,但是如果没有关注到这些领域所特有的风险和陷阱,那么收购方、投资人就要有心理准备,未来的某一刻定时炸弹将会在你最不愿意发生的时间、地点爆炸,不得不为自己的选择错误埋单。所以,今天的投入、努力和付出,换来的是明天的淡定坦然和丰厚回报。

三、并购后的整合

根据现有医药企业并购的现状来看,多数企业只注重并购前期工作,对企业并购后的整合有所忽略。一些医药企业因事前未能充分估计并购后的障碍,也没有对整个集团内部产品线重新梳理,找不到企业重组的正确途径,结果非但不能利用被兼并企业来增加自己的利润,反而增加了管理成本,甚至运行不善以致倒闭。

实际上,通过并购让医药企业成功整合并发挥出规模效应才是真正并购成功。要想使得一个个医药企业"航空母舰"组建后发挥最强的战斗力,除了对管理团队的整合以外,对整个集团内部产品线的重新梳理是摆在每个企业面前的重要课题。医药企业并购完成以后,如何有效地整合资源,怎样让合并后的企业更好地运行、发展、盈利,远比并购这一行为重要。

国内外并购实践证明,如果忽视并购后整合或整合方法运用不当,并购双方将难以实现"1+1>2"的目标,甚至互相牵绊,得不偿失。所以应该指定系统的整合规划。主要包括:经营战略和组织机构的整合;经营管理方面的整合,如人事、客户和经营方向;企业文化和经营管理方面的整合,如优秀企业文化的相互渗透,先进管理制度的移植。这些都需要引起企业的重视,应由专门的人员来操作进行,吸收国内外好的整合经验,结合医药行业及各自企业的不同特点,更好地完成并购后整合的任务。[①] 具体来讲,主要包括以下几点:

1. 要制订预案

这不仅是指签约前做好战备布局和预案,还要有备案,并且处理好与当地政府的关系。在税收、土地和人员分流、安置等方面,要有比较明确的方案,同时也要尊重中药企业历史较长的现实,合理依靠老团队逐渐平稳过渡。

2. 并购过程中收购方应与被并购方协调、制订解决方案

对于可能的债务问题,仅凭几天的尽职调查,不能完全洞悉医药企业几十年的历史,所以,在整个过程中还要不断发现问题,并随时与被并购方协调、制订解决方案。因此在并购前期,被并购方会留有一定股份与原股东签署对赌协议的原因,以尽可能降低风险。

3. 医药企业并购应打好信息化管理和文化整合两张王牌

通过兼并重组缓解产能过剩及获得外延式扩张一直是国内外医药行业近年来的主旋律。辉瑞并购惠氏、默沙东兼并先灵葆雅等重量级并购整合,拉开了全球医药行业大整合的新序幕。国内医药行业大规模重组始于2011年,国家各部委前后发布了一系列政策,随后,国药集团实现了对中国生物技术集团和上海医药工业研究院的兼并,华润医药也控股了北京医药集团;2013年,广药集团和通用技术集团先后对旗下医药资产进行了打包上市处理。据 Wind 数据显示,2013年全年医药行业共涌现出近百宗并购案例,包括新华医疗并购上海远跃制药机械有限公司(以下简称"上海远跃药机")、上海莱士并购邦和药业等。工信部等相关部委出台的关于化解行业产能过剩的文件,主要方式便是兼并重组。对于医药行业而言,原料药、化学药及部分中药材领域产能过剩尤为严重,以至

---

① 参见徐建中、刘琳:《国内外医药行业并购特点及应对策略研究》,载《现代管理科学》2004年第8期,第4页。

于出现了 2012 年以来部分维生素价格惨遭腰斩的现象,三七价格也曾大幅下滑。因为这些领域行业壁垒较少,门槛较低,简单粗暴的新政干预并不能缓解产能压力,若由医药企业兼并重组,淘汰落后产能,效果会更好一些。加之,CFDA 新药审批放缓、新版 GMP 认证时限等政策因素均是促进并购投资资本介入的内在动力,2014 年医药企业并购仍然围绕收购竞争力品种、产业链延伸等主线展开。

企业并购能否成功,既与并购的前期准备有直接关系,也与并购后企业能否进行有效整合有因果联系。然而,目前国内大型医药企并购过程的主要精力还是在"跑马圈地"上,并购后的整合尚未成为药企管理层关注的重点。因此,目前规模的扩大还只是简单的叠加,规模效应还未完全体现出来。集中采购、集中结算、IT 系统统一、分销资源的优化,将是下一阶段各大分销商必须面对的重点。这对管理层驾驭整合的能力提出了更大的挑战,也是并购中最大的风险之一。其中,收购企业对被并购企业的信息化管理和文化整合显得尤为必要和重要。目前,我国医药行业并购热潮涌动,信息化管理已经成为继 ERP 实施后的重要课题。因此,如何对各自的业务资源进行有效整合成为企业并购后管理层需要首要解决的问题。在企业并购中,不少企业对重组以后有效整合业务结构、业务资源和业务优势等方面缺乏得力措施,导致"消化不良"。

可以直言之,文化整合是医药企业成功并购的根本。"知识资本是企业最重要的资源。与此相适应,在企业管理理念上,必然要经历一个新的转折:相对于有形资本,无形资本的重要性日益凸现。"著名未来学家阿尔温·托夫勒以其独到的眼光很早就洞悉到了这种变化的趋势。在同行业竞争过程中,文化往往起着关键性的作用。为了快速确立在医药行业竞争中的优势地位、战胜竞争对手,有些时候并购就是要获取竞争企业先进的企业文化,借以开拓市场。根据现代企业资本运营的规律,企业资产的增长越来越多依靠无形资产的增值。真正成功的并购整合,其实是通过各种手段保证让并购双方的员工接受这次并购,并能相互了解、相互理解,接受各自的差异,达成对未来共同的期望,以实现并购的最终目标。因此,要提高合并后文化整合的成功率,企业必须在并购前就做好准备。

首先,双方应派专业人员一起工作,期间出现的摩擦、冲突实际上就是并购后双方企业间可能出现的矛盾,如果能尽早发现并研究解决方案,今后的合并就会顺利得多。其次,企业在草拟整合计划时,要充分考虑如何整合不同技能的人才,采取哪些利于稳定与可持续发展的必要步骤,在薪酬上和其他员工福利上做出什么调整等。最后,并购后,双方企业都充满了未知的变化,员工有许多疑问需要管理者进行解答,正确的沟通方式至关重要。

企业管理与信息化的融合乃大势所趋,而信息化对集团公司整体的业务资源整合具有特殊意义。随着我国医药企业规模的不断壮大和业务领域的不断扩张,通过跨地域经营、向集团化管理转变,提高企业的业务整合管控能力尤为重要。正是基于此,不少企业开始把重点放在了信息化建设上。总而言之,一次成功的并购不只是买资源,更应该是买管理、买文化。企业并购的成功不仅取决于资产规模的增加,还需要厂房、机器、技术、人员的叠加,更重要的是企业文化的优化组合。如今,我国医药行业并购浪潮涌动,企业若想获得 1+1>2 的效果,就必须深入探索和把握信息经济时代发展的规律和特点,进行制度创新和管理创新,借以整合业务和企业文化。

第四节 医药企业国际直接投资中存在的问题与实务操作建议[①]

一、我国现有法律制度对跨国并购中药产业安全问题的局限性分析

(一) 对国家经济安全和国家安全的规定过于原则

2005 年 12 月 31 日,商务部、中国证券监督管理委员会(以下简称"中国证监会"或"证监会")、国家税务总局、国家工商总局、国家外汇管理局联合发布了《外国投资者对上市公司战略投资管理办法》。该办法第 4 条确定了外资战略投资应该遵循的四大基本原则,第一个原则就是遵守国家法律、法规及相关产业政策,不得危害国家经济安全和社会公共利益。这个原则提到了"产业政策"和"国家经济安全",遗憾的是,该办法没有就"产业政策"和"国家经济安全"作出进一

---

① 参见牟璇、左越:《利润超 3000 万国内药企不足 200 家行业并购难度加大》,载每经网(http://www.nbd.com.cn/articles/2015-07-21/931793.html),访问日期:2018 年 1 月 14 日。

步的解释和规定。

2006年8月8日商务部等六部委发布了《关于外国投资者并购境内企业的规定》(2009年修改)。该规定的第1条和第12条分别规定了维护国家经济安全的目的和保证国家经济安全的具体要求。其中,第12条具体提到了"重点行业"和"国家经济安全",但是,该规定没有对"重点行业"和"国家经济安全"作出更详细的解释和说明。2007年《中华人民共和国反垄断法》(以下简称《反垄断法》)第7条和第31条提到了"关系国家安全的行业"和"涉及国家安全的应当进行国家安全审查"的要求。同样,该法没有具体规定"国家安全审查的程序性和实体性"问题,以及"国家安全"内涵和外延。总之,目前国内法律法规没有对"国家安全""国家经济安全"和"产业安全"的含义作出具体细致的规定,规定过于原则,不具有可操作性。

(二) 国家经济安全法律审查制度尚未完全建立

国家经济安全法律审查制度是一个完整法律体系,既包括国家经济安全法律审查的程序性规定,也包括实体性规定。美国于1988年确立的"跨国并购国家安全法律审查制度"值得参考和借鉴。我国《反垄断法》《关于外国投资者并购境内企业的规定》和《外国投资者对上市公司战略投资管理办法》等法律法规虽然规定了外资并购的国家经济安全法律审查要求,但大都语焉不详,缺乏可操作性,跨国并购国家安全法律审查的实体性和程序性规定缺位,尚未确立完整的国家经济安全法律审查制度。

(三) 产业安全没有明确进入法律规制的范围

中国现行法律法规没有将产业安全明确列入法律规制的范围,只能以"国家安全"和"国家经济安全"的名义实施间接保护。《外国投资者对上市公司战略投资管理办法》《关于外国投资者并购境内企业的规定》和《反垄断法》都没有明确地将"产业安全"直接列为法律保护的对象。实际上,产业安全是经济安全的核心,经济安全是国家安全的重中之重,是国家安全的基础和保证,产业安全应当进入专门立法范围。中药产业虽然不是我国国民生产总值的主要贡献者,但是中医药作为中华民族的瑰宝,蕴含着丰富的哲学思想和人文精神,是我国文化软实力的重要体现。扶持和促进医药事业发展,对于深化医药卫生体制改革、提高人民群众健康水平、弘扬中华文化、促进经济发展和社会和谐,都具有十分重要的意义。加强医药产业安全保护,防止中药产业落入外资之手具有十分重要的意义。

二、医药企业防范外资并购风险的应对策略

(一) 加强医药产品的专利保护

对于中国的本土医药企业自身的发展,我们在处理市场竞争的同时,也要做好我们的药品专利的保护,才能有足够大的筹码,在和跨国公司合作中掌握绝对的优势。现在是中国企业获取海外资产的最佳时机,不过如果我们的药品企业在没有做好专利保护的时候单独出去,很难获取资源,也很难保护好自身优势。国外企业也不会轻易把自己的核心技术交给中国企业。因此,在寻求合作时把握好机会,把自己放在平等的角度上,利用资源,合作进步,才是本土医药企业的根本。

(二) 构建外资并购中药企业产业安全法律审查制度

跨国并购国家安全法律审查制度是平衡"吸引外资"和"确保国家经济安全"的重要法律手段,外资并购中药企业产业安全法律审查制度,应结合外资并购在中国的发展趋势、中药特色、发展规律和中药产业发展情况,从实体法律和程序法律等方面进行考虑。

1. 确立"中药产业安全"法律审查制度

中药产业安全应当直接进入法律法规调整和保护的范围。我国外资并购国家安全法律审查的规定是 2006 年以后出台的,而且仅有原则性的规定,目前还没有相关的司法和执法实践。国家安全的外延和内涵比较模糊,但毫无疑问的是,要保证国家安全,特别是国家经济安全,就要保证国家具体的行业和产业安全。医药行业和产业安全应当纳入国家经济安全保护范围。

从立法层级上看,中药产业安全审查制度可以先以部门规章的形式出现。虽然有许多机关和部门向国家提议加快外资并购国家安全审查的立法,但是国家在短期内以出台法律的可能性不大,国家部委却可以根据需要出台条例、办法和规定之类的部门规章。中药产业虽然不属于国家重点控制的行业和支柱产业,但对于提高人民群众健康水平和弘扬中华文化具有十分重要的意义,需要特别法律法规予以保护。

从立法技术上看,中药产业安全审查应当有明确的标准。2008 年《俄罗斯联邦有关外资进入对保障俄罗斯国防和国家安全具有战略意义的经营公司的程序法》值得借鉴。与包括美国在内的大多数国家"抽象的审查标准"相比,俄罗斯

对外资的国家安全审查标准显得更为清晰、具体,更具有可操作性,对外国投资者的指引性也更强。中药产业安全审查的标准也应当明确、具体,具有可操作性。

2. 确立商务部、卫生部和医药管理局为安全审查的主要参与者

跨国并购国家安全法律审查由国家行政机关负责实施。在美国,总统和成立于1988年的美国外国投资委员会专门负责管理外国投资。实际上美国外国投资委员会是一个庞大的跨部门机构,由财政部长任外国投资委员会主席,其成员由财政部长、国务卿、国防部长、司法部代表、总统国家安全事务助理和国土安全部长等十几人组成,而且该机构组成人员可以根据需要增加。

从我国部委职能划分来看,商务部应牵头实施国家安全法律审查。一方面,商务部设有产业损害调查局,专门负责产业损害的调查,更清楚产业安全问题和操作步骤;另一方面,产业安全需要与商务部的各职能局以及其他部委加强沟通与合作。此外,中药产业的主管机关是卫生部及国家医药管理局,熟悉中药产业现状和发展规律,也应当是中药产业安全审查的主要参与者。因此,中药产业安全审查,需要商务部牵头,卫生部和国家医药管理局全力支持,其他各部委密切配合来共同完成。

3. 程序性问题可以参考其他审查制度

跨国并购产业安全法律审查制度的程序性问题与其他审查制度大同小异,主要包括审查的启动程序、审查机关、审查期限和审查的保密性等。

跨国并购产业安全法律审查制度的启动制度,可以分为"当事人主动申请产业安全审查机制"和"国家机关动议实施强制产业安全审查机制"。一般来说,产业安全法律审查启动制度应以自愿申请为基础,国家强制产业安全审查为补充。中药产业作为非国家重点控制的行业,应该坚持以当事人自愿申请为基础,国家强制审查为补充的原则。

跨国并购产业安全法律审查制度的执行机关和审查期限,各国规定有所不同。就中药产业安全法律审查而言,应由商务部牵头,卫生部和国家医药管理局主办,其他部委协办共同组成专门的审查小组,对审查小组裁定不服的可以到国务院复议,以取得最终裁定。由于跨国并购涉及重要的商业秘密,受市场情况影响较大,审查小组和国务院的裁定期限不宜太长,分别不宜超过两个月和一个月。跨国并购产业安全法律审查的保密性是指审查小组的成员应当就跨国并购

所涉及的信息和秘密进行严格保密,并采取相关措施。当事人主动申请跨国并购产业安全审查时,提交大量的申请材料包括收购价格、产业定位、发展战略、产业影响评估报告和资金来源等,如果这些信息泄露,将会给竞争对手、劳工人员和当事人产生影响。

外资大量并购中国中药企业,中药企业秘方配方等商业秘密或知识被外资控制,中药市场定价权和市场格局将重新洗牌,影响中药产业的健康发展和安全。根据中药特色和发展规律,借鉴他国立法经验,跨国并购中药产业安全法律审查制度应当有明确的审查标准和合理的程序,由商务部牵头组织实施,卫生部和国家医药管理局全力支持,其他各部委密切配合来共同完成。[①]

第五节 法律尽职调查清单模板

一、公司主体资格和股东资格

(一) 公司目前情况文件

1. 现行有效企业法人营业执照的正、副本。
2. 工商基本信息查询单。
3. 现行有效的公司章程。
4. 股东名册。
5. 公司签发的股东出资证明书。
6. 股东的行业主管部门出具的同意股东投资设立公司的批准文件(如有)。
7. 审批机关出具的同意股东投资设立公司的批准文件及批准证书。
8. 验证公司目前注册资本的验资报告(如果股东以非货币财产出资的,还应提供该部分非货币资产的评估报告)。
9. 母公司的章程及其对子公司的投资是否违反投资限额的说明。
10. 公司设立至今的所有工商登记档案资料。

---

① 参见杨逢柱、冉晔:《外资并购中药企业产业安全法律审查制度研究》,载《商业时代》2011年第14期,第106—107页。

11. 公司的其他登记文件,包括但不限于:

(1) 组织机构代码证;

(2) 税务登记证;

(3) 统计登记证(如有);

(4) 外汇登记证及年检证明;

(5) 对外贸易经营者登记备案表及自理报关单位注册登记证明书、进出口货物收发货人报关注册登记证书(如有);

(6) 财政登记证(如有)。

(二) 公司设立文件

1. 公司名称预先核准通知书。

2. 设立时的企业法人营业执照的正、副本。

3. 设立时的出资合同或股东协议。

4. 设立时的章程。

5. 设立时的股东名册。

6. 设立时公司签发的股东出资证明书。

7. 股东的行业主管部门出具的同意股东投资设立公司的批准文件(如有)。

8. 审批机关出具的同意股东投资设立公司的批准文件及批准证书。

9. 公司设立需取得的事先及事后批准事项的批准文件(如有)。

10. 公司设立时的验资报告(如果股东以非货币财产出资的,请提供该部分非货币资产的评估报告)。

11. 公司设立时的产权界定文件,包括但不限于政府主管部门对产权界定的批准文件、产权登记文件,以及其他相关文件。

12. 公司设立时的其他登记文件,包括但不限于:

(1) 组织机构代码证;

(2) 税务登记证;

(3) 统计登记证(如有);

(4) 外汇登记证及年检证明;

(5) 对外贸易经营者登记备案表及自理报关单位注册登记证明书、进出口货物收发货人报关注册登记证书(如有);

(6) 财政登记证(如有)。

(三) 公司变更登记文件

如公司曾发生过公司变更登记事项的,请就每一次变更登记分别提供下列文件:

1. 公司的股东与其他方之间是否曾发生过股权转让,如是,请提供:

(1) 股权转让协议;

(2) 转股价款的支付凭证;

(3) 公司股东/董事会关于批准股权转让的决定或决议;

(4) 非股权转让当事方的股东对被转让的股权放弃优先受让权的声明;

(5) 关于本次转股的定价依据及关于股权价值的资产评估报告;

(6) 转股前的章程;

(7) 记载股权转让结果的公司章程或章程修正案;

(8) 股权转让前的出资协议、合资合同或补充协议(如有);

(9) 公司股东就转股事宜签订的新出资协议、合资合同或补充协议(如有);

(10) 公司行业主管部门或审批机关关于同意股权转让的批复文件;

(11) 发展改革部门核发的有关外商投资项目的核准文件(如有);

(12) 对股权转让进行验证的公司验资报告(如有);

(13) 工商行政管理部门对股权转让所做的变更登记备案文件;

(14) 因股权转让导致企业法人营业执照发生变更的,请提供变更后的企业法人营业执照;

(15) 任何有关涉及公司转股的其他文件,包括但不限于取得的有关政府部门的批准、许可、备案、所涉及的资产评估报告、审计报告、土地评估报告等;

(16) 其他原因导致股权转让的文件,如法院强制执行的判决或裁定、发生继承关系的自然人死亡证明等。

2. 公司是否曾发生过增加注册资本的情形,如是,请提供:

(1) 增资协议(如有);

(2) 公司股东/董事会关于同意公司增加注册资本的决定或决议;

(3) 非作为认购增资的其他股东放弃优先认购权的承诺/确认函;

(4) 公司行业主管部门/审批机关关于同意本次增加注册资本的批复文件(如有);

(5) 验证所增加注册资本的验资报告;

(6) 增资前的公司章程；

(7) 记载增加注册资本事项的公司章程或章程修正案；

(8) 增资前的出资协议、合资合同或补充协议（如有）；

(9) 记载增加注册资本事项的出资协议、合资合同或补充协议（如有）；

(10) 记载增加注册资本事项的股东名册；

(11) 增加注册资本后公司向股东签发的出资证明书；

(12) 若股东以非货币资产增加投资，请提供该部分非货币资产的评估报告；

(13) 公司增资需取得的事先及事后批准事项的批准文件（如有）；

(14) 工商行政管理部门对增加注册资本所做的变更登记文件；

(15) 公司增资后取得的企业法人营业执照正本、副本；

(16) 任何有关涉及公司增加注册资本的其他文件，包括但不限于取得的有关政府部门的批准、许可、备案，所涉及的资产评估报告、审计报告、土地评估报告等。

3. 公司是否发生过减少注册资本的情形，如是，请提供：

(1) 关于减少注册资本原因的书面说明；

(2) 公司股东/董事会关于同意减少注册资本的决定或决议；

(3) 公司行业主管部门/审批机关关于同意减少注册资本的批复；

(4) 减少注册资本后对公司注册资本进行验证的验资报告；

(5) 减资前的公司章程；

(6) 减资前出资协议或合资合同（如有）；

(7) 减资后的公司章程；

(8) 减资后的出资协议、合资合同或补充协议（如有）；

(9) 记载减少注册资本事项的公司章程或章程修正案；

(10) 减少注册资本后公司的股东名册；

(11) 减少注册资本后公司向股东签发的出资证明书；

(12) 公司减少注册资本时的资产负债表和财产清单；

(13) 债权人名单以及向债权人发出的通知；

(14) 减资公告；

(15) 工商行政管理部门对减少注册资本所做的变更登记备案文件；

(16) 公司减资后取得的企业法人营业执照；

(17) 任何有关涉及公司减少注册资本的其他文件，包括但不限于取得的有关政府部门的批准、许可、备案，所涉及的资产评估报告、审计报告、土地评估报告等。

4. 公司其他变更登记(备案)：

(1) 公司股东/董事会关于变更事项的决定或决议；

(2) 本次变更后的公司章程或章程修正案；

(3) 公司行业主管部门/审批机关关于本次变更的批复；

(4) 公司变更后的企业法人营业执照和其他证照；

(5) 与本次变更有关的其他文件，包括但不限于：

① 组织机构代码证；

② 税务登记证；

③ 统计登记证(如有)；

④ 外汇登记证及年检证明(如有)；

⑤ 对外贸易经营者登记备案表及自理报关单位注册登记证明书、进出口货物收发货人报关注册登记证书(如有)；

⑥ 财政登记证(如有)；

⑦ 其他证照(如有)。

(四) 股东资格文件

如股东(包括目前的股东、已经退出的股东和潜在的股东)有下列情况的，请就每一情况提供下列文件：

1. 股东的身份证明文件：

(1) 如股东是企业法人的，请提供股东的企业法人营业执照及组织章程；

(2) 如为外国法人股东，请提供注册证书和公证认证文件。

2. 上述股东是否曾将其股权质押，如有，请提供：

(1) 关于股权质押情况的简要说明(主要说明股权质押的发生原因、各方为股权质押签署的协议或文件及其履行状况)；

(2) 股权质押所担保的主债权文件；

(3) 股权质押协议；

(4) 记载股权质押的股东名册；

(5) 股权质押的工商登记文件(如有);

(6) 其他与股权质押有关的任何文件。

3. 公司是否曾有集资入股的情形,如有,请提供:

(1) 关于集资入股情况的简要说明(主要说明集资入股的发生原因、各方为集资入股签署的协议或文件及其履行状况);

(2) 有关集资入股所取得的政府批准文件;

(3) 参与集资的人员名册;

(4) 集资金额明细;

(5) 关于集资用途的书面说明;

(6) 其他与集资有关的任何文件。

4. 股东的实际控制人情况,请提供:

(1) 关于股东的实际控制人情况的简要说明;

(2) 如实际控制人是中国籍自然人的,请提供其中华人民共和国居民身份证;如实际控制人为非中国籍自然人的,请提供其护照或其他合法证件及过去一年内在中国境内出入的证明文件;

(3) 实际控制人根据国家外汇管理局《关于境内居民通过特殊目的的公司境外投融资及返程投资外汇管理有关问题的通知》(汇发〔2014〕37号文)办理境外投资外汇登记及返程投资外汇登记的说明文件、申报文件和取得的登记备案表。

5. 股东是否有代持股/信托的情形,如有,请提供:

(1) 有关代持股/信托情况的简要说明(主要说明代持股/信托的发生原因、各方为代持股/信托签署的协议或文件及其履行状况);

(2) 代持股协议/信托协议和其他履行证明文件。

6. 公司是否实行公司期权计划,如有,请提供:

(1) 关于期权计划的说明文件(简要说明期权计划的内容和实施情况);

(2) 期权计划方案;

(3) 期权持有人名单及其所占份额;

(4) 各方为实施期权计划所签署的法律文件(包括但不限于股东/董事会决定或决议、期权协议、行权凭证等)。

7. 其他对股东行使股东权益具有约束性的情形,如有,请提供:

(1) 关于该等约束性情形的简要说明(主要说明约束性情形的发生原因、各方为此签署的协议或文件及其履行状况);

(2) 与约束性情形有关的任何法律文件。

(五) 其他有关公司发展历史的背景文件,包括但不限于公司的前身组建、公司历史上的重大事件的简要说明等

(六) 公司内部治理文件

1. 公司完整的股权结构图,包括截至目前所有与公司有产权关系的股东(应披露至实际控制人层面)、子公司、法人及非法人企业和组织(结构图应标明控股或参股关系、持股份额、其他持股人名称及持股份额)。

2. 目前全面的公司内部机构设置图,以及详述各部门之间关系的文件。

(七) 公司的分公司和其他权益

1. 请提供各分公司的营业执照。

2. 请提供各分支机构的其他登记文件,包括但不限于:

(1) 组织机构代码证;

(2) 税务登记证。

(八) 请说明公司在不具有法人资格的合伙、企业或事业单位中是否享有股权或类似权益,如有,请提供相关证明文件

(九) 如公司作为直接投资方在境外设立有公司或分支机构,则需提供经商务主管部门及发展和改革部门批准对外投资的批准文件

(十) 对公司本次项目有重大影响的文件

1. 公司及其股东与第三方签订的,任何限制、禁止公司与其他方重组、合资或合作、出售或转让股权/产权/资产,或从事其他具有类似内容的文件及所有相关补充及修改文件。

2. 公司股东间或政府有关部门的任何限制、禁止企业重组、出售或者转让股权/产权/资产的文件。

3. 公司对子公司或子公司的其他股东作出的任何承诺性文件或签署的协议(如不竞争声明或保证)以及任何子公司对其他人作出的类似承诺或签署文件。

二、公司的业务和经营资质

1. 对目前从事的全部生产、经营业务的简要描述：

(1) 公司所经营的业务种类；

(2) 各业务在公司盈利中所占比例；

(3) 公司的业务流程等；

(4) 公司所从事的主要业务的主管部门或协会(包括地方主管部门和国家主管部门)；

(5) 请特别说明公司是否存在超出核准经营范围经营的情况。

2. 载明公司经营业务所需的所有资格、登记、备案、许可、同意或其他形式的批准的清单及所对应的文件(包括证书和年检记录情况)，包括但不限于：

(1) 药品生产许可证；

(2) 药品经营许可证；

(3) 国家食品药品监督管理局对公司各类医药产品，包括新药、仿制药、原料药、医药包装(如有)、医疗器械(如有)，颁发的批准文件及注册证书等。

3. 与公司目前所从事的业务、所进行的项目、项目审批的权限和具体运作等方面相关的特殊政策、行业规定文件。

4. 与公司目前所从事的业务、所进行的项目有关的，所有政府奖励和优惠待遇的介绍，及证明公司享有该等奖励和优惠待遇的文件(如高新技术企业证书、星火科技认定证书等)。

5. 进出口经营权有关批文、进出口业务的有关文件(如进出口业务合同、代理商名称及与其签订的合同)。

6. 公司关于其销售的产品的说明(行业、类别、用途、主要用户)。

7. 公司关于主要原材料的说明：

(1) 原料名称、类别；

(2) 按原材料名称和类别所需供应商名单，分别占采购额的百分比，公司对该等原料供应商是否具有依赖性的说明；

(3) 按照原材料分类，供应量居前五位供应商的合同及其履行情况的说明；

(4) 公司的原材料是否需进口及进口环节纳税情况的说明，如有，需抽查进口合同、报关纳税文件的样本。

8. 关于生产过程的有关文件,包括:

(1) 公司的主要生产设备供应商清单,前五位供应商的合同及是否正常履行的说明;

(2) 公司关于对主要设备供应商是否具有依赖性的说明;

(3) 公司生产过程中使用的水、电、热、气合同及履行情况说明。

9. 关于公司的销售情况的有关文件,包括:

(1) 公司关于按照产品分类的销售模式的说明;

(2) 按产品分类的物流模式的说明及其证明文件;

(3) 按产品分类的资金流模式的说明及其证明文件;

(4) 按产品分类的订单模式的说明及其证明文件;

(5) 按产品分类的发票模式的说明及其证明文件。

10. 公司关于未来运营模式变化的说明及其相关证明文件。

11. 审计报告和其他有关法律文件。

三、公司资产

(一) 公司的土地权益

1. 公司使用的土地清单并注明是否为自有土地,是否设定抵押:

(1) 对于公司自有的土地,请列明对应的国有土地使用权证,并注明是否存在抵押。

(2) 对于公司正在使用的但不属于自有的土地使用权清单,请列明对应的国有土地使用权证或其他权属证明文件。

2. 如果公司的土地为出让地且该出让地为公司直接从土地管理部门取得,需提供:

(1) 该宗自有土地所对应的国有土地使用权证;

(2) 与土地管理部门签署的国有土地使用权出让合同及其附件;

(3) 当地财政厅出具的土地出让金缴付专用收据;

(4) 签署土地出让合同时的土地基准地价公告。

3. 如果公司的土地为出让地且该出让地为公司从第三方以转让方式取得,需提供:

(1) 该宗自有土地所对应的国有土地使用权证;

(2) 国有土地使用权转让合同;

(3) 土地转让金缴付凭证;

(4) 签署土地转让合同时的基准地价公告。

4. 如果公司的土地为划拨地,需提供:

(1) 该宗自有土地所对应的国有土地使用权证;

(2) 政府批准用地的文件。

5. 如果土地以租赁方式取得,需提供:

(1) 公司与当地政府部门签订的国有土地租赁合同;

(2) 国有土地租金缴付凭证以及国有土地租赁登记证明。

6. 如果公司使用的土地目前尚未确权或存在权属纠纷,请公司说明相关情况及有关政府确认土地权属的批复或其他确权文件。

7. 若公司使用的土地使用权为集体土地,需提供:

(1) 公司签署的征用集体土地的协议;

(2) 土地管理部门出具的征地批准文件;

(3) 土地出让金缴付凭证和当地当期土地基准地价公告。

8. 如果公司使用的土地均与上述情况不同,请公司提供其他证明公司对所使用的土地具有权益的法律文件。

(二) 公司使用的房屋权益

1. 公司正在使用的房产清单,并注明属于自有房产还是租用房产,是否存在抵押。

2. 请提供公司自有的各房屋所对应的房屋所有权证。

3. 请提供公司自有的各房屋所对应的房屋登记簿(如有)。

4. 如公司没有领取房屋所有权证,请提供该房屋所对应的工程规划文件,包括但不限于:立项批文、建设用地规划许可证、建设工程规划许可证、建设项目施工许可证、建设工程竣工验收备案表、工程竣工验收报告、法律、行政法规规定应当由公安、消防、环保等部门出具的认可文件或者准许使用文件。

5. 公司如有在建工程,请说明在建工程的建设和完工情况,并根据工程进度提供:立项批文、建设用地规划许可证、建设工程规划许可证、建设项目施工许可证、建设工程竣工验收备案表、工程竣工验收报告、法律、行政法规规定应当由公安、消防、环保等部门出具的认可文件或者准许使用文件。

6. 如果房屋是通过购买方式取得,请提供房产证、购房合同和购房款项支付凭证。

7. 如果房屋以租赁方式取得,请提供该房屋的房屋所有权证和土地使用权证(如果没有领取土地使用证,请提供土地规划许可证或政府批准用地或确权文件)、房屋租赁合同、房屋租赁登记证及以及房屋租赁合同的备案登记证明。

8. 除租赁方式外,以其他方式使用他人房产的,请提供使用房屋的协议或合同,如联建合同等。

9. 若上述任何房产上已经设立了抵押权,需审阅有关抵押合同及登记文件。

10. 其他证明公司对所使用的房产具有权益的法律文件。

(三)公司的动产

1. 请提供价值超过人民币 100 万元的动产(即主要动产,包括但不限于生产设备等)清单。

2. 公司是否有主要动产为租赁取得,如有,请提供:

(1)租赁合同清单;

(2)租赁合同文本;

(3)请说明该租赁合同的实际履行情况。

3. 请书面说明主要动产是否存在被抵押或其他第三者权益的情况。

(四)不在公司控制之下的资产

请提供列载于公司财务记录上但因特殊原因(如出租、出借、质押)等不在公司掌握和控制范围内的资产清单,并提供相关文件。

(五)境外资产

请列出公司在境外的资产清单和相关证明文件。

(六)其他需登记方可取得的财产权利

如取水权,车辆、船舶等的所有权等,请列出该等财产权利的清单并提供相关登记文件。

(七)公司的进口设备清单、进口设备报关单、纳税凭证、减免税凭证

(八)公司已经发生的重大资产变化及收购兼并(重大事项)合同或协议及其履行情况的说明和相关证明文件

（九）重大变化事项有关的方案、批准、评估、审计等相关文件

（十）公司下一步拟进行的重大变化事项计划

四、融资/借贷

1. 人民币或外币的借款清单，请列明金融机构、金额、期限。

2. 人民币或外币的借款文件和协议(不论是担保的或非担保的)。

3. 银行同意提供信用额度或贷款的信函及协议。

4. 与其他公司签订的互保协议。

5. 所有其他重大融资的文件和协议，包括金融租赁、经营租赁、销售后立即返租的安排、分期付款的购买安排等文件。

6. 所有公司与其子公司之间有关债务安排的文件。

7. 未列入资产负债表的任何项目的有关文件(包括担保书、对冲交易、收付合同等)。

8. 担保/履约保证：

（1）公司对第三方的责任和/或负债作出的担保文件，包括任何抵押、质押或其他担保清单，有关设置任何抵押权、质权或其他担保权的任何协议，及其相应的公证、登记证明(包括公司对第三方的责任和/或负债作出的反担保，若有反担保的情况，请同时提供原担保的有关法律文件)；

（2）公司为自己的债务所作出的担保文件，包括任何抵押、质押或其他担保清单，有关设置任何抵押权、质权或其他担保权的任何协议，及其相应的公证、登记证明；

（3）有关履约保证函或履约保证金(如适用)的文件。

9. 公司所发行的任何债券及其相关文件。

10. 外债部分，请提供外管局批复(如有)、外债登记证、外债签约情况表、外债情况反馈表、对外担保批准文件以及对外担保登记证及对外担保签约情况表等。

11. 公司是否存在向不特定多数人借款或融资的说明。

12. 公司除上述各项以外的其他融资计划、融资安排及其相关文件。

五、重大合同[①]

1. 合资、合作、联营、合伙协议、投资协议、战略合作协议。

2. 主要机器、设备购买合同或与机器、设备供应商之间的其他类似协议或安排,如果没有书面合同,请详细说明供货条款和条件(包括付款和交货条件)。

3. 与原材料供应及燃料、能源供应、设备配件相关的合同或说明。

4. 与服务、管理、销售、维修保养相关的合同。

5. 公司与其销售的主要药品品牌持有人签订的销售药品的代理协议、特许经营合同或类似合同。

6. 有关进出口业务合同,包括直接与境外第三方签署的合同及与进出口代理人签署的协议。

7. 与供应商或客户订立的代理、批发、零售金额超过公司最近会计年度的年收入5%的所有协议。

8. 对公司具有重大限制的合同,如不竞争协议、限制销售和市场划分的协议等。

9. 与公司主要资产有关的或受其约束的任何销售或购买选择权协议。

10. 在公司及其任何动产上设置限制动产转让或使用的合同,包括但不限于动产出租合同的书面文件,公司与第三人所签订的任何限制、禁止将动产出租、出售或转让的文件,公司承诺在一定期间或满足一定条件时将动产出租或转让给第三人的文件或合同等。

11. 工程承包合同及重大建筑设备采购及安装合同。

12. 关于购买或出售证券的协议,包括股票、债券和政府国债。

13. 在正常经营业务以外签订的合同(无金额限制)。

14. 所有与政府机构或其他公司、团体或组织之间订立的履行期超过一年的合同。

15. 所有公司承担保密和禁止披露信息义务的合同(无金额限制)。

---

① 除上下文有特别说明外,重大合同均指公司为当事一方订立的正在履行中的涉及金额在人民币100万元以上的合同,包括任何该等合同有关的修正案、备忘录、违约通知、终止合同、同意或放弃证明文件。

16. 自成立以来的重大兼并、合并、收购、资产出售的协议。

17. 期限为一年以上的雇佣、咨询协议,如与机构签署的聘请咨询顾问协议等,无金额限制。

18. 除前述重大合同外,其他对公司主体地位、生产经营有重要影响的任何协议和合同。

19. 所有重大合同的履行和违约情况说明(侧重违约情况)。

20. 其他业务合同的样本和抽样,须按类型分别提供一份样本和三份抽样。

六、公司财务

1. 请写明公司的债权、债务数量清单,提供债权人和债务人名单及相关的债权、债务合同或证明发生债权债务关系的其他文件。

2. 请书面说明公司是否存在拖欠任何在正常情况下应偿还的债务的情况,或者被拖欠任何无法收回的债务的情况,并提供相关文件。

3. 公司除记载于其财务账簿和财务记录上以外应承担的其他重大责任或债务及其相关文件。

4. 所有有关公司拥有的不动产及其他有形或无形资产的评估师报告及其评估师的资格证明。

5. 最近3年公司的审计报告,公司近3年来独立审计师就财务管理制度、会计制度、外汇支出及其他有关公司或各子公司重大财务问题的信函,以及公司相应的回复(如有)。

6. 公司最近3年会计政策的变化及原因(如有)。

七、知识产权和其他无形资产

1. 请列明公司拥有或使用的专利、商标、著作权、域名、商号清单,并说明其登记情况。

2. 请提供公司拥有或使用的专利、商标、著作权、域名、商号注册证书;若应注册但尚未注册或正在申请注册过程中,请做出解释,并提供受理申请文件。

3. 公司与他方订立的有关专利(含专利申请权)、著作权、商标、专有技术、域名、商号的转让或许可协议(无论公司作为转让方、许可方,或是受让方、被许可方),及有关登记注册/备案文件。

4. 请说明公司现在使用的或将来有可能使用的任何第三方的知识产权或无形资产,并说明该使用中是否存在争议,是否有被提出权利请求的情况或是否有构成对该知识产权或无形资产的侵权或违约的情况,并说明现在或潜在的有关上述知识产权或无形资产的争议或纠纷。

八、董事、监事及高级管理人员

1. 公司设立时的董事会和监事会构成。

2. 最近 3 年内在职的董事、监事及高级管理人员名单,包括姓名、任期及其起止时间、委派方,尤其是最近 3 年内的变更情况。

3. 目前任职的董事、监事、高级管理人员兼职的公司(包括在股东单位、股东控制的单位、同行业其他法人单位),所投资的公司或控制的公司的名单及营业执照。

4. 前述人员与公司订立的劳动合同和报酬协议。

5. 请公司出具的关于其董事、监事及高级管理人员是否存在违反我国《公司法》第 146 条①规定的限制任职资格的情况说明。

九、质量

1. 公司目前取得的 GMP 及 GSP 认证证书。

2. 确认公司近 3 年是否受到过技术监督部门的行政处罚,如有,请提供行政处罚决定书、有关处罚的执行证明情况。

十、环境保护

1. 公司必须遵守的环境保护卫生方面的法律、法规、行政指令(以下简称"环保法律")。

2. 环保部门作出的任何命令、罚款或调查的有关文件。

---

① 《公司法》第 146 条规定的不得担任公司董事、监事和高级管理人员的情形为:(1) 无民事行为能力或者限制民事行为能力;(2) 因贪污、贿赂、侵占财产、挪用财产或者破坏社会主义市场经济秩序,被判处刑罚,执行期满未逾 5 年,或者因犯罪被剥夺政治权利,执行期满未逾 5 年;(3) 担任破产清算的公司、企业的董事或者厂长、经理,对该公司、企业的破产负有个人责任的,自该公司、企业破产清算完结之日起未逾 3 年;(4) 担任因违法被吊销营业执照、责令关闭的公司、企业的法定代表人,并负有个人责任的,自该公司、企业被吊销营业执照之日起未逾 3 年;(5) 个人所负数额较大的债务到期未清偿。

3. 公司拥有的建设和生产项目的环境影响报告书或环境影响登记表及环保部门的审批意见,建设项目环保验收文件(包括试生产批复文件、临时排污许可证、环保验收合格批复、正式的排污许可证),环保设施检测报告,年度检验报告,包括但不限于对水资源、水污染(工业用水及生活用水)、大气污染、土壤污染的综合或独立的环境影响报告、检测和审批意见。

4. 公司拥有的所有项目的防治污染设施、设备的竣工验收合格证明及其设计和被批准使用年限的文件。

5. 环保部门做出的任何命令、罚款或调查的有关文件。

6. 公司自行处理污染物,包括但不限于收集、贮存、运输、处理的全部政府授权、执照、批准许可。

7. 公司委托他人进行污染物处理的合同、意向书、履行情况说明及该受托方的合法存续证明及有权进行污染物处理的全部政府授权、证照、批准、许可。

8. 公司对外签署的涉及环保的所有合同、意向书、承诺书与文件,包括但不限于受让、转让、出租或出借排污设施的协议及意向书,与他人签订的环保谅解协议、备忘录。

9. 公司所有违反环保法律、法规或涉及环保问题而已经发生、正在发生或有明显迹象表明将可能发生的诉讼、仲裁、行政复议事项(包括但不限于侵害赔偿等)的所有情况和文件,包括但不限于该诉讼、仲裁和行政复议的判决书、仲裁裁决和行政复议裁定及其履行、执行的最新状况说明。

10. 公司历年来发生污染事故或突发性事件造成或可能造成环境污染事故发生的事件的所有情况和处理结果。

十一、重大投资项目

1. 请公司提供所有重大投资建设项目的清单及今后3年内开展重大投资项目的计划。

2. 请公司提供建设项目工程规划许可证、建设项目工程用地许可证、建设项目开工报告批复或施工许可证。

3. 请公司提供固定资产投资主管部门出具的建设项目核准(备案)、审批文件。

4. 请公司提供建设项目申请报告。

5. 请公司提供初步设计及概算及相关批准(适用于政府投资的项目)。

6. 请公司提供环评报告、对环评报告的批复、节能评估报告及其批复(如有)。

7. 安全评估及相关批复(如有)。

8. 请公司提供环保设施竣工验收批复、安全设施竣工验收批复(如有)。

9. 请公司提供其他相关政府部门的批准(如有)。

十二、安全生产

1. 请说明是否因安全问题造成重大质量事故或人身伤亡事故,如没有,请公司提供相关书面文件确认;如有,请提供相关文件及说明。

2. 消防安全主管部门就公司生产经营设施核发的关于消防安全验收合格的批复。

十三、劳动人事

1. 公司关于雇员人数的说明。

2. 公司的标准劳动合同。

3. 与员工签署的顾问协议、保密或非竞争协议、补偿协议及其他类似内容的法律文件。

4. 公司为其主要管理人员所提供的贷款合同、协议(如与房改有关的安排等)。

5. 与工会签订的协议(如集体劳动合同)。

6. 公司现有的员工福利、奖金、分红、抚恤金、养老政策或其他类似计划的文件。

7. 公司有关员工的住房津贴、分房政策和医疗保险的规定、计划或其他文件。

8. 适用于公司的国家及地方颁布的强制性加入社会统筹保险的有关文件。

9. 适用于公司的国家及地方颁布的强制性加入住房公积金的有关文件。

10. 请提供公司及其各自分支机构向当地社会保障部门办理社会保险登记证及年检证明。

11. 公司加入上述强制性社会统筹保险的有关资料,包括应投保人数、实际投保人数、保费缴纳标准、保费缴纳情况统计、催缴保费通知书等。

12. 社会保障主管部门出具的社保费用是否已经按时足额缴纳情况证明。

13. 公司加入住房公积金的有关资料，包括应交费人数、实际交费人数、交费标准、缴纳情况统计、催缴通知书等。

14. 住房公积金缴存登记证明。

15. 住房公积金主管部门出具的住房公积金费用是否已经按时足额缴纳情况证明。

16. 公司的所有员工劳动仲裁或相关诉讼情况说明及相关文件。

十四、税务

1. 自设立以来办理的税务登记证(含国税、地税)。

2. 税务登记证的年检证明(如有)。

3. 请列表说明公司目前适用的税种、税率情况，包括但不限于企业所得税、营业税、增值税、消费税、房产税、土地使用税等的税种和税率。

4. 公司目前享受的税收优惠、政府奖励和其他优惠政策的说明文件，获取该等优惠政策的任何政府批准文件，包括但不限于任何认定具备享受减免税资格的批复和批准证书，任何政府部门同意提供"先征后返"、财政补贴等待遇的批准文件、通知等。

5. 公司从税务部门获取的完税证明。

6. 公司与其子公司有关税务安排的任何协议、文件或证明，包括但不限于提供税务担保或代为承担纳税义务等方面的任何文件。

7. 公司就历次分配利润所代扣代缴所得税的凭证。

8. 所有税收争议或滞纳金及其重大税收纠纷的文件及信函，公司面临的税务机关的调查、询问的情况说明。

9. 公司历史上受到税务处罚的情况说明及公司采取的解决办法，有关欠缴税款的文件通知、罚款缴款凭证。

10. 公司历年来关于税务的账目审计及所有相关材料(包括从税务机构发出的审计通知和审计结果)。

十五、关联交易、同业竞争

1. 请公司说明有关关联方和关联交易的情况。

2. 公司内部同意进行关联交易的决议。

3. 关联方内部同意关联交易的决议。

4. 列明公司与其各子公司之间的正在进行的、未履行完毕的交易或已经履行完毕但有争议的交易情况清单并提供对应的文件。

5. 公司及其子公司与其任何其他股东(包括持有公司10%或以上股权的股东)之间的交易。

6. 与其任何董事或监事或其任何一位董事/监事拥有10%或以上股权、或控制董事会的公司之间的交易。

7. 为其董事或关联人士(包括关联法人、关联自然人和潜在关联人)提供的贷款、承诺或担保。

8. 关于任何董事或关联人士可享受的任何利益合同。

9. 与其任何董事、股东、子公司之间的任何资产或财产转让的详情。

10. 过去3年里与其任何董事、股东、子公司之间的任何财产买卖、租赁、代理合同或协议。

11. 请公司提供有关同业竞争的情况说明。

12. 任何有关与其关联人士之间是否存在相同、相似的业务详情。

13. 公司股东间和/或其控股股东或其子公司之间已存在的或可能产生业务或其他利益冲突或竞争的文件。

十六、保险

1. 中国法律对公司资产的强制性投保要求及其相关法规。

2. 公司目前的投保清单及保险单(包括财产保险、车辆保险等)。

3. 请公司提供保险交费凭证。

4. 公司在上述保险单下发生保险事故的说明、所申报的损失和提出的索赔情形及结果,包括未支付的赔偿、潜在索赔、已支付的索赔和已否决的索赔。

5. 请说明在所有保险单下已付及待付的保险费,是否仍有应履行的投保义务尚未履行。

十七、诉讼、仲裁和法律程序

1. 请公司说明公司及其现任/拟任董事、股东、监事面临的和可能面临的、提出的、参与的所有诉讼、仲裁、权利请求或其他纠纷,请列明诉讼双方、诉讼内容及争议财产的数额。

2. 由公司内部或者第三方出具的与前款所述的诉讼及其他法律程序有关的任何报告、备忘录及进行现状和胜败可能性的分析。

3. 公司目前正在进行或尚未了结的法院判决、裁定、仲裁裁决、法院调解、行政处罚、行政调查程序等类似文件。

4. 内部或外聘的律师就现行或可能的诉讼提供的法律意见和判断。

5. 公司及其资产面临的查封、扣押情况及其说明。

6. 任何行政机关/法院要求公司关闭或解散的通知或命令。

文件清单目录格式

附件:法律尽职调查文件清单目录

(　　年　月　日)

公司名称:

编号	文件名称	备注
一、公司主体资格和股东资格		
1.1		
(1)		
(2)		
…		
…		
1.2		
(1)		
(2)		
…		
二、公司的业务和经营资质		
2.1		
2.2		

(续表)

编号	文件名称	备注
2.3		
...		
...		

结语

医药企业的投资、并购、重组,并不仅仅是一项普通的资本运作项目。由于医药行业的特点,如果为这些项目提供法律服务的律师对医药行业有更深的了解,将可以为客户提供更为全面的法律服务;如果为这些项目提供法律服务的律师还具有医药行业的工作经历,为客户提供的法律服务将更彰显专业性。

第 5 章

民营医院的上市[①]

  民营医院的发展是健全我国医疗体制的关键因素,同时也是推动公立医疗机构转型的重要外生动力,有助于发展多元化医疗服务,从而解决人民看病难的问题。近年来,特别是 2009 年我国实行全面医药卫生体制改革后,随着国家的一系列利好政策的出台,如取消对社会办医疗机构的具体数量和地点限制,开放医保,放宽中外合资、合作办医的条件等,我国的民营医疗机构迅猛发展。据国家卫计委统计信息中心统计,截至 2015 年 5 月底,我国民营医院数量已由 2005 年的 3 320 家增长到 13 153 家,数量与公立医院基本接近。然而民营医院在发展过程中一直面临着资金、人才、技术、场地、环境等诸多方面的问题,首当其冲的是资金不足的问题,因此引进社会资本是民营医院发展壮大最重要的方式。从长远的角度来看,中国的医疗市场也必将逐步多元化、市场化、证券化。目前,我国已有不少民营医院成功在 A 股上市或挂牌新三板交易,实现了与资本同舞的局面,但其中也存在不少问题,本章系统研究现有民营医院的上市情况,梳理相关法规政策,剖析其中的具体问题,进而提出更好地推动民营医院上市的制度和实务建议。

---

  ① 本章撰稿人:张合、邓勇。
  张合,北京天驰君泰律师事务所管委会主任、高级合伙人,北京市律协医药委委员,E-mail:zhanghe@tiantailaw.com。
  邓勇,北京中医药大学法律系副教授,中国政法大学法学博士,北京大成律师事务所律师,北京市律协医药委特邀委员。

第一节 民营医院上市的政策背景和融资环境分析

民营医院又称非公立医院,是与公立医院相对立的主要由社会资本举办的医院,含营利性和非营利性两大类。由于非营利性医院一般采取民办非法人的组织形式,其不以盈利为经营目的,且不对收益进行分红,因此无法直接独立上市。目前上市的民营医院均为公司化治理形式的营利性医院,本文讨论的民营医院亦主要指公司治理形式的营利性民营医院。推动我国民营医院上市有着一定的产业政策背景和融资制度环境。

一、医疗卫生体制改革推动民营医院迅猛发展

民营医院的发展得益于医改政策的集中发力。根据国家卫计委统计信息中心统计的相关数据可以发现,自医疗体制改革以来,我国民营医院的数量增长显著(图1)。

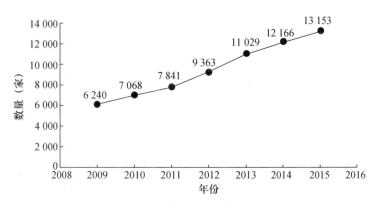

图1 我国民营医院数量变化趋势图

2009年3月17日,国务院发布了《关于深化医药卫生体制改革的意见》,被视为新医改的开端。为了贯彻落实该意见中关于有效减轻居民就医费用负担,实现切实缓解"看病贵、看病难"的近期目标和"建立健全覆盖城乡居民的基本医疗卫生制度,为群众提供安全、有效、方便、价廉的医疗卫生服务"的长远目标,国务院和卫生部委先后发布了《关于公立医院改革试点的指导意见》《关于进一步

鼓励和引导社会资本举办医疗机构的意见》《关于促进健康服务业发展的若干意见》《关于加快发展社会办医的若干意见》等一系列法规、规章,其中均着重强调了"鼓励社会办医"。其后于 2015 年 6 月,国务院更是发布《关于促进社会办医加快发展的若干政策措施》这一专项规定,极大地推动了民营医院的发展。通过对新医改以来的法规政策进行梳理,其中促进民营医院发展的改革要点主要为以下 3 点。

(一) 政府重视民营医院的地位和发展问题

主体的平等地位是公平竞争的重要前提,也是培养多元医疗市场的关键举措。长期以来,我国民营医院与公立医院的地位有着显著不同,民营医院处在夹缝中生存,不论是政策待遇上,比如政府财政支持情况和税收政策,还是场地设施、医务人员配备等,都同公立医院差距悬殊,其发展受到了许多隐形的限制。

为了转变这种现状以促进医疗市场的健康发展,我国对非公立医疗卫生机构的态度开始逐步发生了转变。2009 年国务院办公厅发布的《关于深化医药卫生体制改革的意见》首次提出了"积极推进非公立医疗卫生机构的发展",其后,卫生部、国家发改委、财政部等多部委制定的《关于公立医院改革试点的指导意见》强调要"引导、鼓励和支持非公立机构的发展,创造公平竞争条件"。2013 年国务院《关于促进健康服务业发展的若干意见》则明确认定"非公立与公立医疗机构同等对待"。民营医院的地位得到了制度层面的确认和提升。

(二) 多项政策逐步消除民营医院发展限制

现实医疗市场中存在很多阻碍民营医院发展的"玻璃门""弹簧门"等问题,仅有关于"平等地位"的概括性规定是不够的。目前,许多政策正在逐步消除这些隐性的限制,进一步推动民营医院的发展。

首先,市场准入方面。国务院《关于促进健康服务业发展的若干意见》明确提出"放开准入,非禁即入"。《关于促进社会办医加快发展的若干政策措施》规定在准入方面需要"清理规范医疗机构审批事项,公开区域医疗资源规划,减少运营审批限制"。

其次,关于医疗资源的流动与共享。2014 年 5 月《深化医药卫生体制改革 2014 年重点工作任务》提出了落实"平等地位"的一系列具体措施,对发展民营医院具体改革工作进行了全面部署。强调出台推进医师多点执业的意见;同时指出要创新社会资本办医机制,支持社会办医国家联系点在人才流动、土地、规划和投资补助等政策方面大胆探索创新。《关于促进社会办医加快发展的若干政策措施》则提出了促进大型设备共建共享,推进医师多点执业,加强业务合作。

最后,其他具体措施如落实医疗机构的特殊税收优惠政策,国务院《关于促进健康服务业发展的若干意见》指出凡健康服务业可享受高新技术企业税收优惠政策,不论是民营医院还是公立医院。同时,其中最重要的措施即为破除由于医保定点而对民营医院产生的限制影响,国务院发布的《关于促进社会办医加快发展的若干政策措施》强调将社会办医纳入医保定点范围。再有,对民营医院和公立医院的科研立项予以同等对待及其他相关政策。

(三)加强社会办医疗机构的监管

要促进民营医院的良性发展,有效的监管是必不可少的。为了更好地扶持民营医院,保障医疗安全,需加强对民营医院的医疗行为及医疗质量的监管。《深化医药卫生体制改革 2014 年重点工作任务》提出了等级评审、技术准入、职称评定等方面的审查和监管的平等对待,这样有助于形成民营医院的各项指标的统一和标准化。《关于促进社会办医加快发展的若干政策措施》专门提出了"完善监管机制",强调医疗管理人员培训、医疗机构信息公开、监管体系的自身能力建设和加大对非法行医及恶性医疗事故、骗取医保资金等违法行为的打击力度。

二、特殊的融资环境

从民营医院的整体融资情况来看,鉴于规模和性质等因素,民营医院的融资渠道很有限,主要靠自筹资金和银行贷款来解决资金问题。有少部分可以做到中外合资、私募基金以及通过上市来解决资金问题。具体来说,民营医院的融资方式可分为内源融资和外源融资两大类。

(一)内源融资

内源融资主要是民营医院的原始资本衍生出来的资本积累和剩余价值,融资来源是经营净利润加上折旧金额减去支付股利后的剩余,也就是留存收益。[①]内源融资来源于医院发展积累的本身,属于自有资金,其特点是融资成本低、支配灵活、原始性、自主性。但是又因为资金自有,所以等同于经营风险由自己承

---

① 参见杨凯、张勇:《民营医院融资模式和策略分析》,载《华北金融》2015 年第 2 期。

担。内源融资主要由医院的资产规模、利润状况等决定,资产规模越大,利润越高,则内源融资越容易可行。内源融资在医院发展的初期显得尤为重要,是医院生存与发展的立足之本。民营医院是以盈利为目的的医疗机构,需要向投资者回报盈利,投资者若将投资的回收期缩短,急于获得投资回报,那么民营医院的利润就很难用于再投资扩大规模,内源融资也就变得困难。

(二) 外源融资

外源融资主要指通过从医院外部组织融入资金进行投资。其特点是吸收其他经济组织或个人的资金,集中后用于自身的投资和经营建设。民营医院引入外部投资,可以在扩大投资规模之外,在某些情况下,譬如引入股权投资,还可以分散自身的经营风险,但是同时也需要与外部投资者共享收益。外源融资主要包括债权融资和股权融资。

1. 债权融资

债权融资的资金主要来源于外部借款,目前主要的渠道是银行贷款和金融租赁。向银行贷款需提供抵押担保,银行根据抵押物的价值按照一定的比例放款,银行对民营医院的经营风险顾虑较大,导致贷款利率较基准利率上浮较多,而且一般是流动贷款。《中华人民共和国担保法》(以下简称《担保法》)第9条规定,学校、幼儿园、医院等以公益为目的事业单位、社会团体不得为保证人。《担保法》第37条规定下列财产不得抵押:学校、幼儿园、医院等以公益为目的的事业单位、社会团体的教育设施、医疗卫生设施和其他社会公益设施。因此,民营医院向银行申请贷款,可以抵押的只能是归医院所有的非医疗卫生设施,抵押物有限,贷款利率也较高,因此能够获得的融资也十分有限。

至于融资租赁,对于扩张期的民营医院来说,经营场所可以通过租赁的方式取得,大型医疗设备也可以通过融资租赁的方式来解决。但是融资租赁毕竟受其功能属性限制,所能解决的也只是民营医院经营过程中部分资金缺口问题,而对于需求量可能更大的其他的无法进行融资租赁的部分,则无能为力。

2. 股权融资

所谓股权融资是指企业的股东愿意让出部分企业所有权,通过企业增资的方式引进新的股东的融资方式。股权融资所获得的资金,企业无须还本付息,但新股东将与老股东同样分享企业的盈利与增长。股权融资的特点决定了其用途的广泛性,既可以充实企业的营运资金,也可以用于企业的投资活动。股权融资按融资的渠道来划分,主要包括私募融资和公开发行股票的方式筹集资金。

　　私募融资指直接或通过承销商将非注册证券销售给有限数量的购买者,其相当于是企业吸引特定的投资人使其通过增资入股企业的一种融资方式。私募融资需要选择合适的私募对象,设计合理的交易结构,把握和控制实施过程。民营医院进行私募融资,其私募对象一般为知名的国外医疗机构和私人股权投资基金(PE)。投资方通常以参股的形式进入,会不同程度地参与民营医院的经营和管理,带来先进科学的管理和资本市场运作经验。所融资金一般无需抵押和担保,由投资方承担投资风险。私募融资进入民营医院的形式通常有:增资扩股、老股东转让股权、增资和转让同时进行等。在选择合适的融资方案后,民营医院应搭建完善的公司治理结构,为后续发展和融资奠定基础。

　　公开发行股票,是企业通过中介机构发行股份以获得资金的一种融资方式。民营医院在经营效益良好、处于高速增长期、市场发展前景广阔的情况下可以寻求公开上市。

　　总之,由于民营医院规模有限,患者病源分布窄,经营风险大,可抵押资产少,加之非公立医院的属性,所以很难获得银行贷款。在自筹资金等内源融资不足的情况下,很容易陷入缺乏资金的境地。因此资金不足的问题一直制约着民营医院更好的发展。要解决民营医院在发展过程中的资金不足问题,需要依托资本市场及其流动性。

第二节　民营医院上市的特点分析

一、从目前上市情况来看,仍存在很大的发展空间

　　医疗服务的缺口、国家政策的支持促进了民营医院的快速发展,前文已述。对于民营医院的进一步发展,因融资渠道有限,发展到一定程度后,势必要求助于资本市场,而纵观资本市场,民营医院上市的身影并不多,随着国家政策的支持、市场经济和资本市场的发展,会有越来越多民营医院的身影出现在资本市场上。

二、从专业领域来看，上市医院多涉及专业医疗和高端医疗

根据行业报告显示，民营医院异军突起的领域为专业医疗和高端医疗，譬如口腔、眼科、保健、妇幼等，这些领域是传统公立医院的弱势区域，因而成为了民营医院发展的突破口。比如早在1996年即在上海证券交易所主板A股上市的通策医疗，是国内第一家以口腔医疗连锁经营为主要经营模式的上市公司，2009年在深圳证券交易所创业板A股上市的爱尔眼科，上市前亦为以眼科医院为主体的公司。

三、从板块来看，新三板为主要阵营

从民营医院已经挂牌上市的板块分布看，新三板数量最多，A股市场数量较少，这其中很重要的原因是A股上市的门槛高，众多民营医院在资质上难以达到要求，而新三板相比之下门槛低得多，挂牌成本和后续维护费用也相对较低，因而成为民营医院进入资本市场的现实选择。

第三节　民营医院上市的利弊分析

一、上市的机遇

1. 打开资本市场的直接融资通道，降低融资成本

对于民营医院来说，融资本来就是难题，如果能够成功上市，打开资本市场的直接融资渠道，无疑会很好地解决继续扩张发展资金问题。而且，通过资本市场直接融资，成本也比较低。另外，在上市后，因为声誉品牌效应等的增加，在银行及金融机构的融资成本亦会降低。

2. 上市有利于完善民营医院法人治理结构，理清民营医院自身发展战略，夯实民营医院发展的基础

上市有着一系列严格的要求，特别是对民营医院的法人治理结构、信息披露制度等方面都有明确的规定，为了达到这些要求，想要上市的民营医院主体必须转变经营理念，提升民营医院的法人治理结构水平，提高运作的透明程度，使得

自身变为规范的现代企业。

3. 提升品牌价值和市场影响力,提升民营医院在患者、供应商卫生计生行政部门和银行心目中的地位

作为专业性很强的医院,赢得患者的信任无疑是非常重要的,民营医院与竞争对手公立医院相比,在多方面有着先天的劣势。由于上市公司运作透明、受到监管,所以,患者、供应商和银行会对上市公司更有信心。而且成为一家上市公司后,具有很强的品牌传播效应,对企业的品牌建设作用巨大,会提升医院的行业知名度,进而得到更多的关注,吸引更多的患者。

4. 上市使得民营医院对员工更有吸引力

医院最宝贵的资源是专业的医疗人才,对比于公立医院,普通的民营医院短板巨大,难以吸引到足够数量的支撑医院发展的优质医生的加入。而在上市之后,品牌效应和福利待遇的提高,能够吸引到更多专业的医疗人才加入,促进医院的发展形成良性循环。

5. 增强民营医院的竞争优势

对于业绩优良、成长性好、讲诚信的公司,其股价会保持在较高的水平,不仅能够以较低的成本持续筹集大量资本,不断扩大经营规模,而且可以将股票作为工具进行并购重组,进一步培育和发展民营医院的竞争优势和竞争实力,增强民营医院的发展潜力和发展后劲,进入持续快速发展的通道。

二、上市的挑战

1. 信息披露使得民营医院透明运行

民营医院的公开上市,意味着其要在一个透明的环境下运营。民营医院需要及时披露大量有关信息,包括财务信息和数量众多的经营信息,无论是正面的,还是负面的。其中很可能会涉及不便公布的商业信息,一旦被竞争者知悉,将会对民营医院造成不利影响。另外,民营医院的上市也会引发对民营医院、民营医院业绩以及相关董事、监事、高管人员的进一步详细调查,民营医院需考虑能否适应高透明度的运营。

2. 股权稀释,减低控股权

股票意味着产权和控制权,它赋予投资者投票的权利,从而使投资者影响公司决策。民营医院一旦上市,其重大经营、管理决定,例如净利润保留、增资或兼

并,都需要股东在年度会议上通过。所以,上市后,执行董事会在做战略决策时也就不能只按自己的意愿,而是要首先获得大股东的许可。这意味着在上市后投资人对民营医院控制力有所减弱。

3. 被敌意收购的风险

公司的股票代表着控制权,而股票是自由买卖,这意味着民营医院被其他公司收购和接管的可能性大大增加。

4. 股价的不理性及异常波动可为民营医院运营带来负面影响

上市后,民营医院的经营状况会影响到民营医院股价的表现,反过来,民营医院股价的一些不正常波动也可能为其自身经营带来一些不必要的麻烦,甚至成为拖垮一个企业的导火索。

5. 上市的成本和费用负担

除了进行首次公开发行和入场交易的费用外,还有一次性的准备和改造成本及上市后成本(如处理好与投资者的关系),甚至有时还会发生诉讼,如果产生投资者赔偿,会带来高昂的成本。上市后,股票就成了一种产品,像其他有形产品一样,同样需要企业去维护。这两项工作将会占用企业资源。而企业在证券市场上的不当行为如果给投资者造成损失,会产生数量相当的诉讼成本和赔偿费用。

当然,不同的板块和模式存在各自的优势和劣势,民营医院在上市过程中应该结合自身发展的实际情况进行选择。

第四节 民营医院境内上市场所及板块分析

目前我国民营医院通过资本市场融资的主要方式有两种:第一,挂牌新三板交易;第二,A股上市交易。从医院数量统计来看,新三板是目前民营医院最主要的交易模式,A股市场也有少许,境外也有少部分。

一、新三板挂牌

新三板挂牌是指纳入试点的国家级高新区内注册的企业,在经过必要的规范、股权分置改革后,由具备资格的证券公司(主办券商)对其进行尽职调查、制作材料、内部审核,并经地方政府同意,在将申报材料报监管机构备案获准后,公司股份按规定通过深圳证券交易所股份有限公司报价系统进行股份转让。公司挂牌后,挂牌公司需要持续披露公司信息,挂牌公司可根据自身需求,通过主办券商进行私募融资。

截止至2016年5月16日的统计数据,新三板挂牌企业已达7 167家,作为资本市场改革的试验田,新三板最先采取了注册制和备案制的改革,作为中小企业融资的重要平台,具有准入门槛低、融资速度较快等特点,这也与民营医院的融资需求更为匹配,为后者的发展打开了资本市场的大门。

(一) 民营医院新三板挂牌的基本情况

截至2015年,成功登陆新三板的民营医院有35家,均系民营营利性医疗机构,且有较强专科背景。虽然目前挂牌新三板的民营医院的数量还相对较少,但不少民营医院挂牌后实现外部融资,对观望新三板挂牌的民营医院应在一定程度上形成正向鼓励。

(二) 挂牌基本条件

民营医院在新三板挂牌的基础条件,根据《全国中小企业股份转让系统业务规则(试行)》2.1规定,拟挂牌非公立医院应当改制为股份有限公司,且满足该条款的6项条件:

(1) 依法设立且存续满两年。有限责任公司按原账面净资产值折股整体变更为股份有限公司的,存续时间可以从有限责任公司成立之日起计算;

(2) 业务明确,具有持续经营能力;

(3) 公司治理机制健全,合法规范经营;

(4) 股权明晰,股票发行和转让行为合法合规;

(5) 主办券商推荐并持续督导;

(6) 全国股份转让系统公司要求的其他条件。

与挂牌一般条件相比,为实现在新三板的融资功能及流动性要求,符合券商做市要求并有券商做市对挂牌企业更加重要。券商在进行做市股票的选取时,往往会制定更为严格的标准,比如,某券商做市股票标的选取标准一般包括:

(1) 最近两年连续盈利且最近一年净利润不少于500万元;

(2) 最近一年营业收入不低于5 000万元;

(3) 最近一期净资产不小于2 000万元;

(4) 最近两年净利润增长率不低于30%,且预计未来三年营业收入平均增长率不低于30%;

(5) 挂牌公司所属行业符合"两高六新"(即"成长性高、科技含量高"和"新经济、新服务、新农业、新材料、新能源和新商业模式")的,可优先考虑;

(6) 信息科技、生物与新医药行业的拟做市标的,净利润和营业收入指标可适当放宽,但必须具备更加显著的成长性。

券商做市标准比挂牌标准要高出很多,其做市企业不仅要求有一定规模和盈利能力,更要呈现出良好的成长性,新三板挂牌企业中优中选优才可符合券商做市标准,而有做市券商的挂牌企业因符合该等做市条件而使其更加靠近主板上市要求,从而吸引更多投资关注、实现更好的融资氛围。

(三) 挂牌的基本程序

对于拟挂牌民营医院来说,其挂牌工作大致经历以下程序:

1. 尽职调查

企业聘请证券公司、会计师事务所、律师事务所等中介机构,签署协议。如若财务方面多存在不规范的情况,一般在所聘请的会计师事务所之外,另聘一家审计机构进行账务清理。如若非股份公司需进行改制,通过审计,确定基准日该公司账面资产情况,并以此确定改制后的公司股本。券商、律师进场进行尽职调查,了解公司情况,发现有没有影响公司改制、挂牌的问题,并提出解决问题的方案。根据有关法规和公司情况,律师草拟相关协议,并由公司股东签署,召开创立大会,办理工商登记,完成公司改制需要的法律程序。与改制过程同步,主办券商组成项目组,对公司进行全面、深入的尽职调查,并将尽职调查的过程以工作底稿形式记录,尽职调查的结果以尽职调查报告形式反映。根据尽职调查情况,项目组将草拟股份报价转让说明书,以供日后披露。

2. 内部审核

券商组织由专业人士组成的内部审核小组,对这些申报材料进行审核,提出修改意见,完善申报材料。内部审核的内容包括但不限于:项目小组是否已按尽职调查工作指引的要求对公司进行了尽职调查;公司拟披露的信息是否符合信息披露规则的要求;是否出具了同意推荐的意见。

3. 备案

券商向协会报送备案文件,证券业协会将对申报材料的完整性进行检查,对拟挂牌公司的合法合规性、可持续经营等进行审查。有问题的,需要主办券商解释、补充,没有问题的给予备案通过。获得备案函后,公司在深圳证券交易所办理股份简称、代码申请,并将股份登记到中国证券登记结算公司深圳分公司。之后,公司股东将以登记公司的登记为准。

4. 挂牌

公司在深圳证券交易所和证券业协会网站公布挂牌说明书后,举行挂牌仪式,公司股份开始转让。

5. 融资

挂牌公司和意向投资人直接或通过主办券商间接进行投资沟通,一旦双方认为条件合适、达成投资协议,通过主办券商完成相关备案手续,即可实现私募融资。据监管部门征询意见透露的信息,新三板扩容后在交易制度方面、活跃市场方面将有重大举措,包括:新三板投资者由机构扩大到自然人,降低买卖起点股数,引进做市商等。在我国以自然人投资者为主的市场环境下,这肯定会提高新三板的流动性,其投资和投机功能将会显现,这也将给新三板市场的早期参与者带来意想不到的机会。

二、A股上市

民营医院在经营效益良好、高速增长、市场发展前景广阔的情况下也可以寻求公开上市,根据自身条件和情况,可以选择在主板、中小板或者创业板进行上市。

(一) 基本情况

公开上市只适应于具有一定实力和规模的民营医院,公开上市融资对企业的要求十分严格,程序复杂,需要大量的信息披露,审批时间漫长,因此,公开上市只适应于具有一定实力和规模的民营医院。目前成功在A股上市的寥寥无几。

(二) A股上市基本条件

在上市的条件上,主板和中小板相对接近,创业板与前两者差距略大,主要集中在财务指标和盈利要求上。现以上市条件要求最严的主板为例,说明A股上市的条件要求。

1. 主体资格

A股发行主体应是依法设立且合法存续的股份有限公司;经国务院批准,有限责任公司在依法变更为股份有限公司时,可以公开发行股票。

2. 公司治理

有完善的公司治理结构,健全股东大会、董事会、监事会、独立董事、董事会秘书制度,发行人董事、监事和高级管理人员符合法律、行政法规和规章规定的任职资格。

3. 独立性

应具有完整的业务体系和直接面向市场独立经营的能力;资产应当完整;人员、财务、机构以及业务必须独立。

4. 同业竞争

与控股股东、实际控制人及其控制的其他企业间不得有同业竞争;募集资金投资项目实施后,也不会产生同业竞争。

5. 关联交易

与控股股东、实际控制人及其控制的其他企业间不得有显失公平的关联交易;应完整披露关联方关系并按重要性原则恰当披露关联交易,关联交易价格公允,不存在通过关联交易操纵利润的情形。

6. 财务要求

发行前3年的累计净利润超过3000万元;发行前3年累计净经营性现金流超过5000万元或累计营业收入超过3亿元;无形资产与净资产比例不超过20%;过去3年的财务报告中无虚假记载。

7. 股本及公众持股

发行前不少于3000万股;上市股份公司股本总额不低于人民币5000万元;公众持股至少为25%;如果发行时股份总数超过4亿股,发行比例可以降低,但不得低于10%;发行人的股权清晰,控股股东和受控股股东、实际控制人支配的股东持有的发行人股份不存在重大权属纠纷。

8. 其他要求

发行人最近3年内主营业务和董事、高级管理人员没有发生重大变化,实际控制人没有发生变更;发行人的注册资本已足额缴纳,发起人或者股东用作出资的资产的财产权转移手续已办理完毕,发行人的主要资产不存在重大权属纠纷;

发行人的生产经营符合法律、行政法规和公司章程的规定,符合国家产业政策的要求;最近 3 年内不得有重大违法行为。

(三) A 股上市的基本程序

在上市程序上,三者基本相同,根据《公司法》《中华人民共和国证券法》(以下简称《证券法》)、中国证监会和证券交易所颁布的规章规则等有关规定,企业公开发行股票并上市应当遵循以下程序:

1. 改制和设立

上市公司的主体只能是股份有限公司,而且有着比较严格的治理结构的要求,因此,不符合要求的公司想要上市,首先应拟定改制重组方案,聘请保荐机构(证券公司)和会计师事务所、资产评估机构、律师事务所等中介机构对改制重组方案进行可行性论证,对拟改制的资产进行审计、评估、签署发起人协议和起草公司章程等文件,设置公司内部组织机构,设立股份有限公司等。除法律、行政法规另有规定外,股份有限公司设立取消了省级人民政府审批这一环节。

2. 尽职调查与辅导

保荐机构和其他中介机构对公司进行尽职调查、问题诊断、专业培训和业务指导,拟上市公司要学习上市公司必备知识,完善组织结构和内部管理,规范企业行为,明确业务发展目标和募集资金投向,对照发行上市条件对存在的问题进行整改,准备首次公开发行申请文件,并需通过当地证监局对辅导情况的验收。

3. 申请文件的申报

企业和中介机构,按照中国证监会的要求制作申请文件,保荐机构进行内部审核并负责向中国证监会尽职推荐,符合申报条件的,中国证监会在 5 个工作日内受理申请文件。

4. 申请文件的审核

中国证监会正式受理申请文件后,对申请文件进行初审,同时征求发行人所在地省级人民政府和国家发改委意见(如果在创业板上市则无须经过征求发行人所在地省级人民政府和国家发改委意见的环节,只就发行人发行股票事宜与发行人注册地省级人民政府沟通情况即可),并向保荐机构反馈审核意见,保荐机构组织发行人和中介机构对反馈的审核意见进行回复或整改,回复审核意见后即进行申请文件预披露,最后提交发行审核委员会审核。

5. 路演、询价和定价

发行申请经发行审核委员会审核通过后,中国证监会进行核准。企业在发行前,将按规定履行信息披露义务,主板上市企业应在中国证监会指定报刊上刊登招股说明书摘要及发行公告信息,并将招股说明书等有关文件全文一并刊登于证监会指定的网站上;创业板上市企业应在中国证监会指定网站和公司网站上全文披露招股说明书及发行公告等有关文件,并同时在证监会指定报刊上作首次公开发行股票并在创业板上市的提示性公告,告知投资者网上刊登的地址及获取文件的途径。主承销商(证券公司)与发行人组织路演,向投资者推介和询价,并根据询价结果协商确定发行价格。

6. 发行与上市

根据中国证监会规定的发行方式公开发行股票,向证券交易所提交上市申请,在登记结算公司办理股份的托管和登记,挂牌上市,上市后由保荐机构按规定持续督导。

第五节 民营医院上市模式分析

目前,医院产业中民营医院上市融资的方式主要有两种,一种是上市公司投资入股医院、设立医院;另一个是医院独立上市。随着国家逐步放开医院产业的市场准入,目前已有20多家上市公司涉足医院产业。2014年以来,在各类药品、医疗器械招标降价的大背景下,不少上市公司为打造新的盈利点,纷纷涉足民营医院,进而拉动药品或医疗器械的销量。一些传统的医药企业也投资医院产业,拓宽企业产品链。

一、直接上市

直接上市是指企业以自己的名义向投资人发行股票进行融资,且该股票在公开的证券交易所流通转让,即先注册成立一家股份有限公司,然后经过证监会批准后,在拟上市地公开发行普通股。直接上市往往能够最大程度地募集到资金,主要方式为首次公开发行股票并上市(IPO)。

目前,独立上市的民营医院主要有凤凰医疗(01515.HK)、通策医疗

(600763.SH，ST 中燕重组整合而来)和爱尔眼科(300015.SZ)等。

二、间接上市

间接上市是指企业借助其他企业，以非本企业身份的过渡形式达到上市目的。其优点是成本较低、时间较短、对企业的经营业绩不受限制；缺点是风险大、操作技术性极强、受国家宏观政策影响较大。一般情况下，间接上市适宜于高速成长的企业，主要方式包括买壳上市、借壳上市等。

1. 买壳上市

亦称后门上市或反向收购，是指非上市公司购买一家上市公司一定比例的股权来取得上市的地位，然后注入自己的有关业务及资产，实现间接上市的目的。一般而言，买壳上市是民营企业的较佳选择，因为其受所有制因素困扰，往往无法直接上市。

2. 借壳上市

是指一家私人公司通过把资产注入一家市值较低的已上市公司，得到该公司一定程度的控股权，利用其上市公司地位，使母公司的资产得以上市。通常该壳公司会被改名。

目前 A 股市场上的涉及医院的上市公司有开元投资(000516.SZ)、金陵药业(000919.SZ)、益佰制药(600594.SH)、诚志股份(000990.SZ)、康美药业(600518.SH)、复星医药(2196.HK)、马应龙(600993.SH)等。

三、其他方式

主要指以发行存托凭证形式进行上市融资，其中，最主要的一种是美国存托凭证(ADR)。

第六节　民营医院上市的地域分析

民营医院要根据自身的实际情况和市场定位来选择上市地点，只有对不同金融市场和市场投资者进行深入的评估，才有可能以相对少的资源投入获得相对大的市场收益。

一、境内上市

在我国,企业在境内上市的主要途径包括:

1. 主板市场

主板市场是相对于创业板而言的,是传统意义上的证券市场,又称为一板市场,在国内,主板市场有上海证券交易所和深圳证券交易所。在主板上市的企业多为市场占有率高、规模较大、基础较好、高收益、低风险的大型优秀企业。

2. 中小企业板市场

中小企业板于2004年5月27日在深圳证券交易所启动,是主板的一个板块,其较之于创业板门槛较高,主要服务于即将或已进入成熟期、盈利能力强、但规模较主板小的中小企业。

3. 创业板市场

创业板市场是地位仅次于主板市场的二板证券市场,在我国特指深圳创业板,于2009年10月23日在深圳证券交易所设立。创业板在上市门槛、监管制度、信息披露、交易者条件、风险投资等方面和主板市场有较大区别。其目的主要是扶持中小企业,尤其是高成长性企业,为风险投资和创投企业建立正常的退出机制,为自主创新国家战略提供融资平台。

4. 新三板市场

也称全国中小企业股份代办转让系统,其主要定位是为非上市的高新技术公众公司提供高效、便捷股权转让和投、融资平台。同时,新三板也是企业为进行主板上市的缓冲平台。从目前情况来看,挂牌新三板是民营医院通过资本市场融资最主要的选择。

二、境外上市

民营医院可以选择的上市方式有A股主板上市、B股主板上市、中小企业和创业板上市、借壳上市或者是门槛较低的纳斯达克海外上市。

企业也可以选择到境外上市,根据现实情况,我国企业到境外上市的途径主要如下:

1. 中国香港特别行政区上市

相较于内地,中国香港特别行政区证券市场较国际化,有较多机构投资者,海外投资者的成交额更占总成交额逾40%,不过在提高公司的知名度、影响力和声誉方面逊于在美国上市。

例如,华润凤凰医疗控股有限公司,由华润医疗集团和凤凰医疗集团重组而成,创建于1988年,在香港交易所主板上市,是中国最大的民营医疗产业集团。

2. 美国上市

美国资本市场是企业海外融资比较好的选择,原因有:美国资本市场市值占全球资本市场总市值约一半,市场容量大、流动性强、资源有效配置;中国公司能够在美国上市,也是对其行业成就和雄厚实力的有力证明。

3. 新加坡上市

中国民营医院境外上市,就比较优势而言,新加坡上市亦不失为一个好的选择。其一,新加坡与中国的文化背景有相同之处,易于沟通;其二,与香港股市相比,新加坡的市盈率更高;其三,新加坡实行新的上市准则,对利润指标没有硬性规定,鼓励更多的高科技企业去新加坡上市筹资;其四,新加坡是中国企业海外上市费用相对较低的一个地方。

4. 其他

除了中国香港特别行政区、美国、新加坡外,我国企业境外上市的选择还有很多,譬如东京证交所、韩国证交所、德国证交所、英国AIM市场等。

三、境内和境外上市各自的优势

当然,任何事物都有其两面性,境内上市和境外上市也各具自身的优势。

(一) 境内上市的优势

其一,股票发行价格往往较高,上市成本相对较低,再融资手续简便。

其二,境内企业的经营主营业务主体一般也在国内,境内上市能获得更好的品牌效应和激励效应。

其三,企业在境内上市,也更熟悉本地的文化制度,后续管理方便。

其四,在境内上市前后,更容易获得国家及地方政府的支持。

(二) 境外上市的优势

其一,境外上市的上市周期短,融资速度快,有些境外资本市场的发行制度实行交易所注册制,成功率更高。

其二,企业在海外交易所上市往往能赢得较高声誉,并加入到国内或国际知名公司的行列。同时,海外上市也可以带来丰富的国际合作资源,吸引高质量的投资者来提高企业本身的信誉度。

其三,市场约束机制有助于企业成长,海外资本市场对企业尤其是创新型企业有良好的培育机制,通过海外上市,企业受到更成熟的国际机构投资者和更规范的市场机制的监督,对企业自身治理结构和管理水平的提高有很大的促进作用。

第七节 上市法律服务的实务操作建议

不管是新三板挂牌上市还是主板上市,民营医院上市均离不开法律服务。律师在为民营医院上市提供法律服务中,主要发挥了两大角色作用:审查上市法律意见书、积极推动上市流程。

一、上市法律意见书审查

(一) 一般审查要件

进入全国中小企业股份转让系统挂牌并公开转让的审查:

(1) 公司本次申请挂牌的批准和授权;

(2) 公司本次申请挂牌的主体资格;

(3) 公司本次申请挂牌的实质条件;

(4) 公司的设立;

(5) 公司的独立性;

(6) 公司发起人、股东和实际控制人;

(7) 公司的股本及其演变;

(8) 公司的业务;

(9) 公司关联方、关联交易及同业竞争;

(10) 公司的主要财产;

(11) 公司的重大债权债务;

(12) 公司重大资产变化及收购兼并;

(13) 公司章程的制定与修改;

(14) 公司股东大会、董事会、监事会议事规则及规范运作;

(15) 公司董事、监事和高级管理人员及其变化;

(16) 公司的税务;

(17) 公司的环境保护和产品质量、技术等标准、劳动和社保情况;

(18) 公司的重大诉讼、仲裁或行政处罚;

(19) 推荐机构;

(20) 结论性意见。

(二) 特殊审查要件

(1) 医疗资产与开展业务的匹配程度;

(2) 业务范围;

(3) 人员资格(医师证、外国医师执业许可证等);

(4) 加入医保体系或与医保体系的衔接问题;

(5) 场地租用的可持续性问题:房产能否租赁,产权是否清晰,租赁合同是否有效、可持续性,有无搬迁风险,等等;

(6) 关联企业关系:披露该关联企业与公司是否存在业务往来或潜在同业竞争,以及关联企业的实际控制人情况;

(7) 有无重大违法行为及诉讼情况等。

二、上市的积极推动者

在民营医院上市的过程中,律师作为积极推动者,主要提供以下法律服务:

(1) 积极化解上市过程中的障碍;

(2) 关联关系处理;

(3) 风险防范;

(4) 设计法律产品,提供法律服务并推动民营医院上市法制建设。

附：民营医院股份公司上市流程的五大阶段梳理

民营医院股份公司上市流程的五大阶段	股份公司的设立	设立条件	根据《公司法》第78条的规定，股份有限公司的设立可以采取发起设立或者募集设立两种方式。 发起设立是指由发起人认购公司发行的全部股份而设立公司。在发起设立股份有限公司的方式中，发起人必须认足公司发行的全部股份，社会公众不参加股份认购。 募集设立是指由发起人认购公司应发行股份的一部分，其余股份向社会公开募集或者向特定对象募集而设立公司。2005年10月27日修订实施的《公司法》将募集设立分为向特定对象募集设立和公开募集设立。 **1. 发起人符合法定人数。**根据《公司法》第78条的规定，设立股份有限公司，应有2人以上200人以下为发起人，其中必须有半数以上的发起人在中国境内有住所。 **2. 发起人认购和募集的股本达到法定资本最低限额。**股份有限公司注册资本的最低限额为人民币500万元。法律、行政法规对股份有限公司注册资本的最低限额有较高规定的，从其规定。股份有限公司采取发起设立方式设立的，注册资本为在公司登记机关登记的全体发起人认购的股本总额。公司全体发起人的首次出资额不得低于注册资本的20%，其余部分由发起人自公司成立之日起2年内缴足。在缴足前，不得向他人募集股份。发起人、认股人缴纳股款或者交付抵作股款的出资后，除未按期募足股份、发起人未按期召开创立大会或者创立大会决议不设立公司的情形外，不得抽回资本。 **3. 股份发行、筹办事项符合法律规定。**发起人必须依照规定申报文件，承担公司筹办事务。 **4. 发起人制定公司章程。**公司章程是公司最重要的法律文件，发起人应当根据《公司法》《上市公司章程指引》或《到境外上市公司章程必备条款》及相关规定的要求，起草、制定章程草案。采用募集方式设立的股份公司，章程草案须提交创立大会表决通过。发起人向社会公开募集股份的，须向中国证监会报送公司章程草案。 **5. 有公司名称，建立符合股份有限公司要求的组织机构。**拟设立的股份有限公司应当依照工商登记管理规定的要求确定公司名称。公司名称应当由行政区划、字号、行业、组织形式依次组成，法律、法规另有规定的除外。公司只能使用一个名称。经公司登记机关核准登记的公司名称受法律保护。股份有限公司应当建立股东大会、董事会、经理和监事会等公司的组织机构。 **6. 有公司住所。**公司以其主要办事机构所在地为住所。公司住所是确定公司登记注册级别管辖、诉讼文书送达、债务履行地点、法院管辖及法律适用等法律事项的依据。经公司登记机关登记的公司住所只能有一个，公司的住所应当在其公司登记机关辖区内。公司住所变更的，须到公司登记机关办理变更登记。

(续表)

民营医院股份公司上市流程的五大阶段	股份公司的设立 / 设立方式和程序	**1. 新设设立。** 即2个以上发起人出资新设立一家股份公司。 (1) 发起人制订股份公司设立方案； (2) 签署发起人协议并拟订公司章程草案； (3) 取得国务院授权的部门或省级人民政府对设立公司的批准； (4) 发起人认购股份和缴纳股款； (5) 聘请具有证券从业资格的会计师事务所验资； (6) 召开创立大会并建立公司组织机构； (7) 向公司登记机关申请设立登记。 **2. 改制设立。** 即企业将原有的全部或部分资产经评估或确认后作为原投资者出资而设立股份公司。 (1) 拟订改制设立方案； (2) 聘请具有证券业务资格的有关中介机构进行审计和国有资产评估； (3) 签署发起人协议并拟订公司章程草案； (4) 拟订国有土地处置方案并取得土地管理部门的批复； (5) 拟订国有股权管理方案并取得财政部门的批复； (6) 取得国务院授权的部门或省级人民政府对设立公司的批准； (7) 发起人认购股份和缴纳股款，办理财产转移手续； (8) 聘请具有证券业务资格的会计师事务所验资； (9) 召开公司创立大会并建立公司组织机构； (10) 向公司登记机关申请设立登记。 **3. 有限责任公司整体变更。** 即先改制设立有限责任公司或新设一家有限责任公司，然后再将有限责任公司整体变更为股份公司。 (1) 向国务院授权部门或省级人民政府提出变更申请并获得批准； (2) 聘请具有证券业务资格的会计师事务所审计； (3) 原有限责任公司的股东作为拟设立的股份公司的发起人，将经审计的净资产按1:1的比例投入到拟设立的股份公司； (4) 聘请具有证券业务资格的会计师事务所验资； (5) 拟订公司章程草案； (6) 召开创立大会并建立公司组织机构； (7) 向公司登记机关申请变更登记。
	上市前辅导 / 辅导程序	在取得营业执照之后，股份公司依法成立，按照中国证监会的有关规定，拟公开发行股票的股份有限公司在向中国证监会提出股票发行申请前，均须由具有主承销资格的证券公司进行辅导，辅导期限一年。 (1) 聘请辅导机构：辅导机构应是具有保荐资格的证券经营机构以及其他经有关部门认定的机构； (2) 与辅导机构签署辅导协议，并到股份公司所在地的证监局办理辅导备案登记手续； (3) 正式开始辅导：辅导机构每3个月向当地证监局报送1次辅导工作备案报告； (4) 辅导机构针对股份公司存在的问题提出整改建议，督促股份公司完成整改； (5) 辅导机构对接受辅导的人员进行至少1次的书面考试； (6) 向当地证监局提交辅导评估申请； (7) 证监局验收，出具辅导监管报告； (8) 股份公司向社会公告准备发行股票的事宜：股份公司应在辅导期满6个月之后10天内，就接受辅导、准备发行股票的事宜在当地至少2种主要报纸连续公告2次以上。

(续表)

民营医院股份公司上市流程的五大阶段	上市前辅导 / 辅导内容	(1) 督促股份公司董事、监事、高级管理人员、持有5%以上(含5%)股份的股东(或其法定代表人)进行全面的法规知识学习或培训； (2) 督促股份公司按照有关规定初步建立符合现代企业制度要求的公司治理基础； (3) 核查股份公司在设立、改制重组、股权设置和转让、增资扩股、资产评估、资本验证等方面是否合法、有效,产权关系是否明晰,股权结构是否符合有关规定； (4) 督促股份公司实现独立运营,做到业务、资产、人员、财务、机构独立完整,主营业务突出,形成核心竞争力； (5) 督促股份公司规范与控股股东及其他关联方的关系； (6) 督促股份公司建立和完善规范的内部决策和控制制度,形成有效的财务、投资以及内部约束和激励制度； (7) 督促股份公司建立健全公司财务会计管理体系,杜绝会计造假； (8) 督促股份公司形成明确的业务发展目标和未来发展计划,制定可行的募股资金投向及其他投资项目的规划； (9) 对股份公司是否达到发行上市条件进行综合评估,协助开展首次公开发行股票的准备工作。
	准备工作	(1) 聘请律师和具有证券业务资格的注册会计师分别着手开展核查验证和审计工作； (2) 和保荐机构共同制订初步发行方案,明确股票发行规模、发行价格、发行方式、募集资金投资项目及滚存利润的分配方式,并形成相关文件以供股东大会审议； (3) 对募集资金投资项目的可行性进行评估,并出具募集资金可行性研究报告,需要相关部门批准的募集资金投资项目,取得有关部门的批文； (4) 对于需要环保部门出具环保证明的设备、生产线等,应组织专门人员向环保部门申请环保测试,并获得环保部门出具的相关证明文件； (5) 整理公司最近3年的所得税纳税申报表,并向税务部门申请出具公司最近3年是否存在税收违规的证明。
	筹备和发行申报 / 申报股票发行所需主要文件	(1) 招股说明书及招股说明书摘要； (2) 最近3年审计报告及财务报告全文； (3) 股票发行方案与发行公告； (4) 保荐机构向证监会推荐公司发行股票的函； (5) 保荐机构关于公司申请文件的核查意见； (6) 辅导机构报证监局备案的《股票发行上市辅导汇总报告》； (7) 律师出具的法律意见书和律师工作报告； (8) 企业申请发行股票的报告； (9) 企业发行股票授权董事会处理有关事宜的股东大会决议； (10) 本次募集资金运用方案及股东大会的决议； (11) 有权部门对固定资产投资项目建议书的批准文件(如需要立项批文)； (12) 募集资金运用项目的可行性研究报告； (13) 股份公司设立的相关文件； (14) 其他相关文件:主要包括关于改制和重组方案的说明、关于近3年及最近的主要决策有效性的相关文件、同业竞争情况的说明、重大关联交易的说明、业务及募股投向符合环境保护要求的说明、原始财务报告与申报财务报告的差异比较表及注册会计对差异情况出具的意见、历次资产评估报告、历次验资报告、关于纳税情况的说明及注册会计师出具的鉴证意见等、大股东或控股股东最近一年的原始财务报告。

(续表)

民营医院股份公司上市流程的五大阶段	筹备和发行申报	核准程序	**1. 在主板上市公司首次公开发行股票的核准程序。**
			(1) 申报。发行人应当按照中国证监会的有关规定制作申请文件,由保荐人保荐并向中国证监会申报。特定行业的发行人应当提供管理部门的相关意见。
			(2) 受理。中国证监会收到申请文件后,在5个工作日内作出是否受理的决定。
			(3) 初审。中国证监会受理申请文件后,由相关职能部门对发行人的申请文件进行初审。中国证监会在初审过程中,将征求发行人注册地省级人民政府是否同意发行人发行股票的意见,并就发行人的募集资金投资项目是否符合国家产业政策和投资管理的规定征求国家发改委的意见。
			(4) 预披露。根据《证券法》第21条的规定,发行人申请首次公开发行股票的,在提交申请文件后,应当按照国务院证券监督管理机构的规定预先披露有关申请文件。因此,发行人申请文件受理后、中国证监会发行审核委员会(以下简称"发审委")审核前,发行人应当将招股说明书(申报稿)在中国证监会网站预先披露。发行人可以将招股说明书(申报稿)刊登于其企业网站,但披露内容应当与中国证监会网站的完全一致,且不得早于在中国证监会网站的披露时间。
			(5) 发审委审核。相关职能部门对发行人的申请文件初审完成后,由发审委组织发审委会议进行审核。
			(6) 决定。中国证监会依照法定条件对发行人的发行申请作出予以核准或者不予核准的决定,并出具相关文件。自中国证监会核准发行之日起,发行人应在6个月内发行股票;超过6个月未发行的,核准文件失效,须重新经中国证监会核准后方可发行。此外,发行申请核准后、股票发行结束前,发行人发生重大事项的,应当暂缓或者暂停发行,并及时报告中国证监会,同时履行信息披露义务。影响发行条件的,应当重新履行核准程序。股票发行申请未获核准的,自中国证监会作出不予核准决定之日起6个月后,发行人可再次提出股票发行申请。
			2. 在创业板上市公司首次公开发行股票的核准程序。
			  发行人董事会应当依法就首次公开发行股票并在创业板上市的具体方案、募集资金使用的可行性及其他必须明确的事项作出决议,并提请股东大会批准;决议至少应当包括下列事项:股票的种类和数量、发行对象、价格区间或者定价方式、募集资金用途、发行前滚存利润的分配方案、决议的有效期、对董事会办理本次发行具体事宜的授权、其他必须明确的事项。
			  发行人应当按照中国证监会有关规定制作申请文件,由保荐人保荐并向中国证监会申报。保荐人保荐发行人发行股票并在创业板上市,应当对发行人的成长性进行尽职调查和审慎判断并出具专项意见。发行人为自主创新企业的,还应当在专项意见中说明发行人的自主创新能力。
			  中国证监会收到申请文件后,在5个工作日内作出是否受理的决定。中国证监会受理申请文件后,由相关职能部门对发行人的申请文件进行初审,并由创业板发行审核委员会审核。中国证监会依法对发行人的发行申请作出予以核准或者不予核准的决定,并出具相关文件。
			  发行人应当自中国证监会核准之日起6个月内发行股票;超过6个月未发行的,核准文件失效,须重新经中国证监会核准后方可发行。发行申请核准后至股票发行结束前发生重大事项的,发行人应当暂缓或者暂停发行,并及时报告中国证监会,同时履行信息披露义务。出现不符合发行条件事项的,中国证监会撤回核准决定。
			  股票发行申请未获核准的,发行人可自中国证监会作出不予核准决定之日起6个月后再次提出股票发行申请。

(续表)

民营医院股份公司上市流程的五大阶段	询价	首次公开发行股票,应当通过向特定机构投资者(以下简称"询价对象")以询价的方式确定股票发行价格。发行人及其主承销商应当在刊登首次公开发行股票招股意向书和发行公告后向询价对象进行推介和询价,并通过互联网向公众投资者进行推介。询价分为初步询价和累计投标询价。发行人及其主承销商应当通过初步询价确定发行价格区间,在发行价格区间内通过累计投标询价确定发行价格。 　　首次发行的股票在中小企业板上市的,发行人及其主承销商可以根据初步询价结果确定发行价格,不再进行累计投标询价。询价结束后,公开发行股票数量在4亿股以下、提供有效报价的询价对象不足20家的,或者公开发行股票数量在4亿股以上、提供有效报价的询价对象不足50家的,发行人及其主承销商不得确定发行价格,并应当中止发行。
	促销和发行	在发行准备工作已经基本完成,并且发行审查已经原则通过(有时可能是取得附加条件通过的承诺)的情况下,主承销商(或全球协调人)将安排承销前的国际推介与询价,此阶段的工作对于发行、承销成功具有重要的意义。这一阶段的工作主要包括以下几个环节:
	路演推介	**1. 预路演** 　　预路演是指由主承销商的销售人员和分析员去拜访一些特定的投资者,通常为大型的专业机构投资者,对他们进行广泛的市场调查,听取投资者对于发行价格的意见及看法,了解市场的整体需求,并据此确定一个价格区间的过程。为了保证预路演的效果,必须从地域、行业等多方面考虑抽样的多样性,否则询价结论就会比较主观,不能准确地反映出市场供求关系。 **2. 路演推介** 　　路演是在主承销商的安排和协助下,主要由发行人面对投资者公开进行的、旨在让投资者通过与发行人面对面的接触更好地了解发行人,进而决定是否进行认购的过程。通常在路演结束后,发行人和主承销商便可大致判断市场的需求情况。 **3. 簿记定价** 　　簿记定价主要是统计投资者在不同价格区间的订单需求量,以把握投资者需求对价格的敏感性,从而为主承销商(或全球协调人)的市场研究人员对定价区间、承销结果、上市后的基本表现等进行研究和分析提供依据。 　　以上环节完成后,主承销商(或全球协调人)将与发行人签署承销协议,并由承销团成员签署承销团协议,准备公开募股文件的披露。

(续表)

民营医院股份公司上市流程的五大阶段	上市	**1. 拟定股票代码与股票简称** 　　股票发行申请文件通过发审会后，发行人即可提出股票代码与股票简称的申请，报深圳证券交易所核定。 **2. 上市申请** 　　发行人股票发行完毕后，应及时向深圳证券交易所上市委员会提出上市申请，并需提交下列文件： 　　(1) 上市申请书；(2) 中国证监会核准其股票首次公开发行的文件；(3) 有关本次发行上市事宜的董事会和股东大会决议；(4) 营业执照复印件；(5) 公司章程；(6) 经具有执行证券、期货相关业务资格的会计师事务所审计的发行人最近3年的财务会计报告；(7) 首次公开发行结束后，发行人全部股票已经中国证券登记结算有限责任公司托管的证明文件；(8) 首次公开发行结束后，具有执行证券、期货相关业务资格的会计师事务所出具的验资报告；(9) 关于董事、监事和高级管理人员持有本公司股份的情况说明和《董事(监事、高级管理人员)声明及承诺书》；(10) 发行人拟聘任或者已聘任的董事会秘书的有关资料；(11) 首次公开发行后至上市前，按规定新增的财务资料和有关重大事项的说明(如适用)；(12) 首次公开发行前已发行股份持有人，自发行人股票上市之日起1年内持股锁定证明；(13) 相关方关于限售的承诺函；(14) 最近一次的招股说明书和经中国证监会审核的全套发行申报材料；(15) 按照有关规定编制的上市公告书；(16) 保荐协议和保荐人出具的上市保荐书；(17) 律师事务所出具的法律意见书；(18) 交易所要求的其他文件。 **3. 审查批准** 　　证券交易所在收到发行人提交的全部上市申请文件后7个交易日内，作出是否同意上市的决定并通知发行人。 **4. 签订上市协议书** 　　发行人在收到上市通知后，应当与深圳证券交易所签订上市协议书，以明确相互间的权利和义务。 **5. 披露上市公告书** 　　发行人在股票挂牌前3个工作日内，将上市公告书刊登在中国证监会指定报纸上。 **6. 股票挂牌交易** 　　申请上市的股票将根据深圳证券交易所安排和上市公告书披露的上市日期挂牌交易。一般要求股票发行后7个交易日内挂牌上市。 **7. 后市支持** 　　需要券商等投资机构提供企业融资咨询服务、行业研究与报道服务、投资者关系沟通等。

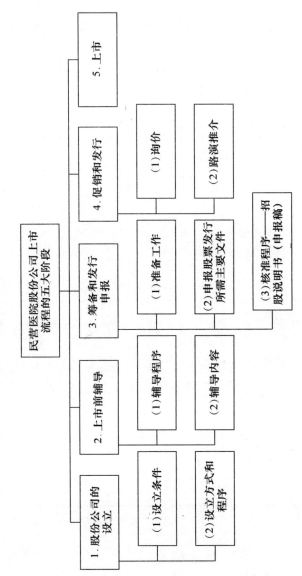

民营医院股份公司上市流程示意图

结语

上市对于民营医院来讲,具有重要意义,既解决了民营医院快速发展的融资问题,又对民营医院的管理体制进行了规范,对于民营医院基业长青起到重要的推动和保障作用。专业律师在此过程中,更应当力推自己的客户,在符合条件的情况下向上市方向努力。同时,律师在为客户上市过程提供法律服务时,一定要严格遵循《证券法》《律师事务所证券法律业务执业规则(试行)》等各种法律规范性文件的要求,尽到审慎的注意义务,不能出现重大遗漏,更不能出具任何的虚假文件,避免因为未勤勉尽责,而受到证监会的行政处罚甚至刑事处罚。

第 6 章

医疗机构的风险防控[①]

长期以来,一谈起医疗纠纷的法律事务,大家印象中就是处理医疗纠纷,以至于很多医疗机构在聘请法律顾问时,也往往只是将律师的工作局限在医疗纠纷的处理上。而实际上,从法律风险的角度来讲,医疗纠纷只是医疗机构法律风险的一部分,而不是全部;从法律风险管理的角度来讲,医疗纠纷的处理,只是法律风险发生的事后救济的一种手段。医疗机构更应当树立工作全流程法律风险防范的概念,这样才能更好地降低法律风险。

[①] 本章撰稿人:孟庆荣、朱丽华。
孟庆荣,北京陈志华律师事务所律师,北京市律协医药委副主任,E-mail:lawyer03550@sina.com。
朱丽华,北京市盈科律师事务所律师,北京市律协医药委委员,E-mail:bjylls@163.com。

第一节 医疗机构法律风险的概念

一、医疗机构法律风险的概念

医疗机构法律风险是指医疗机构工作中,基于法律、法规规定,由于医疗机构和医务人员作为及不作为,而对医疗机构造成负面法律后果的可能性。构成医疗机构法律风险的三个基本要素为:首先,风险存在的前提条件是法律、法规的规定;其次,引发风险的直接原因是医疗机构和医务人员的某种行为;最后,风险发生后会给医疗机构和医务人员带来不利的法律后果或责任。

二、医疗机构法律风险管理的法律依据

《医疗事故处理条例》第5条规定,医疗机构及其医务人员在医疗活动中,必须严格遵守医疗卫生管理法律、行政法规、部门规章和诊疗护理规范、常规,恪守医疗服务职业道德。(1)医疗卫生法律,指由全国人民代表大会及其常务委员会依照法定程序制定和颁布的法律文件,目前全国人大常委会通过的法律有《执业医师法》《药品管理法》等。(2)行政法规,指由国务院制定颁布的规范性文件,如《医疗机构管理条例》《血液制品管理条例》等。(3)部门规章,指由卫生行政管理部门制定颁布或卫生行政管理部门与有关部、委、办、局联合制定发布的具有法律效力的规范性文件,这些文件在全国范围内有效,效力低于法律、行政法规,如《医疗机构管理条例实施细则》《全国医院工作条例》等。(4)诊疗护理规范、常规,指卫生行政部门以及全国性行业协(学)会针对本行业的特点,制定的各种标准、规程、规范、制度的总称。(5)医疗机构和医务人员还必须恪守职业道德。1997年1月25日,《中共中央、国务院关于卫生改革与发展的决定》中也提出了医务人员应树立"救死扶伤、忠于职守、爱岗敬业、满腔热忱、开拓进取、精益求精、乐于奉献、文明行医"的行业风尚。

由此,我国已经建立了一个相对完整的医药卫生管理法律体系,包括法律、行政法规、部门规章等。由于医院管理中涉及的法律问题和法律规定很多,本节不可能穷尽,只能将常用的一些法律规范性文件略作介绍。

(一) 医疗机构

对医疗机构的设置审批、类别、领导体制、监督管理有关的法律法规包括《全国医院工作条例》(1982年)、《医院工作制度》(1982年)、《医疗机构管理条例》(1994年颁布,2017年修订)、《医疗机构管理条例实施细则》(1994年)、《中华人民共和国中医药条例》(2003年)、《中医医院管理评价指南》(2008年)等。

(二) 医务人员

对医务人员的执业注册、执业规则、培训考核、法律责任以及病历书写进行规范的法律法规包括《乡村医生从业管理条例》(2004年)、《医师外出会诊管理暂行规定》(2005年)、《护士执业注册管理办法》(2008年)、《执业医师法》(2009年修正)、《外国医师来华短期行医暂行管理办法》(2016年修正)、《病历书写基本规范》(2010年)等。

(三) 医疗技术管理

对医疗技术进行规范的包括《临床输血技术规范》(2000年)、《人类辅助生殖技术管理办法》(2001年)、《人类精子库管理办法》(2001年)、《医疗美容服务管理办法》(2016修正)、《人工耳蜗临床技术操作规范》(2006年)、《人体器官移植技术临床应用管理暂行规定》(2006年)、卫生部《关于印发肝脏、肾脏、心脏、肺脏移植技术管理规范的通知》(2006年)等。

(四) 传染病与医院感染管理

关于防治传染病及防止医院感染的有关规定,包括《消毒管理办法》(2016年修正)、《中华人民共和国传染病防治法》(2013年修正)等。

(五) 医疗事故处理

与医疗事故的预防、发生医疗事故后的处理、行政处罚、赔偿等有关的法律规定包括《医疗事故处理条例》(2002年)、《医疗事故技术鉴定暂行办法》(2002年)、《医疗机构病历管理规定》(2013年)、《医疗事故分级标准(试行)》(2002年)等。

第二节 医疗机构法律风险种类

促使或引起法律风险事件发生的条件为法律风险因子,根据法律风险因子的形成原因,可以将医疗机构工作中常见的法律风险分为两大类:医疗纠纷法律风险和非医疗纠纷法律风险。其中,医疗纠纷法律风险包括医疗执业法律风险、医疗技术法律风险、医疗产品法律风险、人身财产安全法律风险等;非医疗纠纷法律风险包括制度管理法律风险、资产管理法律风险、合同管理法律风险、医疗投融资法律风险、移动医疗法律风险、人员管理法律风险、廉洁自律法律风险等。

一、医疗纠纷法律风险

(一) 医疗执业法律风险

医疗机构的主要工作是医疗执业,而医疗执业能够平稳、持续地开展必须依附相应的执业资质。根据《医疗质量管理办法》第 16 条规定,医疗机构应当按照核准登记的诊疗科目执业。卫生技术人员开展诊疗活动应当依法取得执业资质,医疗机构人力资源配备应当满足临床工作需要。此处的"资质"就是法律风险因子之一。医疗执业法律风险防范要遵循两个制度:一是医疗机构执业许可制度;二是医务人员执业许可制度。

1. 医疗机构执业许可制度

根据《医疗机构管理条例》第 24 条的规定,任何单位或者个人,未取得《医疗机构执业许可证》,不得开展诊疗活动。可以看出,我国对各类医疗机构实行许可制度。因此,"无照行医""超执业范围行医"等就成了隐藏的法律风险因子。而违反本条规定,医疗机构要承担相应的行政责任、民事责任。

(1) "无照行医"的法律风险

任何单位或者个人,未取得《医疗机构执业许可证》,不得开展诊疗活动。根据《医疗机构管理条例实施细则》第 88 条的规定,诊疗活动是指通过各种检查,使用药物、器械及手术等方法,对疾病作出判断和消除疾病、缓解病情、减轻痛苦、改善功能、延长生命、帮助患者恢复健康的活动。

案例

2013 年 8 月 20 日,青岛市卫生局依法查处了青岛某不孕不育研究院。经查,该院未取得《医疗机构执业许可证》却以"医学研究机构"名义开展诊疗活动,卫生局对其给予了罚款处罚,同时责令立即停止违法行为,不得使用研究机构名义对外开展诊疗活动。①

(2)"超执业范围行医"的法律风险

医疗机构开展诊疗活动需与核准登记的诊疗科目一致,不得擅自扩大业务范围,如需变更诊疗科目,应按照法律规定,办理变更登记手续。根据《中华人民共和国母婴保健法》(以下简称《母婴保健法》)第32条的规定,医疗保健机构依照本法规定开展婚前医学检查、遗传病诊断、产前诊断以及施行结扎手术和终止妊娠手术的,必须符合国务院卫生行政部门规定的条件和技术标准,并经县级以上地方人民政府卫生行政部门许可。《母婴保健专项技术服务许可及人员资格管理办法》(1995年)第2条规定,凡开展《母婴保健法》规定的婚前医学检查、遗传病诊断、产前诊断、施行结扎手术和终止妊娠手术技术服务的医疗保健机构,必须符合本办法规定的条件,经卫生行政部门审查批准,取得《母婴保健技术服务执业许可证》。

案例1

原告孔某因怀孕被检查为死胎后,到被告服务站进行引产手术。被告未取得《母婴保健技术服务执业许可证》,即对患者实施引产,超出了执业范围,且引产手术不规范,导致原告术后大出血、子宫被切除。经某省医学会鉴定,认为被告过失行为与患者子宫切除有因果关系,本案构成三级丙等医疗事故,被告负主要责任。②

案例2

2010年7月15日,某市卫生局执法人员检查时发现,某中医诊所内设有手术室,内有无影灯、手术床、手术器械等。诊桌上放有四份病历,分别为马某右股骨置换术、夏某剖宫产术、张某子宫全切术、张某剖宫产术。对术者调查,进行签名笔迹核对,发现有2名术者是市医院妇产科副主任医师。现场检查《医疗机构执业许可证》,该诊所许可的诊疗科目为中医内科。卫生局认定该诊所违反《医

---

① 参见王娉:《冒充"医学研究机构"非法行医,两家"假医院"被查处》,载《青岛日报》2013年8月20日。

② 参见《济源市第二人民医院医疗损害赔偿纠纷一案》,载法律图书馆网(http://www.law-lib.com/cpws/cpws_view.asp?id=200401504012),访问日期:2018年1月22日。

疗机构管理条例》第 27 条规定,超过核准的诊疗项目进行诊疗活动;违反《母婴保健法》和《母婴保健法实施办法》关于"从事计划生育手术的人员和机构均要分别取得《母婴保健技术考核合格证书》和《母婴保健技术服务执业许可证》"的规定。①

案例 3

自 2011 年年初开始,某医疗中心在未取得《人类辅助生殖技术批准证书》《母婴保健技术服务执业许可证》情况下,违法开展人类辅助生殖技术(IVF-ET)、产前检查、产前诊断(筛查)技术,共计违法收入 200 余万元。同时,使用未取得《母婴保健技术考核合格证书》及未注册在该医疗机构的医师从事上述医疗活动。卫生行政单位给予没收违法所得、罚款、记 8 分的处罚。②

(3) 卫生部关于医院超范围行医的相关批复

根据卫生部《关于医疗事故争议中超范围行医性质认定问题的批复》(卫发〔2005〕63 号)的规定,"该医疗机构"是经卫生局核准登记的全民、综合性医疗机构,执业登记核准的一级诊疗科目中有"外科",但二级诊疗科目中没有"脑外科"。根据《医疗机构管理条例》及有关规定,开展脑外科手术的行为是属于诊疗活动超出登记范围,不属于"非法行医"。

根据卫生部《关于妇科开展性传播疾病诊疗活动定性问题的批复》(卫政法发〔2006〕422 号)的规定,患者在各类医疗机构妇科就诊时,如主要诊断为妇科疾病,其他诊断含"尖锐湿疣"等妇科生殖道感染疾病时,妇科可以作相应处理;如主要诊断为性病,则应按照有关规定进行转诊、报告。

(4) 卫生部关于医院超范围执业的相关批复

卫生部《关于乳腺外科手术项目相关执业登记事宜的批复》(卫政法发〔2004〕170 号)规定,根据《母婴保健法实施办法》第 5 条有关规定,妇幼卫生工作的基本方针是以保健为中心,以保障生殖健康为目的,实行保健与临床相结合,面向群体,面向基层和预防为主。因此,妇幼保健机构内的乳腺保健科应主要开展群体预防、保健服务,适度开展临床医疗工作。

---

① 参见《医疗机构常见违法案例分析》,载豆丁网(http://www.docin.com/p-1400190767.html),访问日期:2018 年 1 月 22 日。
② 参见王雅君:《"沃德"违法提供试管婴儿服务被惩》,载《上海商报》2012 年 6 月 28 日。

卫生部《关于乳腺外科手术项目相关执业登记事宜的批复》(卫政法发〔2004〕170号)规定,《医疗机构管理条例》第27条明确规定"医疗机构必须按照核准登记的诊疗科目开展诊疗活动"。据此,妇幼保健院必须申请并经卫生行政部门核准登记"外科"诊疗科目后,方可开展"乳腺外科手术"。

2. 医务人员执业许可制度

根据《执业医师法》第8条、第13条的规定,我国实行医师资格考试和医师执业注册制度。只有取得执业医师资格并经注册,才能在医疗、预防、保健机构中,按照其注册的执业类别和范围,独立从事相应的医疗工作。

(1) 未经注册而执业的法律风险

卫生部《关于取得医师资格但未经执业注册的人员开展医师执业活动有关问题的批复》(卫政法发(2004)178号)规定,对于取得医师资格但未经医师注册取得执业证书而从事医师执业活动的人员,按照《执业医师法》第39条(注:非医师行医)的规定处理;在教学医院中实习的本科生、研究生、博士生以及毕业第一年的医学生可以在执业医师的指导下进行临床工作,但不能单独从事医师执业活动;对于医疗机构聘用取得医师资格但未经医师注册取得执业证书的人员从事医师执业活动的,按照《医疗机构管理条例》第48条(注:使用非卫生技术人员从事医疗卫生技术工作)的规定处理。

卫生部《关于医学生毕业后暂未取得医师资格从事诊疗活动有关问题的批复》(卫政法发〔2005〕357号)规定,医学专业毕业生在毕业第一年后未取得医师资格的,可以在执业医师指导下进行临床实习,但不得独立从事临床活动,包括不得出具任何形式的医学证明文件和医学文书。

案例

2006年1月23日至31日某医院在对患者治疗期间,使用了未取得《医师执业证书》的医学院校的三名研究生从事诊疗活动。从调取的临床病例记录中,未发现上级医师对上述三名实习生指导的签字。该行为违反了卫生部《关于医学生毕业后暂未取得医师资格从事诊疗活动有关问题的批复》的规定。[①]

---

① 参见《公益医院非法行医,北大教授惨死北大医院》,载中新网(http://www.chinanews.com/shipin/news/2009-11-06/news10839.html),访问日期:2018年1月22日。

(2) 在注册机构以外地点执业的法律风险

卫生部《关于取得医师执业证书的医师在家中擅自诊疗病人造成死亡适用法律有关问题的批复》(卫政法发〔2005〕428号)规定,医师应当在注册的医疗机构内执业。任何单位和个人,未取得《医疗机构执业许可证》,不得开展诊疗活动。医师在家中擅自诊疗病人的行为违反了法律法规的规定。

案例

2008年1月21日下午,湖北十堰某医院妇产科医生郑某来到孕妇陈某家,为陈某做引产手术。陈某于术后出现产后大出血,最终因抢救无效死亡。法医病理学鉴定结果显示,陈某系引产后大出血以致失血性休克死亡,医疗事故技术鉴定认定本案构成医疗事故。法院认为,被告人郑某严重违反医疗规章制度,在不具备引产手术条件的陈某家为其做引产手术,致陈某失血性休克死亡,已构成医疗事故罪。鉴于被告人认罪态度好,案发后积极施救,主动赔偿并取得受害人父母谅解,根据被告人的犯罪情节和悔罪表现,法院认为对其适用缓刑不致再危害社会,判处郑某有期徒刑一年,缓刑二年。①

(3) 未取得特殊执业许可而执业的法律风险

根据我国《母婴保健法》第33条和《母婴保健专项技术服务许可及人员资格管理办法》(1995年)第10、11、13条的规定,凡从事《母婴保健法》规定的婚前医学检查、遗传病诊断、产前诊断、施行结扎手术和终止妊娠手术以及家庭接生技术服务的人员,必须经相关考核合格,取得《母婴保健技术考核合格证书》《家庭接生员技术合格证书》后,才能在取得《母婴保健技术服务执业许可证》的机构中开展母婴保健专项技术服务。

案例

2013年1月9日上午9时30分许,张某到某医院妇产科分娩。由于费某某无从事母婴保健技术的资质,马某某工作严重不负责任,医疗行为存在严重过失,致使孕妇在分娩过程中新生儿重度窒息,造成新生儿脑颅损伤、脑瘫的严重后果。某省医学会鉴定本病例属于二级乙等医疗事故,院方负主要责任。法院

---

① 参见《医疗事故罪一审刑事判决书》,载法制网(http://www.legaldaily.com.cn/bm/content/2009-04/28/content_1083451.htm?node=9),访问日期:2018年1月22日。

认为,被告人马某某、费某某作为医护人员,在诊疗护理工作中严重违反法律、法规、规章和诊疗护理规范、常规,造成就诊人员身体健康受到严重损害,其行为已构成医疗事故罪,对公诉机关指控的犯罪事实及罪名,本院予以确认。法院还认为,医学会鉴定明确指出费某某未取得《母婴保健技术考核合格证书》。按《母婴保健法》及实施办法,未取得《母婴保健技术考核合格证书》的人员,不能从事母婴保健技术工作;被告人费某某也是明知无上述资质,仍参与诊疗活动,并发生医疗事故,符合医疗事故罪的犯罪构成要件。①

(4) 超注册范围执业的除外责任

我国不允许执业医师超出经注册的执业范围执业。但是,根据卫生部《关于医师执业注册中执业范围的暂行规定》(卫医发〔2001〕169 号)的有关规定,医师注册后有下列情况之一的,不属于超范围执业:① 对病人实施紧急医疗救护的;② 临床医师依据《住院医师规范化培训规定》和《全科医师规范化培训试行办法》等,进行临床转科的;③ 依据国家有关规定,经医疗、预防、保健机构批准的卫生支农、会诊、进修、学术交流、承担政府交办的任务和卫生行政部门批准的义诊等;④ 省级以上卫生行政部门规定的其他情形。

(二) 医疗技术法律风险

根据《医疗技术临床应用管理办法》(以下简称《办法》),医疗技术是指医疗机构及其医务人员以诊断和治疗疾病为目的,对疾病作出判断和消除疾病、缓解病情、减轻痛苦、改善功能、延长生命、帮助患者恢复健康而采取的诊断、治疗措施。医疗技术的发展是一把双刃剑,它为我们改善医疗服务提供了新方法,但也可能带来新的危害,毕竟医学的发展是人类研究探索和技术应用的结果。比如"魏泽西"事件让免疫细胞治疗走上了舆论的刀尖浪口,我们暂且不评价此事件。从风险的角度考虑,肿瘤的免疫治疗是目前肿瘤临床治疗的重要趋势,因此免疫细胞治疗的安全性和有效性是毋庸置疑的,但不是对所有人有效,它的适应症仍有商榷余地,不能将之神话。因此,医疗技术是充满风险性的。为了将风险降到最低,应遵循以下几点:

---

① 参见《法院以医疗事故罪判处刑罚》,载中国裁判文书网(http://wenshu.court.gov.cn/content/content? DocID=19c5fe34-44fc-4f48-a652-6e24bdc4b401),访问日期:2018 年 1 月 22 日。

1. 制定并实施相应的诊疗规范

传统医疗技术的实施应以相应的诊疗规范、操作流程为主。在临床应用前，应先具体培训、落实。比如已经制定并实施的《临床诊疗指南》《临床技术操作规范》和中华医学各专业分会制定的大量的指南、专家意见、专家共识、指导原则等，虽然卫生部没有明确其属于"诊疗规范"，但在司法实践中，这些分门别类的诊疗技术规范在临床医疗实践中发挥着重要的规范性作用，其已经被作为判断医疗行为是否存在过错、过失的依据。

2. 医疗新技术应严守准入制度

《办法》规定，我国医疗技术实行"分级分类管理制度"，医疗技术分为三类，第一类由医疗机构常规管理；第二类由省级卫生行政部门管理；第三类由卫生部管理。但是，2015年6月29日，国家卫计委发布了《关于取消第三类医疗技术临床应用准入审批有关工作的通知》，(1) 取消第三类医疗技术临床应用准入审批；(2) 医疗机构禁止临床应用安全性、有效性存在重大问题的医疗技术（如脑下垂体酒精毁损术治疗顽固性疼痛），或者存在重大伦理问题（如克隆治疗技术、代孕技术），或者卫生计生行政部门明令禁止临床应用的医疗技术（如除医疗目的以外的肢体延长术），以及临床淘汰的医疗技术（如角膜放射状切开术）；(3) 涉及使用药品、医疗器械或具有相似属性的相关产品、制剂等的医疗技术，在药品、医疗器械或具有相似属性的相关产品、制剂等未经食品药品监督管理部门批准上市前，医疗机构不得开展临床应用；(4) 对安全性、有效性确切，但是技术难度大、风险高，对医疗机构的服务能力、人员水平有较高要求，需要限定条件或者存在重大伦理风险，需要严格管理的医疗技术，医疗机构应当限制临床应用。取消第三类医疗技术临床应用准入审批后，医疗机构对本机构医疗技术临床应用和管理承担主体责任。

3. 开展医疗技术的应是具有符合资质的专业技术人员

医疗机构开展医疗技术应当与其功能任务相适应，具有符合资质的专业技术人员、相应的设备、设施和质量控制体系，并遵守技术管理规范。

4. 医疗新技术的可行性应充分评估

医疗机构申请医疗技术临床应用能力技术审核时，应当提交医疗技术临床应用可行性研究报告，内容包括该项医疗技术的基本概况，包括国内外应用情况、适应证、禁忌证、不良反应、技术路线、质量控制措施、疗效判定标准、评估方法,与其他医疗技术诊疗同种疾病的风险、疗效、费用及疗程比较等。

5. 实施新技术前对患者或其家属充分、详细的告知

《中华人民共和国侵权责任法》(以下简称《侵权责任法》)第55条规定,医务人员在诊疗活动中应当向患者说明病情和医疗措施。需要实施手术、特殊检查、特殊治疗的,医务人员应当及时向患者说明医疗风险、替代医疗方案等情况,并取得其书面同意;不宜向患者说明的,应当向患者的近亲属说明,并取得其书面同意。医务人员未尽到前款义务,造成患者损害的,医疗机构应当承担赔偿责任。该条规定了医疗机构的告知义务及患者享有知情同意权,如医疗机构未尽到该义务并造成患者损害的,医疗机构应予以赔偿。

(三)医疗产品法律风险

医疗产品一般分为药品、医疗器械、消毒药剂和血液等,根据《中华人民共和国民法通则》(以下简称《民法通则》)第122条规定,因产品质量不合格造成他人财产、人身损害的,产品制造者、销售者应当依法承担民事责任。《侵权责任法》第59条规定,因药品、消毒药剂、医疗器械的缺陷,或者输入不合格的血液造成患者损害的,患者可以向生产者或者血液提供机构请求赔偿,也可以向医疗机构请求赔偿;患者向医疗机构请求赔偿的,医疗机构赔偿后,有权向负有责任的生产者或者血液提供机构追偿。《中华人民共和国产品质量法》第43条规定,因产品存在缺陷造成人身、他人财产损害的,受害人可以向产品的生产者要求赔偿,也可以向产品的销售者要求赔偿;属于产品的生产者的责任,产品的销售者赔偿的,产品的销售者有权向产品的生产者追偿。第44条规定,赔偿范围包括医疗费、治疗期间的护理费、因误工减少的收入等费用;造成残疾的,还应当支付残疾者生活自助具费、生活补助费、残疾赔偿金以及由其扶养的人所必需的生活费等费用;造成受害人死亡的,并应当支付丧葬费、死亡赔偿金以及由死者生前扶养的人所必需的生活费等费用。

1. 缺陷产品(或不合格)引发的法律风险

(1)药品缺陷

药品,是指用于预防、治疗、诊断人的疾病,有目的地调节人的生理机能并规定有适应症或者功能主治、用法和用量的物质。药品是一种特殊的产品,它是以人为使用对象,预防、治疗人的疾病,药品直接关系到人的身体健康甚至生命,因此医疗机构对药品的生产、经营、使用需要进行严格的管理。

① 医疗机构缺陷药品的法律责任

从上述法律规定可以看出当公民因使用缺陷药品而受损害时,受害人可以向生产者请求赔偿,也可以向销售者请求赔偿,究竟向生产者还是销售者请求赔偿,受害人也同样享有选择权。即缺陷药品的生产者、销售者均是产品责任的主体,受害人可选择其中之一或将二者都作为被告,请求赔偿,至于生产者、销售者之间的责任划分及追偿,不影响受害人选择被告。因此,如医疗机构向患者提供不合格的药品,致患者人身损害的,患者可要求医疗机构承担赔偿责任。

② 医疗机构药剂管理

医疗机构的药剂管理是指,根据临床需要采购药品、自制制剂、贮存药品、分发药品、进行药品的质量管理和经济管理。医疗机构配制制剂,须经所在地人民政府卫生行政部门审核同意,由省级药品监督管理部门批准,发给《医疗机构制剂许可证》。医疗机构必须具有能够保证制剂质量的设施、管理制度、检验仪器和卫生条件。从事医疗机构药剂技术工作的人员必须是经过资格认定的药学技术人员。医疗机构配制制剂,必须取得省、自治区、直辖市人民政府药品监督管理部门发给的《医疗机构制剂许可证》,且应当是本单位临床需要而市场上没有供应的品种,配制的制剂按照规定经质量检验合格的,凭医师处方在本医疗机构使用。

(2) 医疗器械法律风险

医疗器械,是指直接或者间接用于人体的仪器、设备、器具、材料或其他物品,包括所需要的计算机软件。其目的是疾病的诊断、预防、监护、治疗或者缓解;损伤的诊断、监护、治疗、缓解或者功能补偿;生理结构的替代、调节或者支持;妊娠控制。因此,医疗器械和药品一样,关系到每个人的健康。

① 医疗器械不合格

指因医疗器械质量劣质导致患者人身权受损的。如人造心脏瓣膜质量不合格,在置换入患者身体后发生断裂,或机械瓣膜失灵关闭,常导致患者死亡。

② 可重复使用的医疗器械消毒不彻底

使用被污染的医疗器械可能导致患者感染或仪器故障,如十二指肠镜、内窥镜、空心钻头、关节镜等,此类医疗事故频发。

③ 医疗仪器维修不善

医疗仪器需要定期的维修、护理,否则仪器性能可能出现不稳定。如在诊疗过程中出现故障,影响诊疗效果,甚至贻误重症抢救或发生意外。

④ 器材应用不当

医疗器械有其固定的适用范围或适应症,如在应用某一器材时忽视适应症与禁忌症,必将导致诊疗过程的失误,并给患者带来危害。

(3) 消毒药剂的法律风险

根据《消毒管理办法》第5条规定,医疗卫生机构工作人员应当接受消毒技术培训、掌握消毒知识,并按规定严格执行消毒隔离制度。第6条规定,医疗卫生机构使用的进入人体组织或无菌器官的医疗用品必须达到灭菌要求;各种注射、穿刺、采血器具应当一人一用一灭菌;凡接触皮肤、黏膜的器械和用品必须达到消毒要求。与消毒制剂相关的医疗纠纷,大多是因为医院消毒工作存在缺陷,致使患者、工作人员或者其他人员,在医院内感染某种疾病。因此发生医院感染与医院消毒工作存在缺陷具有非常重要的关联性。如2017年1月26日,浙江某医院一名技术人员违反"一人一管一抛弃"操作规程,在操作中重复使用吸管造成交叉污染,导致部分治疗者感染艾滋病病毒,造成重大医疗事故,公安机关已立案侦查。①

案例

1998年4月至5月,深圳市某医院暴发了严重的医院感染事件。经调查,感染原因是浸泡刀片和剪刀的戊二醛溶液配制错误而未达到灭菌效果。用于手术器械灭菌的戊二醛溶液浓度应为2%,浸泡4小时,而该院制剂员将新购进未标明有效浓度的戊二醛溶液(浓度为1%)当做浓度20%进行稀释200倍,供有关科室使用,致使浸泡手术器械的戊二醛溶液浓度仅为0.005%,且长达半年之久未能发现。在检查中还发现,手术室浸泡手术刀片、剪刀的消毒液近两周尚未更换,明显违反有关规定。此外深圳市某公司"JL-强化戊二醛"的使用说明书不标有效浓度、消毒与灭菌概念不清等问题,也是导致深圳市某医院制剂员错配消毒剂引发严重医院感染暴发事件的重要因素。经对该事件进行医疗事故鉴定后,46名受害者将深圳市某医院和某公司诉至法院,请求两被告承担感染及由此引起一系列花费的全部责任。在其中一起李某诉两被告案中,原告请求两被

---

① 参见王开广:《违规操作致5人感染艾滋病病毒,浙江中医院书记院长被免职》,载《法制日报》2017年2月10日。

告共同承担赔偿责任。法院审理认定,李某感染的直接原因是某医院将某公司生产的消毒剂进行错误配制,用于手术器械的消毒时未能有效灭菌。李某受感染与某公司未在产品标签上标明浓度无因果关系。法院据此驳回李某对某公司的诉讼请求,认定某医院对李某感染后造成的损失承担民事责任,赔偿各项费用共计 128 422.38 元。①

在深圳市某医院感染事件发生后,卫生部于 1999 年 1 月 13 日发文,为保障医疗安全,防止类似事件再次发生,各级各类医疗机构和卫生行政部门,要认真吸取该事件的教训,切实加强医院感染的管理和控制工作,各级各类医疗机构必须对照《医院感染管理规范》《消毒管理办法》和《消毒技术规范》的规定,对医院感染管理工作进行认真核查,切实落实各项规定和措施。要特别重视医院感染管理的重点环节,如对消毒(灭菌)隔离、无菌操作等进行认真的检查。对消毒药剂的购入、配制、使用和效果监测等建立管理制度,未标明有效浓度或含量的消毒药剂不得采购和使用;必须将医院感染管理知识培训与医务人员职业道德教育紧密结合,强化消毒灭菌与无菌技术操作观念,使广大医务人员以对病人高度负责的精神,把医院感染的预防和控制贯穿于本职工作之中。

2. 不合格血液引发的法律风险

不合格血液是指采供血过程中产生的不符合国家质量标准的血液。卫生部制定的《全血及成分血质量标准》是认定血液是否合格的法定依据。根据《侵权责任法》第 59 条的规定,输入不合格的血液造成患者损害的,患者可以向生产者或者血液提供机构请求赔偿,也可以向医疗机构请求赔偿。患者向医疗机构请求赔偿的,医疗机构赔偿后,有权向负有责任的生产者或者血液提供机构追偿。

案例(摘自某法院判决书)

法院经审理认为,本案是因输血引起的医疗损害责任纠纷,依据《侵权责任法》第 54 条、第 57 条、第 58 条第(一)项、第 59 条之规定,因诊疗中输入不合格血液引起的侵权诉讼,由医疗机构就医疗行为与损害后果之间不存在因果关系及不存在医疗过错承担举证责任。本案中,根据庭审查明的事实,原告就与被告

---

① 参见卫计委:《关于深圳市妇儿医院发生严重医院感染事件的通报》,载卫计委官网(http://www.moh.gov.cn/mohyzs/s3593/200804/18627.shtml),访问日期:2017 年 3 月 3 日。

之间存在医患关系、损害后果的发生及原告所患"丙型肝炎"与被告的输血行为之间的因果关系等事实已尽举证义务,而且在原告提供其同住近亲属的检验报告中均未发现有"丙型肝炎"病毒,可以排除原告在日常生活中被与其共同生活且有亲密接触的家属感染的可能,亦可以排除母婴感染的途径。被告称在为原告进行输血治疗过程中,对其所使用的血液,有进行丙肝病毒抗体化验检查。因其不能提供证据证明其所使用的血液进行了该项检查,违反了相关规定,存在过失。被告辩解其血液来源正规,不存在血源污染的意见,不予支持。输血是感染丙肝病毒的重要途径之一,人体感染丙肝后常呈现慢性发展病程,被告不能证明原告的损害后果与其在输血行为之间没有因果关系,亦无法证明原告还有其他明确的感染途径,可以认定原告感染丙肝的事实与输血之间有因果关系上的高度盖然性。且被告在对原告的诊疗行为中存在未尽注意义务之过失,亦不能排除该过失与原告感染丙肝病毒之间的因果关系。据此,在本案中原告自身并无过错,依据举证责任倒置原则,推定被告的诊疗行为与原告的损害后果间有直接因果关系,依据《侵权责任法》第 54 条之规定,被告理应对原告感染丙肝病毒造成的损失承担赔偿责任。[①]

(四) 人身财产安全法律风险

医疗机构是提供医疗保健服务的公共场所,每天来往的人员数以万计。根据《侵权责任法》第 37 条规定,宾馆、商场、银行、车站、娱乐场所等公共场所的管理人或者群众性活动的组织者,未尽到安全保障义务,造成他人损害的,应当承担侵权责任。因第三人的行为造成他人损害的,由第三人承担侵权责任;管理人或者组织者未尽到安全保障义务的,承担相应的补充责任。《关于审理人身损害赔偿案件适用法律若干问题的解释》第 6 条规定,从事住宿、餐饮、娱乐等经营活动或者其他社会活动的自然人、法人、其他组织,未尽合理限度范围内的安全保障义务致使他人遭受人身损害,赔偿权利人请求其承担相应赔偿责任的,人民法院应予支持。因此,医院有合理限度内的安全保障义务,对象包括患者及其陪护人员、探视人员。但医院的安全保障义务并非是绝对义务,如果医院采取了相应措施,尽了其合理限度内的安全保障义务,则可以免除医院的责任。

---

① 参见《医疗服务合同纠纷一审民事判决书》,载中国裁判文书网(http://wenshu.court.gov.cn/content/content? DocID=5e020d2f-2905-4e15-9e8c-3a4b88e59225),访问日期:2018 年 1 月 22 日。

案例 1

2012 年 3 月 18 日,患者去厕所时,在走廊上不慎摔倒,经被告某医院诊断为髋骨骨折。经过医院治疗,李某于 2012 年 8 月 5 日出院,鉴定为六级伤残。后原告以被告某医院未尽到合理注意义务导致自己摔倒受伤等向当地法院起诉,请求判令被告某医院赔偿医疗费、伤残赔偿金等共计 30 余万元。法院审理后认为:被告作为专业医疗机构,不仅要为住院患者提供治疗、生活的便利条件,还应为住院患者提供合格的日常生活设施。原告在被告医院摔倒后受伤,已提供相应证据予以证实。由于原告系在医院病区上厕所时摔倒致伤,而被告对此不能提供相应的证据证明其已在合理限度范围内尽到安全保障义务。医院的走廊没有铺设地毯,可能导致附近地面湿滑,且在走廊未安装扶手,未作出明确警示、提示或说明,未告知、消除其经营场所的不安全因素,亦未采取相应措施。由于其疏于管理,未尽到管理职责,致使原告摔倒受伤,被告存在过错,理应对原告的损害后果承担相应的民事赔偿责任。在原告住院期间,院方有告知原告及家属应当防止摔伤并要求陪护的情况,并告知患者家属在入院后可能会发生危险的情况,在原告行动不便的情况下,应当预见和防范可能存在的潜在风险,因此,原告对于自身的损害也存在过错,亦应承担相应的责任。为此,法院依法作出一审判决,由该医院赔偿医疗费、伤残赔偿金等共计 12 余万元。①

案例 2

2011 年 3 月 16 日,崔某到医院探视患者,不料在电梯口旁踩到污物滑倒摔伤,经鉴定为九级伤残。6 月 6 日诉诸法院要求赔偿医疗费、残疾赔偿金、精神抚慰金等共计 9 万余元。经法院审理,判定医院承担 70% 责任,即赔偿崔某 6.3 万元。法院认为,医院作为对外从事医疗活动的机构,对进入医院的公众均具有安全保障义务,如果未尽安全保障义务导致损害发生,医院应承担赔偿责任。医院虽然张贴了"小心滑倒"的提示,但作为公共场所,也应当保障其设施、设备不会给公众带来危害性。此案中,医院应及时将地面污物打扫干净,不能因张贴了提示而不尽安全保障义务。崔某作为非患者的完全民事行为能力人,对自己滑

---

① 参见祝永根:《浅谈医院的安全保障义务》,载《中国卫生人才》2015 年第 1 期。

倒也应承担一定责任(即 30%)。①

二、非医疗纠纷法律风险

(一) 制度管理法律风险

医疗机构的正常运营有赖于健全的管理制度。各部门、各科室、各人员都必须按照国家的法律规定以及医疗机构制定的管理制度"各司其职、各尽其责"。

1. 缺乏人文素质培养

医务人员缺乏人文素质培养、行风建设,如患者并非医疗专业技术人员,可能听不懂医务人员的专业术语、看不懂医生写的字,无法正确了解自己的身体状况,需要医生耐心地解释、说明。但一些医务人员态度生硬,医患之间不良的沟通会导致潜在危机的升级,最终可能演变成医疗纠纷。

2. 缺乏职业道德

如医生观察病情不仔细,诊断治疗不及时,死亡病例、疑难病例讨论不深入;医院不顾自身能力、条件,为了盈利,不顾患者身体安全,盲目开展大型、复杂手术;有的医院聘用没有合法资质的医务人员从事医疗活动;还有的医院违法违规涂改、伪造医疗文书。

3. 医疗质量管理薄弱

医院执行力度不强,三级查房流于形式,危重病人交接班制度不落实。不合理检查、用药和乱收费情况依然严重;医务人员的诊疗活动不按技术规范执行,不重视患者临床表现,过分依赖辅助检查结果。

(二) 资产管理法律风险

一般来说,医疗机构拥有和控制着数量庞大的资产,其不仅包含了日常医疗活动的医疗器械、药品等,还包括了支持医疗行为的医疗设备、办公地点等。因此,面对着如此大量的资产,医疗机构必须采取有效措施和方法加强各种资产的管理。但是,从现在的医疗机构管理来看,部分医院存在着对其资产的管理不规范、重视度不高等问题,这就使得医院在资产管理方面陷于形式主义,资产面临被他人非法侵害的风险。

---

① 参见谢延平、徐青松:《浅议医院的安全保障义务》,载《中国医学伦理学》2012 年第 25 卷第 1 期。

1. 医疗机构有形资产价值失真、管理制度不健全

有形资产包括设备、车辆、医疗器械、药品等。目前大多数医疗机构在其资产管理方面存在管理不规范、重视度不高等问题,使得医院在资产管理方面流于形式,各资产管理部门之间沟通协调不充分,进而在盘点资产的过程中存在亏空数额较大的现象,造成账面资产数额较大而实物资产已经灭失(被盗窃或非法侵占)的情况。导致财会工作部门在资产审核时,会计报表资产项目虚增,一些医疗机构管理者根本不知道自己资产的真实数量。医院的资产管理混乱,绝大部分医院实行多头管理,不同内容由不同部门进行管理。各部门没有明确的账单或者账单不健全,没有实行专人专管,资产管理方面缺乏严格的规章制度、工作责任不明确,管理职责落实不到位,最终造成账目记录与实际存在着不符的情况。

因此,医疗机构资产必须实施各种控制方法和措施,使得资产数据真实准确,确保医院的资产安全完整。资产管理必须得到领导的重视,建立一套严格资产管理的框架控制体系,确定各部门对资产管理的责任和目标,明确划分各资产管理部门的责任、权利、义务。资产的购买、保管、发放、领取必须有详细的账目,要定期对资产进行盘点并与账目核对,并且做到人员发生工作变动时也能够及时进行工作移交。

2. 医疗机构对无形资产的管理

无形资产是指不存在物质实体但具有价值形式的资产,医疗机构的无形资产包括专利、商标、著作权、名称权、商业秘密等。无形资产虽然不具有实物形态,但它可以在一定时期内给其所有者带来收益。因此,医疗机构首先必须要弄清楚本单位有哪些无形资产,其次建立一套严密的管理制度,保护无形资产,严禁侵权行为的发生,记录无形资产的转让、增加或减少。对本单位的无形资产进行分类、分项,运用科学方法对其现有价值和预期价值进行评估,适时开发、利用,也可以进行转让交易,为单位回笼一定的资金。

(三)合同管理法律风险

医疗机构作为一个民事主体,在提供医疗服务的同时,也接受社会相关领域的民事主体的产品或服务,根据自身的需要,每年对外、对内需要签订大量合同,因此医疗机构既是合同签订和履行的行为主体,也是合同违约的责任主体,在合同订立、履行、纠纷处理以及登记归档等环节中,会面临各种合同法律风险,如合

同条款的缺陷、合同履行过程中的缺陷等。

1. 合同管理制度不健全

医疗机构从合同签署前的策划、调查,合同签署中的谈判、审核,合同签署后的履行以及合同终止、纠纷处理、归档保管、执行情况评价等环节缺乏一个较为完善、务实的制度体系;虽设立专门的合同管理部门,但未建立合同风险防范监督考核机制,缺乏对风险的认知,导致无法从事前和事中控制风险,只能在纠纷发生后才进行救济,使自身面对法律风险时处于被动局面,且不利于及时采取防范措施降低或减少负面法律责任或后果的发生。

医疗机构应建立合同风险防范监督考核机制,做好合同法律风险的预测、评估、总结,预测合同业务流程的每个风险点,明确重点需要防护的风险点,制定每个风险点的防范措施,组织负责合同业务的相关人员学习,做到事前防范、事中控制,将合同法律风险防范措施落实到每一次的具体合同行为中。加强对合同的事前审查,将有可能发生的法律风险控制在合同签订前,及时做好预防准备,有效降低可能发生的法律责任和不良后果,做好事后补救。

2. 合同内容风险防范意识差

合同管理人员没有接受过正规、系统的法律知识培训,也不学习相关法律知识,在合同签订时缺乏对合同的审查,麻痹大意,缺乏对合同法律风险的清醒认识。比如:(1) 在签订合同前,盲目相信合同相对方会讲诚信,忽略审查对方的相关资质及相关签约人的资格,如是否有授权委托书及权限范围,因此在无法确保合同的合法性的情况下签约,就会存在合同无法履行或合同无效的法律风险,使医疗机构受损;(2) 签订合同前,忽略合同名称和合同内容的一致性,导致对合同性质不了解,出现张冠李戴;(3) 合同条款不严谨,在合同中出现含糊不清、模棱两可的词,或者合同内容前后矛盾,导致合同产生歧义,或者权利义务过于宽泛导致条款不明确等;(4) 忽略了违约条款,在合同中订立严格、规范的违约条款,可以约束合同当事人履行合同义务,降低合同风险的发生;如忽略违约条款,无形中等于为对方解除了应负的责任,削弱了合同的约束力。

要通过组织学习、培训等各种途径,强化合同管理人员、职工的法律风险防范意识,这是防范合同风险的关键。签订合同时,职工代表的是医院,职工的行为违法时,医院要承担相应的责任,因此,只有强化职工的法律风险防范意识,医院才能有效地规避合同带来的法律风险。

3. 法律顾问制度没有落到实处

与其他的企业相比,医疗机构的法律顾问制度存在较大的差距,或者有的医疗机构聘请了法律顾问,但是没有让其在实际的管理和决策中发挥应有的作用,只是等到纠纷发生后才想到法律顾问。在企业的日常运营中,法律顾问发挥着举足轻重的作用,医疗机构的日常活动中,法律顾问同样非常重要。法律顾问在企业的风险防范中发挥着至关重要的作用,很多医疗机构平时不注意法律风险防范,遇到纠纷后才想起法律顾问,导致被动,很难得到应有的法律保护。

(四)医疗投融资法律风险

在国务院、国家卫计委、财政部和国家税务总局的积极政策鼓励下,医疗服务市场的投融资业务持续活跃。2015年4月13日财政部联合国家税务总局公布的《关于进一步支持企业事业单位改制重组有关契税政策的通知》提出,在2015年1月1日至2017年12月31日期间,医院等事业单位按照国家有关规定改制为企业,原投资主体存续并在改制后企业中出资(股权、股份)比例超过50%的,对改制后企业承受原事业单位土地、房屋权属,免征契税。我国大部分医院都是公立医院(事业单位),计划经济时代的公立医院管理模式一直延续至今,卫生行政部门既办又管——办,办不好,管,管不到位——导致医院缺乏管理自主权和灵活性,主要表现为:(1)医院缺乏自主管理权,医院事务由卫生行政部门大包大揽,医院没有真正的自主管理权,没有成为真正的法律主体,缺乏经营意识、成本意识差、缺乏经济投入和产出、资源配置不合理、服务理念差、缺乏合理的激励机制,难以调动员工的工作积极性,最终导致经营效益差;(2)院领导缺乏科学的经营管理规范,院领导没有接受过管理方面的培训,没有科学的经营管理经验,导致医院的各组织部门工作效率低,经营效益差。针对已经出现的问题,国家鼓励公立医院进行改制,但改制中也面临一些法律风险。因本书另有专章论述,在此不再赘述。

(五)移动医疗法律风险

1. 移动医疗概念

根据国际医疗卫生会员组织——国际医疗卫生信息和管理系统协会(Healthcare Information and Management Systems Society, HIMSS)的定义,移动医疗(Mobile Health, mHealth)是指通过使用移动通信技术——例如PDA、移动电话、卫星通信和医疗穿戴设备等来提供医疗服务和信息,具体到移动互联网领域,则以基于安卓和iOS等移动终端系统的医疗健康类App应用为主。它包括:远程患者监测、视频会议、在线咨询、个人医疗护理装备、无线访问电子病历和处方等。

2. 我国移动医疗的现状

近几年随着移动医疗在我国的兴起,医疗类应用程序如雨后春笋般出现,医院争先恐后加入移动互联网医院的行列。2015年7月,国务院发布的《关于积极推进"互联网+"行动的指导意见》要求,推广在线医疗卫生新模式,发展互联网的医疗卫生服务。在政策的指引下,移动医疗服务会得到迅速发展。因本书另有专章论述,在此不再赘述。

(六)人员管理法律风险

近年来,医院为了维护医疗事业的稳健发展,大量聘用高级专业技术人员,虽然缓解了医院人才严重不足的问题,但也增加了医院在人力资源管理方面的法律风险及法律纠纷。此种情况已经成为一种业内常态,下面选取较为典型的或医院特有的几个员工聘用的话题进行分析。

1. 多点执业员工的签约风险与对策

医生多点执业是为了稳步推动医务人员的合理流动,促进不同医疗机构之间人才的纵向和横向交流,是中国新医改的重要内容之一。但是,随着多点执业的稳步推进,医生与多点执业的医疗机构之间产生了一系列法律问题。实践中多发或常见的有两种法律问题:第一种法律问题,医师与多点执业的其他医疗机构的关系是劳动关系还是劳务关系;第二种法律问题,当发生医疗纠纷时,医师与第二执业机构约定的责任比例分担是否有效。

第一种问题,根据相关的裁判案例,医师与第二执业医疗机构之间签订业务合作协议,在合作期间,医师在第二执业机构受伤或者突发疾病去世,医师往往会主张其与第二执业机构之间存在劳动关系,其目的是为了让医师在"因工受伤"后享受工伤保险待遇,但法官通常会认定医生与第二执业医疗机构成立劳务关系。劳务关系是指劳动者与用人单位根据约定,由劳动者向用人单位提供特定的服务,用人单位依约向劳动者支付劳务报酬的一种有偿服务的法律关系。虽然我国法律并没有明确禁止劳动者同时和两家用人单位建立劳动关系,但是根据2014年制定的《关于推进和规范医师多点执业的若干意见》规定:医师与第一执业地点医疗机构签订人事(劳动)合同,与多点执业的其他医疗机构,分别签订劳务协议。由此可见,医师与多点执业的其他医疗机构之间应成立劳务关系。

第二种问题,在医疗纠纷案件中,医师与患者一般不直接产生法律的权利义务关系,既医师一般不会承担责任。因为根据合同相对性原理,违约责任只能在特定的合同当事人之间产生,而合同的当事人双方分别是患者和医疗机构。但是在多点执业中,医师与医疗机构之间是劳务合同关系,即雇主与雇员的关系。因此,医疗机构与医师签订劳务合同时,可以约定员工因故意或者重大过失致人损害的,由员工承担固定比例的责任,这符合《侵权责任法》精神,同时在司法实践中,法官也认可此约定。

根据 2014 年卫计委等 5 部门《关于印发推进和规范医师多点执业的若干意见的通知》(国卫医发〔2014〕86 号),并结合我国的现状,多点执业的,双方形成"劳务关系",但是实践中双方往往签订"劳动合同",并实际执行,而且审判实践中,法官不一定否定双方的劳动关系的存在。因此,笔者建议医疗机构:(1) 多点执业,建议签订劳务合同,还需取得第一执业地点的同意,购买雇主责任险;(2) 多点执业,仍签订劳动合同的,建议购买工伤保险(因实践中,该劳动合同不一定被认定无效,可缴纳工伤保险);(3) 多点执业的劳务合同,可提前约定,因员工故意或者重大过失致人损害的(比如医疗纠纷),由员工承担固定比例的责任;(4) 多点执业发生医疗纠纷,可约定医生承担赔偿责任的前提条件,包括以鉴定、判决、医患双方协商、第三方调解等形式确定赔偿。

2. 对外送规培人员签约风险及注意事项

住院医师规范化培训,旨在提高医生医疗技术水平。但是由于规培的周期及待遇问题,规培人员往往不能按照约定履行义务。那么,在规培期间,员工违反协议约定,公立医院为其提供的培训费用及员工的福利待遇,应如何返还的问题,该如何主张?

实践中,规培医生与医疗机构签订规培协议,双方会对培训周期、培训期间相应的经济待遇及培训费用、场所、设备等做出约定。有些医疗机构还会与规培医生约定,培训结束后,应继续在医疗机构处工作一定的年限,对于违反此约定的,需按比例返还培训期间的相应费用(包括工资、奖金、福利、培训费、住宿费等)。一旦发生纠纷,医疗机构会要求规培医生返还相关培训费用,法院也会支持医疗机构的主张。

但此类案件的争议焦点往往是返还费用的范围,或者说返还的项目到底有哪些的问题。法官之间也存在着两种观点，一种观点，法官仅仅支持了返还培训费，持另一种观点的法官支持了包括培训费在内的培训费用、培训对象的工资福利待遇和生活补贴。持第二种观点的法官认为：培训经费主要用于培训费用、培训对象的工资福利待遇和生活补贴等，认为医疗机构按照协议的约定，要求规培医生全部返还培训期间的工资、福利、生活性补贴及社会保险费用等，符合劳动合同法的规定。

笔者部分认同第二种观点，根据《劳动合同法》第22条第2款的规定，劳动者违反服务期约定的，应当按照约定向用人单位支付违约金。违约金的数额不得超过用人单位提供的培训费用。用人单位要求劳动者支付的违约金不得超过服务期尚未履行部分所应分摊的培训费用。《劳动合同法实施条例》第16条规定，劳动合同法第22条第2款规定的培训费用，包括用人单位为了对劳动者进行专业技术培训而支付的有凭证的培训费用、培训期间的差旅费用以及因培训产生的用于该劳动者的其他直接费用。因此，违约金数应包括培训费用、培训期间的差旅费用、因培训产生的用于该劳动者的其他直接费用，所以第二种观点更符合法律精神，但是是否返还工资、奖金及社保费用，有待斟酌。笔者不同意违约金包括已为员工支付的社保和基本工资的观点。同时，笔者建议医疗机构与规培人员签订规培协议时，一要明确约定服务期的年限、违反服务期的违约金数额，避免纠纷；二要明确约定违约金数额组成和计算方法并保留支付凭证。

3. 退休返聘人员的签约提示

退休返聘人员身上有着太多让人无法忽视的优点。工作态度、工作经验、工作能力等都显著高于年轻人，身负如此多的优点，本应是不可多得的人才。然而，院方却不敢轻易地抛出橄榄枝，就是因为发现了但又不知该如何解决的问题——用工关系和工伤。

实践中遇到类似的案例，法院都会依据最高人民法院《劳动法司法解释（三）》第7条规定："用人单位与其招用的已经依法享受养老保险待遇或领取退休金的人员发生用工争议，向人民法院提起诉讼的，人民法院应当按劳务关系处理。"来作出判决，认定双方的劳务关系，从而也就表明不用为该类员工缴纳社保等。

认定退休返聘人员与用人单位之间成立劳务关系，各地法院一般持一致意见。但是各地退休返聘人员，是否适用《工伤保险条例》，享受工伤待遇，各地法院并不是统一的：

浙江省高级人民法院民事审判第一庭、浙江省劳动人事争议仲裁院《关于审理劳动争议案件若干问题的解答(二)》第14条规定："劳动者超过法定退休年龄,仍接受单位聘用的,其与聘用单位之间构成劳务关系,劳动者因工伤亡或者患职业病而向聘用单位主张工伤保险待遇的,不予支持。但劳动者尚未享受基本养老保险待遇或者领取退休金,且聘用单位已为其缴纳工伤保险费的,其工伤保险待遇应予支持。"

《广东省工伤保险条例》(2011修订)第65条规定："劳动者达到法定退休年龄或者已经依法享受基本养老保险待遇的,不适用本条例。""前款规定的劳动者受聘到用人单位工作期间,因工作原因受到人身伤害的,可以要求用人单位参照本条例规定的工伤保险待遇支付有关费用。双方对损害赔偿存在争议的,可以依法通过民事诉讼方式解决。"

北京市高级人民法院、北京市劳动争议仲裁委员会《关于劳动争议案件法律适用问题研讨会会议纪要(二)》第12条规定："依法享受养老保险待遇的人员、领取退休金的人员、达到法定退休年龄的人员,其与原用人单位或者新用人单位之间的用工关系按劳务关系处理。上述人员可依据最高人民法院《关于审理人身损害赔偿案件适用法律若干问题的解释》第11条,最高人民法院《劳动法司法解释(三)》第7条规定主张权利。"

因各地规定不同,从实务的角度,笔者建议医疗机构谨慎参照各个地方的规定,制定个性化(有地方特色)的合同条款。以北京为例,笔者建议：(1) 用人单位与员工签订劳务合同；(2) 用人单位一般不需要购买工伤保险；(3) 建议单位为退休返聘者购买雇主责任险(不建议为职工投保人身险,人身险事实上仅仅变成了职工的"福利",一般不能起到免除单位对职工的赔偿责任或补充赔偿责任的作用)。

4. 录用停薪留职员工的风险及注意事项

停薪留职是指为了使特定职工有期限离岗停薪并保留职工身份,一般由用人单位和职工签订停薪留职协议,具体约定停薪留职期间双方相互的权利和义务。

实践中类似案例的争议焦点是在职职工是否能够与另一企业形成劳动合同关系。按照法律规定,企业停薪留职人员、未达到法定退休年龄的内退人员、下岗待岗人员以及企业经营性停产放长假人员,因与新的用人单位发生用工争议,依法向人民法院提起诉讼的,人民法院应当按劳动关系处理。

另外,最高人民法院公布的此类案例中的裁判要点为:(1) 企业停薪留职人员、未达到法定退休年龄的内退人员、下岗待岗人员以及企业经营性停产放长假人员,因与新的用人单位发生用工争议,依法向人民法院提起诉讼的,人民法院应当按劳动关系处理;(2) 劳动者社会保险费已由其原单位缴纳,其不具备再就业企业再行缴纳社会保险费的待遇,劳动者要求新单位再行为其缴纳社会保险费的请求不予支持。

由此可见,在司法实践中,法官认可在职职工能够与另一企业形成劳动合同关系。

医院在人力资源管理过程中,法律风险是客观存在的,防火比灭火重要,医院只有牢牢树立法律意识,依据法律法规科学管理,做好预防,才能有效化解劳动法律风险,确保医院正常的医疗秩序、管理秩序稳健运行。

(七) 廉洁自律法律风险

2006 年以来,我国开展了一系列医德教育、法制宣传、自查自纠活动,广大医疗卫生从业人员的廉洁从业意识和法制纪律观念明显增强,然而,医药商业贿赂、处方回扣、红包等不正之风依然存在,社会影响非常恶劣。

1. 医务人员禁止收受"红包"

医务人员收受红包有两种情况:一是患者硬塞,从患者的角度考虑,事关自己的重大利益,不送点好处怎么能放心;二是医生索要,从医生的角度考虑,自己的工资收入和劳动付出不符,没有额外收入怎么养家糊口。但是,不管怎么说,收受红包都是一种腐败现象,应予以禁止,我国法律也早有明文规定,禁止医生收受"红包"。

《执业医师法》第 27 条规定,医师不得利用职务之便,索取、非法收受患者财物或者牟取其他不正当利益。2013 年 12 月 26 日,国家卫计委、国家中医药管理局印发《加强医疗卫生行风建设"九不准"》再次强调:不准将医疗卫生人员个人收入与药品和医学检查收入挂钩、不准开单提成、不准违规收费、不准违规接受社会捐赠资助、不准参与推销活动和违规发布医疗广告、不准为商业目的统方、不准违规私自采购使用医药产品、不准收受回扣、不准收受患者红包。对违反"九不准"的医疗卫生人员,由所在单位给予批评教育、取消当年评优评职资格或低聘、缓聘、解职待聘、解聘;情节严重的,由有关卫生计生行政部门依法给予其责令暂停执业活动或者吊销执业证书等处罚。涉嫌犯罪的,移送司法机关依法处理。对吊销执业证书的医疗卫生人员,国家卫计委一律在全系统通报,并向社会公布。对责令暂停执业活动的医疗卫生人员,由省级卫生计生行政部门在本省(区、市)范围内进行通报。

国家卫计委办公厅印发的《关于医患双方签署不收和不送"红包"协议书的通知》规定,医疗机构应在患者入院24小时内,由经治医师向患者或患方代表提供《医患双方不收和不送"红包"协议书》,并认真解答其疑问。二级以上医院(含开设住院床位的妇幼保健院、专科疾病防治院等)必须开展,其他医疗机构可参照执行。对于二级以上医院所有入院患者,由主管医师或病区主治医师负责与患者及其家属进行沟通,并代表医方在《医患双方不收和不送"红包"协议书》上签字。为体现医院法人代表责任,可在医方签名栏印制法人代表姓名。患方由患者或其家属签名。各级卫生计生行政部门要切实抓好工作落实,加强监督检查,统一设立投诉电话,由医疗机构印刷在《医患双方不收和不送"红包"协议书》上。医疗机构要将医患双方签署的协议书纳入病案管理,按照有关规定做好归档和保存等工作。

虽然,法律、行政法规等未就医务人员收受"红包"行为规定详细的处罚措施,但部分地方卫生行政单位结合当地情况就医务人员收取"红包"行为作了具体的处罚措施。如《苏州市卫生局关于对医疗卫生服务中收受"红包"行为的处理意见(试行)》第4条规定,对确认的收受"红包"行为人,根据情节轻重,作出如下处理:(1)责令退还,并处"红包"金额5—10倍罚款;(2)扣发本人半年奖金;(3)当年年度考核为"不合格";(4)两年内不得晋级、晋职并取消评先评优资格;(5)降聘一级技术职务一年;(6)责令暂停6个月以上一年以下执业活动;(7)对索要、暗示患者送"红包"的,吊销其执业证书;(8)聘用人员解聘、进修人员退回、临时合同人员解雇;(9)因收受"红包"被除名、解聘、辞退的,本市范围内任何医疗卫生单位不得安排其执业,卫生行政部门不得为其办理变更注册手续;(10)医务人员是党员的,按有关党纪条规,给予相应的党纪处分。

2. 医务人员商业贿赂的法律分析

商业贿赂是指在商品购销过程中,行为人利用职务上的便利,采用财物或者其他手段进行贿赂,以销售或者购买商品,为请托人谋取利益的行为。随着国民经济的不断发展,企业竞争激烈,不正当竞争已经蔓延至各行各业,商业贿赂是其中的一种重要手段。医疗领域的商业贿赂主要表现在医疗机构管理人员在医疗产品采购过程中收受财物或者回扣,临床医生利用处方权收受回扣或者财物等。那么,医务人员的该种行为应如何认定?

根据最高人民法院、最高人民检察院颁布的《关于办理商业贿赂刑事案件适用法律若干问题的意见》第4条规定,医疗机构中的国家工作人员,在药品、医疗器械、医用卫生材料等医药产品采购活动中,利用职务上的便利,索取销售方财物,或者非法收受销售方财物,为销售方谋取利益,构成犯罪的,依照刑法第385条的规定,以受贿罪定罪处罚;医疗机构中的非国家工作人员,有前款行为,数额较大的,依照刑法第163条的规定,以非国家工作人员受贿罪定罪处罚;医疗机构中的医务人员,利用开处方的职务便利,以各种名义非法收受药品、医疗器械、医用卫生材料等医药产品销售方财物,为医药产品销售方谋取利益,数额较大的,依照刑法第163条的规定,以非国家工作人员受贿罪定罪处罚。

根据上述规定,医疗机构中人员的身份不同,定罪性质也不同。

根据我国《刑法》第93条规定,国家工作人员是指国家机关中从事公务的人员。国有公司、企业、事业单位、人民团体中从事公务的人员和国家机关、国有公司、企业、事业单位委派到非国有公司、企业、事业单位、社会团体从事公务的人员,以及其他依照法律从事公务的人员,以国家工作人员论。因此,国家工作人员的认定有两个条件,一是国有事业单位和非国有事业单位中具有委派身份的工作人员;二是从事公务。我国大多数医疗机构属于事业单位,在属于事业单位性质的医疗机构中,只有国有事业单位和非国有事业单位中具有委派身份的工作人员中从事公务的人员,才有可能涉嫌受贿罪。从事公务,即代表国家对公共事务所进行的管理、组织、领导、监督等活动,因此国有医疗机构的行政领导、业务科室负责人及负责采购药品的人员等属于刑法意义上的"从事公务"。而医生的处方权,是国有医疗机构和非国有医疗机构中的医生依据《执业医师法》所享有的执业权利,不具有"从事公务"的性质。

因此,符合上述规定的国有医疗机构中从事公务的人员和非国有医疗机构中具有委派身份从事公务的人员收受回扣,构成犯罪的,以受贿罪定罪处罚;除此以外的其他非国有医疗机构中不具有委派身份的行政管理人员以及国有医疗机构中不具有行政管理职能的业务医生,收受药品回扣数额较大的,以非国家工作人员受贿罪追究刑事责任。

第三节 法律风险管理体系的建立

法律风险管理体系的建立需要同时依赖内部职能体系和外部支持体系。内部职能体系主要是指，由医疗机构内部法务人员组成的法律事务机构，负责各种法律风险管理工作；外部支持体系是指，通过聘请第三方专业人员（律师或法律专家），来解决专业问题。

以北京市为例，通过对北京市内一定数量的医疗机构法律顾问聘用情况进行问卷调查。从法律顾问的聘用情况看，绝大多数医院有内部法务人员或聘请了外部法律顾问，其中只有不到10%的医疗机构内部安排专职法律人员负责法律事务。由此可见，多数医疗机构均设立了法律顾问，且以外部法律顾问为主。

从聘用法律顾问数量上看，根据调查，随着医院级别、职工人数、床位数、诊疗人次、手术人次的提升，其法律顾问聘请数量也随之提升，反映出医疗机构的法律需求是与医疗机构规模、业务量、级别呈正相关的。目前在医疗机构中，公立医疗机构聘用法律顾问的情况比社会资本筹建的医疗机构要好。这种现象与医疗机构的规范化、法制化管理有关。从上述内容可以看出，社会资本筹建的医疗机构法制化管理意识相对较低，法律风险管理不到位。

从提供的法律服务看，外部法律顾问以提供日常法律事务咨询，参加仲裁或诉讼，起草、审阅、修改合同等法律文件为主；内部法务人员负责最多的法律工作为日常法律事务咨询，参加仲裁或诉讼，起草、审阅、修改合同等法律文件，为职工进行法律培训。可以看出，为职工进行法律培训，是内部法务人员日常工作的一部分，这样做的目的是为了维护医院正常有序的医疗卫生秩序，培养和增强医务人员依法行医的理念和意识，明确医务人员享有的权利和应尽的义务，规范医疗行为，促进医患和谐。因此，法律风险管理体系的建立，不仅要依赖外部法律顾问，内部法务人员同样不可或缺。

从处理的法律事务看，当前医疗机构年度法律事务工作量中，医疗纠纷相关法律事务的量占据绝大多数。但这并非说明医疗纠纷事务较多，而是卫生计生行业其他工作中的法律参与度较低，律师参与见证、参与谈判、参与伦理委员会讨论、参与其他事务的量过少。这些工作不是量少,而是医疗机构并未意识到应当由律师参与,依法执业、依法管理的意识有待进一步加强。

从上述调查结果可以看出,随着依法执业、依法行政理念的逐步推行普及,法律顾问在实际工作中的被接纳程度在逐步提升,逐步受到重视。尤其是伴随机构扩张、资源扩充、业务扩增,机构的法律事务随之增多,法律顾问的需求也便逐步增加。虽然因医疗机构规模、业务量的不同,聘请法律顾问的数量也不同,但是绝大多数医院还是建立了一个基本的法律风险管理体系,反映出医疗机构对依法执业的充分重视。但是,大部分医院过度依赖外部法律顾问,忽视了内部法务人员在风险管理方面的作用。同时,法律顾问参与法律事务的量过少,医疗机构不能全方位管理法律风险,需要引起医疗机构的重视。因此,要建立一个完备的法律风险管理体系,内部职能体系和外部支持体系相结合,根据医疗机构自身的特点制定以"内部职能体系为主,外部支撑体系为辅"或"内部职能体系为辅、外部支持体系为主"的法律风险管理体系。

第四节 医疗机构法律风险管理流程

法律风险管理是指如何在一个肯定的法律风险环境里把风险减至或降至最低的管理过程,管理流程是医疗机构法律风险管理体系实际运作的步骤和程序,是以时间为主轴全程管理防范法律风险的工作安排,一般包括事前管理、事中管理和事后管理三个阶段。

一、事前管理

事前管理是指医疗机构和医务人员在实施具体行为之前对可以预见的法律风险信息进行的预警并防范。了解医疗机构要面临哪些风险,是实现对医院法律风险控制和管理的重要前提。因此,在法律风险处理中,首先对法律风险的识别有一套完整的、规范的方法和流程,利于法律风险的汇总;其次通过对风险识别后汇总的所有可能发生的法律风险进行法律分析,考虑一切法律风险的原因及其可能带来的后果;最后通过法律风险评价,制定合适的应对策略。

(一) 法律风险识别

法律风险识别是法律风险管理的基础环节,也是能有效进行事前管理的前提之一,法律风险识别是通过查找医疗机构整个诊疗活动中可能存在的法律风险,进行描述、分类、归纳,最终形成法律风险清单的过程。包括构建法律风险识别框架、法律风险事件调查和形成法律风险清单三个环节。

1. 构建法律风险识别框架

医疗机构法律风险识别框架是指医疗机构在法律风险识别活动之前,为实现法律风险识别的目标,依照自身的特点及管理的需求构建的法律风险识别的整个风险框架表。因此,为保证法律风险识别的全面性、准确性和系统性,医疗机构需构建符合自身管理需求的风险识别框架。该框架提供一些方便识别法律风险的角度,这些角度包括但不限于以下方面:(1)根据医疗机构的组织部门设置识别,即根据对医院各部门的职责,发现各部门内可能存在的法律风险;(2)根据法律法规识别,医疗机构的各项执业活动应当有章可循,包括国家机关、卫生行政部门、行业学会制定的各项法律法规、诊疗规范,通过对相关法律法规的梳理,发现不同法律法规中存在的法律风险;(3)根据法律风险源识别,通过对法律环境、违规、侵权等行为梳理,发现医疗机构可能存在的法律风险;(4)根据不同法律领域的识别,通过对医疗机构相关的法律领域(如合同、知识产权、劳动用工等)梳理,发现不同领域内存在的法律风险;(5)根据相关案例识别,对相关案例的收集、总结、整理是进行法律识别的重要项目,通过对各医疗机构发生的案例进行梳理,发现本医疗机构存在的法律风险。

2. 法律风险事件调查

构建合理的法律风险识别框架以后,可以采用问卷调查法、访谈调研法、案例分析法等各种方法查找医疗机构中的法律风险事件。查找法律风险事件时,应根据法律风险识别框架的提示,从医疗机构的外部法律环境到内部的各组织部门进行查找。法律风险事件调查是事前管理的核心环节,也是法律风险管理流程的重要环节。因此,法律风险调查必须是医疗机构日常管理的一项必不可少的工作,要求医疗机构负责人的足够重视。此外,法律风险调查依靠单个部门是完成不了的,需要各部门和人员的积极主动配合,只有调动全单位行政人员及医务人员的主观能动性,才能使法律风险调查得以有效、顺利地进行。

3. 形成法律风险清单

通过构建法律风险识别框架、法律风险事件调查,最后形成法律风险清单,做好法律风险防范管理的重要条件就是"未雨绸缪",而形成法律风险清单就是医疗机构能够"未雨绸缪"的基础。形成法律清单的过程,也是对法律风险点筛选和甄别的过程。医疗机构中,到处蕴含着法律风险,同时也存在着大量重叠的法律风险,因此在清单整理过程中,第一,先要就一些重叠的法律风险进行规整,比如医疗机构进行手术时的告知义务,心内科、骨外科都会遇到,这些有共性的风险就可以规整成一个;第二,要修正法律风险信息,每个人对同一风险的描述都不尽一致,因此要做统一的规范;第三,清单中要列明法律风险及引发风险的具体行为,风险涉及的法规、法条、案例、法律责任和后果、法律建议,风险涉及的组织部门、科室、管理活动,等等。

(二) 法律风险分析

法律风险识别是事前管理中的一个环节,是整个法律风险管理的基础,进行法律风险识别后,还需对法律风险进行分析,以便提出法律风险应对方案,最终目的是达到风险防范和控制。法律风险分析是对识别出的法律风险进行定性、定量的分析,为法律风险的评价和应对提供支持,法律风险分析要考虑引起法律风险事件的原因,法律风险事件发生的可能性及其影响后果等。法律风险的分析有不同的详细程度,可以是定性的分析和定量的分析。一般情况下,医疗机构首先采用定性分析,通过对法律风险形成的原因、发生的可能性及影响程度,来初步评定法律风险等级,揭示主要法律风险。当定性分析不能满足管理需要的时候,再进一步采用数理统计方法和概率论等更具体和定量的方法进行法律风险分析。

(三) 法律风险评价

法律风险评价,是在法律风险识别和法律风险分析的基础上,对法律风险发生的概率、损失程度,结合其他因素进行全面考虑,评估可能发生的法律风险和危害程度,并与医疗机构自身客观条件以及法律风险准则相比较,或在各种风险的分析结果之间进行比较,以衡量法律风险的程度、确定法律风险的等级,并帮助医疗机构作出应对策略的过程。法律风险评价的目的是提出法律风险应对方案,从而达到风险防范和控制。

二、事中管理

事中管理是指医疗机构和医务人员在实施具体行为过程中对可能发生的法律风险进行防范和控制,选择应对策略,避免出现负面的法律后果。

事中管理的要点是加强执行力度,医疗机构和医务人员应根据法律风险应对方案,在实施具体的行为过程中,如开展医疗活动、签订和履行合同中对号入座,实施相应法律风险应对策略,包括回避风险、控制风险、降低风险等。如人员不足则招募人员,设备不符则采购设备,按照诊疗规范和技术操作规范开展医疗活动等,积极地回避风险。当然,医疗机构应根据自身的特点和实际情况选择,比如有些风险只能接受和面对。如脑科医院面对脑部复杂的手术,风险比一般手术风险更高,对于这种风险,医疗机构除了尽可能地降低和控制风险以外,只能接受可能发生的风险了。

三、事后管理

事后管理是指当医疗机构法律风险既成事实之后,由外部支持体系利用行政救济和司法救济的方式对不利后果进行控制和消除。主要方式包括:和解、调解(人民调解、行政调解和司法调解)和诉讼。

(一) 和解

和解,即人们通常说的"私了",是指医患双方发生争议后,通过谈判、协商的方式,就有关医疗争议的解决达成一致意见,并签订和解协议书的争议解决办法。和解是医患双方在法律规定的范围内自由处分自己的民事权利,是医患双方用最低的成本、最少的力气去解决问题,是最为便捷的争议解决办法。但是和解是有原则的,须符合法律的规定。

1. 合法原则

根据我国法律规定:(1) 和解协议不能损害国家、集体或者第三人的利益;(2) 不能以合法形式掩盖非法目的;(3) 不能损害社会公共利益;(4) 不能违反法律、行政法规的强制性规定。

2. 诚实信用原则

和解协议是医患双方在法律规定的范围内自由处分自己的民事权利,因此达成和解协议后应严格按照约定履行义务,不得擅自变更或者解除。

3. 自愿原则

和解协议是在医患双方当事人完全自愿的基础上订立的。

4. 采用法定形式

《医疗事故处理条例》第47条规定,双方当事人协商解决医疗事故的赔偿等民事责任争议的,应当制作协议书。协议书应当载明双方当事人的基本情况和医疗事故的原因、双方当事人共同认定的医疗事故等级以及协商确定的赔偿数额等,并由双方当事人在协议书上签名。

(二) 调解

调解是通过第三方介入,对当事人之间的争议进行调停。

1. 人民调解

人民调解委员会是群体组织,人民调解是指人民调解委员会通过说服、疏导等方法,促使当事人在平等协商的基础上自愿达成调解协议。经人民调解委员会调解达成的调解协议,具有法律约束力,当事人应当按照约定履行,当事人就协议的履行或者协议内容发生争议的,一方当事人可向人民法院提起诉讼,但人民调解不具有强制执行力。

2. 行政调解

是指行政机关基于当事人自愿的基础上,根据相关法律规定,对各方当事人进行说服,最终使其达成一致的争议解决方案。《医疗事故处理条例》第48条规定,已确定为医疗事故的,卫生行政部门应医疗事故争议双方当事人请求,可以进行医疗事故赔偿调解。调解时,应当遵循当事人双方自愿原则,并应当依据本条例的规定计算赔偿数额。经调解,双方当事人就赔偿数额达成协议的,制作调解书,双方当事人应当履行;调解不成或者经调解达成协议后一方反悔的,卫生行政部门不再调解。虽然行政机关有一定的行政权,但是行政调解也不具有强制执行力。

3. 司法调解

是指人民法院在审理民事案件过程中,根据当事人自愿的原则,在事实清楚的基础上,根据相关法律规定,组织并主持双方当事人就争议达成一致的过程。一般情况下,当事人之间就争议达成一致后,法院会根据调解协议制作调解书,调解书经双方当事人签收后即具有法律效力;对不需要制作调解书的调解协议,应记入笔录,由双方当事人、审判人员、书记员签名或盖章后,即具有法律效力。

司法调解的组织是各级人民法院,司法调解具有强制执行力。

(三) 诉讼

诉讼是指人民法院根据纠纷当事人的请求,运用审判权确认争议各方权利义务关系,解决纠纷的活动。在和解和调解都无果的情况下,诉讼是解决争议最后的希望。但是,诉讼成本高、周期长、医患双方的隐私得不到保障。而且,医疗纠纷相对专业,法官不具备医学知识,为了对案件的事实作出相对准确的认定,几乎所有的医疗纠纷案件都要经过医疗过错司法鉴定或者医疗事故技术鉴定,这也是我国目前各级法院审理医疗纠纷案件的基本思路。

结语

党的十八届四中全会通过了《关于全面推进依法治国若干重大问题的决定》,全面建设社会主义法治国家进入新的历史时期。医疗机构工作关系到全社会全体民众的身体健康,责任重大,因此各医疗机构依法执业,运用法治思维和法治方式作出决策、解决问题,既是各医疗机构长期、健康发展的前提条件,更是全面建设社会主义法治国家的一项重要组成部分。法律风险贯穿于医疗机构的全过程,对于律师来讲,一定要协助医疗机构树立起全流程法律风险防范的意识,并且贯穿到实践工作中去。

从另一个角度来讲,律师在协助医疗机构建立健全法律风险防范机制,乃至于处理医疗纠纷时,应当牢固树立一切为了广大患者健康的目标,坚持构建和谐医患关系的原则,医疗机构法律风险防范不是防范患者,唯有此,方能体现医疗机构、医务人员救死扶伤的天职。

第 7 章

医疗与新兴产业的合作

随着社会经济、科技的不断发展,我国医疗卫生体制的不断变革,医疗卫生事业也不可避免地受到各种新科技、新变革的影响,产生各种新的变化。例如,当下最火的概念莫过于"互联网+"了,互联网在更深、更广的层面上,影响到全社会的各种关系。那么当"互联网+"走进医疗,会出现什么样的变化呢?本章第一节将对此进行讨论。

随着我国对医师执业注册限制的不断放宽,医师自由执业已经成为一种现实,在这样一个大背景下,各种医生集团如雨后春笋一样萌发出来,这其中的法律关系如何界定,各方的权利义务又是怎样约定,其中还包含哪些法律风险,本章第二节对此进行分析。

医疗设备的融资租赁正成为当下医疗机构的一种重要融资手段,在医疗设备的融资租赁过程中,更多地体现出来的是一种金融手段,法律关系比较复杂,一旦处理不当,容易引发纠纷。本章第三节对这一问题进行了比较全面的探讨。

第一节 互联网+医疗[①]

一、"互联网+医疗"行业现状

(一) 欣欣向荣

近年来,有大量社会资本投入到医疗行业,其中不少投资的方向是互联网医疗。

传统医疗产业链上,医院处于绝对的制高点,因为药品、器械、设备等生产企业数目众多,竞争激烈,在产品销售上对医院依赖性很强,因而医院对供应商有强大的控制力。

医疗机构对买方(患者)处于主导地位。医疗机构对患者的控制主要是由医患之间信息不对称、医疗机构的技术垄断性和地区结构引起的。然而医疗机构处于不同的竞争地位,对患者的影响力截然不同。目前我国的优质医疗资源短缺,且分配不均。知名三甲医院人满为患,集中了好的医生和资源,基层医院技术薄弱、设备落后,门可罗雀。

随着社会的进步和人们生活水平的提高,人们的健康意识越来越强,但"看病难、看病贵"的问题又在短时间内难以改变,民众急需一个便捷高效、价格亲民的"随身"医生。而移动医疗 App 的产生正契合了民众的需求。随着社会节奏的加快,能快速诊断病症并给予有效指导的移动医疗 App,无疑给民众节约了很多宝贵的时间和精力。此外,作为移动医疗 App 载体的智能手机,已有一定程度的普。加之,医疗 App 重要传播媒介的网络四通八达,这也在很大程度上带动了移动医疗 App 的应用热潮。消费者期待移动医疗能够帮助他们进行医疗决策、健康管理,也愿意为获取这些服务支付费用。移动医疗的移动性、灵活

[①] 本节撰稿人:艾清、邓勇、万欣。

艾清,北京道信律师事务所律师,中国卫生法学会会员、患者安全委员会委员、北京市医患和谐促进会会员。

邓勇,北京大成律师事务所律师、北京市律协医药委特邀委员,北京中医药大学人文学院法律副教授。

万欣,北京道信律师事务所执行合伙人、北京市律协理事、医药委主任、纪处委副主任,中国卫生法学会常务理事、北京市医患和谐促进会常务理事,全国优秀律师。

性,能在一定程度上缓解社会优质医疗资源的不均衡问题。从而使人们的生活更加方便与健康,大大满足了应用者身心的双重需要。[①]

近几年,"互联网＋医疗"在世界范围受到关注。2014 年被业内认为是"互联网＋医疗"爆发的元年,国内外投融资市场开始大规模投入"互联网＋医疗"行业,美国最热投资领域包括医疗大数据分析、消费者参与的医疗保健、数字医疗设备、远程医疗、个性化医疗、大众健康管理等;中国最热投资领域包括基因检测、医药电商、可穿戴设备、移动医疗应用等。[②]

在国内,2016 年互联网企业开始关注面向医院的全流程服务,全景医疗的概念开始出现,同时,以提升就医体验为目的的医疗服务 O2O 模式备受关注,越来越多的企业开始关注对医疗活动各个阶段中所产生的数据进行采集、存储和处理,医疗大数据被提到重要位置。随着医疗大数据应用的进一步推进,我国当前医疗资源配置碎片化导致的数据碎片化已经成为政府和产业都高度重视并着力解决的问题,由此引发了产业对电子病历、医疗影像数字化、临床数据、生物医药数据、可穿戴设备数据等领域的关注。

纵观行业现状,互联网与医疗行业的融合开创了医疗领域发展的新时代,通过互联网的技术手段和平台,医生能够与患者进行远程诊断和康复指导。移动医疗也将是未来医疗服务发展的重要趋势,这不仅更好地增加了用户体验,大大拓宽了医生诊疗的时空范围,提高了诊疗效率,也在一定程度上优化了医疗资源的配置。

(二) 百花齐放

互联网医疗作为一种智慧化医疗,在发展过程中有着多样化的表现形式。

1. 可穿戴医疗——智能化家庭医院

可穿戴医疗设备能够借助多种传感器对人体的各种生理指标进行采集,并将这些数据无线传输到随身携带的中央处理器,中央处理器会把这些数据传送到医疗机构,以辅助医生及时地对用户的病情进行专业、全面的分析和治疗。随着亚健康、老龄化等问题的凸显,人们对自己的健康状况越来越关注,人们对慢

[①] 参见张建霞:《医疗 App 浪潮来袭受追捧,鱼龙混杂暗藏健康隐患》,载《通信信息报》2013 年第 6 期。

[②] 参见余冬苹、张玉良、赵彦涛:《"互联网＋医疗"发展趋势探讨》,载《移动通信》2016 年第 13 期,第 12—15 页。

性疾病的监控需求日益增长,这为可穿戴医疗设备的发展带来了广阔的市场前景。

2. 大数据医疗——商业化模式探索

大数据又称巨额资料,是一种数额巨大、增长率高、类型多样的信息资产。传统医疗诊断是小数据的判断和决策,正确率很难保证,完全依靠医生的经验和能力。而大数据进入了临床决策,医生将患者的信息输入系统后,系统自动比对现有的临床知识,生成个性化的信息供医生参考,同时通过总结以往统计经验,提醒医生可能出现的错误。这不仅有助于增加医生临床决策的正确性,也可以提高医疗服务效率。大数据在医疗行业的应用价值不仅存在于临床阶段,对于医疗产品的研发、医疗过程的透明性、远程病人的监控,大数据都具有巨大的价值。

3. 互联网诊疗——移动式医疗开创

传统门诊体系中,患者需要克服时间与距离的问题去往医院获得诊疗服务,而具有优质医疗资源的医院往往人满为患,费时费力排队最后却只得到了五分钟的就诊。在传统门诊患者就诊体验差、医患矛盾激化的背景下,互联网诊疗模式成为了未来医疗行业发展的趋势。在互联网医疗时代,患者可以足不出户就实现快速精准就医。互联网具有连接功能,通过互联网技术将医生和患者连接,患者就可以跨越时间和空间的限制,自由选择合适的医生实现实时问诊。通过将医生与患者置于互联网平台上,利用大数据分析和精准搜索,可以在最短时间内实现患者与医生的对接,大大减少排队等待预约咨询过程中的麻烦,真正实现自由、随时就医。2017年4月28日国家卫生计生委办公厅发布《关于征求"互联网诊疗管理办法(试行)(征求意见稿)》和《关于推进互联网医疗服务发展的意见(征求意见稿)意见的函》,根据《互联网诊疗管理办法(试行)(征求意见稿)》第4条的规定,国家卫生行政主管部门的倾向性态度是(目前)允许开展的互联网诊疗活动仅限于医疗机构间的远程医疗服务和基层医疗卫生机构提供的慢性病签约活动,即互联网医疗的提供主体未见有放开管制的趋势。

(三) 发展瓶颈

与大多数互联网产品初期面临的困境相同,处于漫长新生期与培育期的移动医疗App在迎来发展机遇的同时,风险与挑战并存。首先是盈利问题:一方面,由于盈利模式不明确,几乎所有的移动医疗企业均处于风险投资阶段,烧钱推广严重依赖资本推手,资本良性回收难度大;另一方面,伴随着 BAT(中国互联网公司三巨头)流量价格越来越高,商家在享受流量红利的同时,大量同质化移动医疗竞品盈利率普遍偏低。天猫、京东医药 B2C 平均利润率为 −1.3%,少数实现盈利的企业,净利率也不超过 2%。移动医疗 App 目前盈利状况可能使承受能力较差的移动医疗企业面临被淘汰的风险。其次,不同主体间的利益分配问题同样制约着移动医疗的发展,医生、医院、移动医疗平台,创始人与投资者之间利益纠葛十分严重。再次,用药安全、患者信息安全等一系列安全问题威胁着患者的人身财产安全。最后,现有医疗卫生法律法规对互联网医疗的局限作用,立法监管等制度及体系的不健全,患者医生等陈旧的观念以及其他诸多问题大大影响了移动医疗前进的势头。

二、"互联网＋医疗"理论分析

(一) 横向法律关系

1. 居间型法律关系

互联网企业与医生、患者之间构成居间型法律关系,互联网企业为医患提供沟通平台,通过平台,医患双方直接建立医疗服务合同关系。互联网企业从患者或从医生处收取居间费,但不直接介入医生与患者间的收费协商和医疗服务的具体内容。典型的有"春雨医生""爱问医生""微信医生"等。这种居间型法律关系受我国《合同法》中关于居间合同规定的调整,居间方不受医生与患者医疗服务合同的约束。居间人承担核实信息义务、如实报告义务、居间撮合义务、个人信息保护义务等主要义务,具有报酬请求权、信息展示权等。

2. 数据处理服务合同关系

主要指通过可穿戴设备收集整理人群的疾病数据、健康数据、形成数据平台,然后提供给医生诊疗、会诊、研究使用。互联网企业与患者成立数据收集合同关系,与医生成立数据提供合同关系。本法律关系的主要法律风险一方面是患者的隐私权,如果患者隐私被泄露,互联网企业可能要承担侵犯患者隐私权或者违约的法律责任,严重的话更可能承担刑事责任;另一方面是数据的准确性,如果由于互联网企业设备的问题导致数据失真,错误提供给医生,造成了对患者的人身损害,可能需要承担侵害患者生命健康权或者违约的法律责任。

3. 医疗服务合同关系

根据《互联网诊疗管理办法(试行)(征求意见稿)》第二章"互联网诊疗活动准入"中第8条的规定,医疗机构开展互联网诊疗活动应当由核发其《医疗机构执业许可证》的卫生计生行政部门备案同意,并在《医疗机构执业许可证》副本注明。当患者发生人身损害时,直接适用《侵权责任法》关于医疗损害赔偿责任的规定。当患者对服务不满意时,可以提出合同之诉,主张违约责任。当然,如果患者拖欠医疗机构医疗费用,医疗机构也可提出诉讼主张权利。

(二) 纵向法律关系

1. 承揽合同关系

当互联网企业分担了医疗机构或药品机构的部分业务,比如慢性病的回访管理、药品配送或线上分诊、转诊时,互联网企业可能与医疗机构构成承揽关系。比如阿里巴巴的未来医院。对于承揽合同关系而言,互联网与企业之间的关系受承揽合同的约束,但是法律对互联网企业承揽医疗机构的非医疗服务及药品经营,是否需要单独取得医疗机构许可或药品经营许可暂无要求。如果互联网企业独立于医院而直接与病人成立医疗服务合同关系,必须要取得相关机构资质。

2. 技术合同关系

包括技术咨询、技术服务合同关系。在此关系中,互联网企业为两家或多家医院的远程会诊、远程病理、影像诊断等医疗服务提供技术支持,而不是提供医疗服务。互联网企业成为医疗机构的供应商,仅对其由于提供的技术服务存在的过失或违约承担责任。

三、"互联网+医疗"自身存在的问题与法律实务操作建议

(一) 实现盈利问题

1. 盈利障碍

移动医疗 App 在盈利方面有以下主要问题:一是国外成熟的盈利模式无法直接嫁接到中国的土壤。美国移动医疗 App 的盈利来源主要有保险公司投保、私人医生付费会员、医院为遵守患者隐私权法律付费购买闭环医疗通讯系统、患者付费医疗等。然而,中国医疗领域低比率的商业投保难以支撑移动医疗资金流通、公立医院体系限制私人医生群体规模、患者隐私权法律没有强制要求医院

封闭医疗通讯、医生缺乏与患者互动的事实导致患者付费动力不足,这些都阻碍着移动医疗盈利模式的形成。二是同质化的商业竞争盈利模式单一。国内多数移动医疗 App 的盈利通过转嫁广告费、中介费、增值服务和在线问诊等来实现,不仅利润率低,而且在医疗资源有限的前提下,该种模式资金链条脆弱,抗风险能力低。

2. 解决路径

中国互联网医疗产业想要完成盈利模式的创新,需要改变"使用—收费"的传统商业思路,而是依靠做大做强上下游产业链,提供差异化的服务,向"使用—需求满足—自愿付费"转变。具体可以从以下几个模式入手:

模式一:移动医疗基础设施化。比如有的医疗软件公司以三甲医院为目标客户,为其免费建设移动医疗硬件与软件系统,患者付费享受由此带来的增值服务,企业同时也可赚取广告等费用。

模式二:移动医疗私人定制式化。有的网站通过量身定制医疗服务套餐、提供高端诊中就医服务、诊后跟进推介服务等个性化、全方位医疗服务实现盈利。

模式三:移动医疗医患粘合化。有的网站立足慢性病患者,通过其在家中付费延续新处方以免去漫长的挂号排队就诊时间来实现盈利。患者信任医生,医生提高治愈率,医患粘合性增强。

模式四:移动医疗"一对一"服务化。有的网站通过专业护理人员对老年人寻医问药提供挂号、检查、结算、取药等全程陪护和指导来实现盈利,增加用户对该产品的信任和依赖。

这四种模式是企业大胆探索、精心设计的结果,其成功的关键都在于把握并引领市场的需求。所以立足公众需求、提供差异化服务,做公众真正需要的产品才是移动医疗企业的生存之道。

3. 应对升华

目前我国移动医疗发展模式主要集中在慢病管理、医药销售、挂号咨询、可穿戴设备等几个方面,同质化严重。其实还有很多的市场空白大有可为,比如在基础护理、公共卫生研究、急救护理、自助医疗服务领域我国目前的发展还比较欠缺,在这些领域,相关的政策阻碍反而比较少,而市场需求正在不断扩大,创业者应该大胆去尝试,不要局限于目前的几种模式。当然最重要的是,相关创业项目要尽快走出"只管圈地、不顾商业模式"的怪圈,回归到如何为用户创造价值的核心问题上来。否则，只能挂号和查询的移动医疗很难成气候，留不住用户，也无法撬动传统医疗的市场地位，可持续发展更是无从谈起。

在移动医疗刚刚兴起之时，很多企业为了积攒平台人气，盈利模式不明确，有的时候为了引入更多的流量而把资金大部分花费在进行宣传、给予用户过多补贴上。但医疗行业本身的特殊性决定了流量的转化率不会太高，一方面，用户使用移动医疗平台是为了得到可靠的、便捷的就诊体验，如果移动医疗平台不着重优化自身服务设计，一味的价格竞争与宣传也不能长期维持用户使用量。另一方面，医药健康产品的决策与需求往往掌握在医生手中，必须有医生的干预才会有用户的长期与重复购买。因此，移动医疗平台的长期发展应依靠一系列的用户服务设计，创建一个医患有效沟通、用户信息长期跟踪管理的服务平台，把服务当作运营的中心，把流量当作服务带来的副产品。

（二）利益分配模式问题

1. 问题简述

移动医疗的兴起，无疑是对传统医疗行业相关主体之间利益分配格局的一次变革，既包括医生、医院、移动医疗平台三方利益分配调整，也包括创始人与投资者之间的利益分配调整。如果这些主体之间利益分配问题不能妥善处理，移动医疗产业的前途堪忧。

就医生、医院、移动医疗平台而言，以"轻问诊"为例，用户付费咨询之后，医生、医院和移动医疗平台三方就面临着如何分配该笔费用的问题。"春雨医生"等移动医疗App为了吸引优秀医生将该笔费用全部付给医生，但同时也损失了一笔可观的利润。医生的职业根基在于医疗机构，当医生在移动医疗平台上收取费用之后，医疗机构肯定担心影响医生对本职工作的专注，因此有些医疗机构就曾明令禁止医生与移动医疗平台的合作。

对创始人与投资者而言，在投资和融资的过程中，二者之间股权分配矛盾逐渐显现。由于创始人对创业公司投入的资金比例远低于投资者资金比例，创始人在公司融资时股份迅速被稀释，如果没有在股权架构设计上加以防范，很可能失去主导未来公司发展与走向的控制权而变成普通的"打工仔"。于是，创始人纷纷要求将所掌握的技术、专利等以知识产权的形式折价成公司股份。在实践中，为了应对这一情况，占据公司大多数股份的大股东往往要求签订竞业禁止协议将创始人与创业公司"捆绑"，二者之间股权分配纠纷将增加投资风险。

2. 解决方案

这两方面的风险几乎是每一个移动医疗创业公司将会面临的困境,但对此风险的规避并非束手无策。

首先,对于需要医生、医院、移动医疗平台进行费用分配的App应该预先拟定协议,规定三方利润份额。同时为了保护医生的积极性,应该提高医生利润分配份额,实现三方共赢。

其次,互联网经济时代去中心化的节点效应讲求充分发挥个人的智慧和价值,这种"自由人的自由联合"往往超越传统公司治理模式而给公司创造更大的价值。公司股东与高管的作用正在发生本质的变化,由股东中心化向管理中心化转变。二者应该放弃提防和对抗,选择更多的信任与理解。投资股东应该认清这种变化趋势,尊重创始人的个人智慧对公司发展的决定性影响。

再次,创始人要合理规划公司发展战略,在认清市场需求的基础上对投资人言明风险、分析利弊、多加考量,投资人也要理性分析投资可行性,与创始人风险共担、利益共享。二者相结合,移动医疗企业才能找到合适的投资人提供健康、稳定、长期的投资。

最后,大股东与创始人之间股权分配问题完全可以预见,属于可控风险,事先预防和规避可以减少纠纷发生的可能性,降低投资风险。投资股东在实际投资之前应该与创始人签订相关合同条款,对未来可能出现的股权分配问题进行事先预防,防止纠纷产生。

3. 深化发展

以"轻问诊"模式为例,应明晰与医生的利润分享及责任划分,用户付费咨询后,医生、医院和移动医疗平台就面临着如何分配该笔费用的问题。移动医疗企业在与医生签订合作协议时,应预先拟定利益分配方案,保护医生的积极性,提高医生利润以实现共赢。同时,为了解决出现医疗纠纷时归责主体难以确定的问题,应事先通过协议与医生明确划分责任,这样不仅增加医生责任意识,也有利于移动医疗企业长期稳定发展。

(三) 安全隐患问题

1. 问题简述

首先,就移动医疗App平台方面来考虑。有一种App的功能在于为使用者提供健康饮食建议、治疗疾病的偏方或一些药物使用的方法。例如某App能提供包括数万条药品信息、全国范围的药店信息、知名药厂信息、完善的症状库和疾病库、全面的养生保健知识等;该 App 还提供每日最新健康资讯、健康管理等功能。这类医疗健康 App 通过使用者所反馈的症状,会在其设立的网络药库中搜索出相应的药物信息提供给使用者。在 App 市场鱼龙混杂的背景下,这个过程就涉及了药物安全使用的问题,例如,移动医疗 App 所提供的药物信息是否齐全,在很大程度上决定了用药隐患的存在与否。

其次,从药品本身来分析。有些药品适应症广泛,也许咨询者的病症只适用于它某一方面的功效,这种情况虽然可能会对咨询者的健康产生一定的积极作用,但是也可能效果不显著,甚至有可能延误关键的治疗时间。最危险的情况是,咨询者不仅只有这一种病症,当其同时患有多种身体疾病时,单是一种药就不能保证它是否能对症,也许会对其他病症产生副作用,或者与患者服用的其他处方药产生理化反应。这时,使用者的人身健康就会受到严重威胁。

最后,虚假广告带来人身和财产的威胁。在使用移动医疗 App 的时候,经常会有各种类型的广告插入其中,不仅影响了使用者的正常使用,而且,其合法性也有待考证。北京市工商行政管理局《关于对网络广告经营资格进行规范的通告》中提到:各类合法网络经济组织可以作为一种媒体在因特网上发布由广告专营企业代理的广告,但在发布广告前应向工商行政管理机关申请办理媒体发布广告的有关手续;网络经济组织在具备相应资质条件的情况下,也可直接承办各类广告;网络经济组织承接广告业务的,应向工商行政管理机关申请办理企业登记事项的变更,增加广告经营范围,并办理《广告经营许可证》,取得网络广告经营资格。但是,出现在移动医疗 App 中的广告,并不一定符合上述通告中的内容,这类广告的合法性和真实性也无从得知,因为它们大都提供不出或者根本也不愿意提供出广告合法的证据,而此类非法广告的植入无形中侵害到使用者的合法权益。

2. 解决方案

移动医疗 App 的法律风险大致分为二类:第一,作为 App 应用给用户带来的信息安全风险;第二,作为移动医疗终端所产生的医疗纠纷。就前者而言,有专家指出,App 泄密背后存在一条利益链,为了赚取应用内置的广告费用,开发商与移动广告平台签署协议,在应用中内置"险恶"的广告代码,这些代码可以让广告商利用应用安装时获得的权限,大量读取用户信息。就后者而言,医疗纠纷往往是伴随着医疗事故、医疗侵权责任而产生的,在处理过程中要根据实际情况来确定。对于移动医疗App的纠纷处理,笔者认为应建立一整套全新的处理机制。

第一,探索建立互联网医疗纠纷调解组织,专门从事互联网医疗侵权咨询和调解工作。移动医疗App所引发的医疗侵权纠纷往往以网络为载体而发生,这就需要一批了解、掌握互联网知识和医学知识的法律专家帮助医患双方处理相关纠纷,在保证效率的同时,能够真正做到定分止争。

第二,明确互联网平台的赔偿责任。鉴于移动医疗App的特殊性,患者和医生之间一般不发生直接接触,而是靠网络平台在二者之间架起了一座桥梁,因此,要明确网络交易平台在医疗侵权责任纠纷中的责任。

第三,明确不同模式下的诉讼主体。如前所述,各种互联网医疗的模式各不相同,互联网企业、医疗机构、药品生产企业、药品经营企业、信息储存企业、信息服务提供商、患者,在医疗侵权责任纠纷、医疗服务合同纠纷、信息权侵权责任纠纷、隐私权纠纷等各种不同诉讼之中,各方的诉讼地位均不相同,有的是被告,有的是第三人,有的是原告。因此应针对互联网医疗的各种纠纷制定专门的规则确定这些法律关系主体的地位、权利义务等。

第四,加大就医用药科普宣传。据不完全统计,我国有七成家庭存在自我用药不当问题,有近半数消费者不了解处方药和非处方药的区别。有调查显示,北京、上海、重庆等地聋哑学校中,70%儿童的残疾是由于小时候药物使用不当造成的。因此,解决安全用药观念问题刻不容缓。应设立"安全用药日"或"医疗常识普及日",面向基层开展安全用药和医疗常识的科普宣传活动。宣传活动应注重知识性、趣味性、体验性、娱乐性、互动性等,吸引更多的人参与到此项活动中。同时,相关部门应建立全国性电视健康频道,发挥主流媒体宣传作用,引导公众安全用药,防止听信虚假医药广告,建立起正确、健康的生活方式。

(四)支付障碍问题

1. 问题简述

实现网上药店医保支付的政策突破有赖于法制建设的完善和具体制度建设的跟进,就现状而言,这二者都是我们目前所欠缺的。具体而言,主要表现为:

在行政层面,网上药店医保支付一直受到政策的严格限制,其中一个主要原因就在于医保支付本身存在区域间的差异。目前,我国医疗保险制度设计较为复杂,劳保医疗制度、公费医疗制度、合作医疗制度并存,各地医保中心都有针对各自地区的政策,造成各地区医保病种、报销比例均存在差异,全国各地区各险种也缺乏统筹规定和有效的相互衔接。这些问题造成了医保账户的局部有效性和医保支付的地域局限性,医保支付与网上药店对接难度因此大大增加。

在立法层面,我国关于医保资金使用的法律规范在《中华人民共和国社会保险法》里有所涉及,其中第28条指出,参保人员在协议医疗机构发生的医疗费用,符合基本医疗保险药品目录、诊疗项目、医疗服务设施标准的,按照国家规定从基本医疗保险基金中支付。但这一条款只是一种原则性规定,不具有实际操作性。实际上,目前我国关于医保资金使用的具体规定散见于国务院部门规章和各地方政府规章中,体系散乱、层级不高。究其根源,仍旧是由医疗保险制度设计本身的复杂性所决定的,而反过来也加大了医疗保险制度改革的难度。另外,由于法律法规具有滞后性,关于规范医保资金被转化成电子货币在网络上流通的法律条文几乎缺失,给网上药店医保支付的发展带来"先天不足"。

在监管层面,网上药店监管的难点有两点:一是监管模式本身目前尚未成熟;二是医保的特殊性赋予了"网上药店医保支付"更多的监管难题,其中最主要的就是网上药店的医保用途监管困难。

在技术层面,网络技术问题也是探讨"网上药店医保支付"行业发展障碍时不可忽视的一环,主要包括平台构建技术和网络安全技术。想要实现医保系统与网上药店系统的对接,离不开政策、立法、监管等方面的支持,但最直观的问题还是网络平台的搭建。传统的网上药店交易以"商对客"(B2C,是电子商务的一种模式,即直接面向消费者销售产品和服务商业零售模式)模板为基础,涉及药店和消费者双方主体,那么该如何将政府及其所拥有的医保账户信息顺利地纳入整个互联网交易模式中,就需要技术方面的继续探索。同时,对于医药电商来说,互联网时代是个机遇与挑战并存的时代。真假难辨的钓鱼网站、形形色色的网购骗术、层出不穷的网络病毒等非法行为屡禁不止,一旦涉及国计民生的医保资金转化成电子货币,则医保账户的安全性将面临更大的考验。从目前看来,我国现在通行的网络安全技术还没有达到一定的标准,对于相关安全性技术的研发仍有待进一步突破。

2. 解决方案

促进网上药店医保支付发展的思路如下:

第一,应加大政策支持力度。网上药店医保支付的完全实现虽存在种种困难,但不可否认这是一种顺应市场发展趋势、于国于民有利的商业模式。在我国,从医保制度设计到医保运行监管均由政府把控,加之医保系统顶层设计不甚合理、区域间医保运行模式不统一、医保监管力度参差不齐、尚没有实现医保定点全面覆盖,这些非技术性因素导致的医保支付区域对接障碍始终难以突破。其解决的关键在于政府的态度和决心,若政府能够真正重视起这项改革,充分运用国家政策的力量,发挥对市场的宏观规划与指导作用,将更快推动我国互联网药品销售产业的发展。具体而言:(1)从规范工程入手,落实医改重点任务,加大医改力度,努力消除医保的地域差异性;(2)积极调研,结合社会力量推进网上药店医保支付具体模式的设计;(3)抓好重点地区、企业的网上药店医保支付试点建设,给予更多政策鼓励和引导;(4)政府各部门之间以及区域之间要协调配合,形成自上而下的、有机统一的工作整体。

第二,多角度完善相关法律规范。(1)医保资金区域间共济统筹性差,是实现网上药店医保支付的一大障碍。我国医保体制发展至今,不乏多种政策性试水,行政命令和部门文件已出台很多,但仍然效果有限。借鉴德国的成功经验,应当考虑以立法方式大刀阔斧推动改革,从全国统一立法的角度制定一部规范医保资金筹集、使用、协调等方面的法律。(2)着手医保资金虚拟化流通层面的法律设计。虽然医保资金虚拟化流通这一概念仍有待界定,但是无论从方便民众社会生活角度还是从促进经济建设角度来看,医保资金都有其虚拟化流通的现实需求,且伴随着互联网交易日新月异的潮流,医保资金虚拟化流通的实现将只是时间的问题。(3)补充网上药店运营规制方面的立法。现存的《互联网药品信息服务管理办法》和《互联网药品交易服务审批暂行规定》,对于网上药店经营的规范过于笼统,虽然对于行业发展的起步可以起到一定的指导和预警作用,但从长远来看,还需进一步细化规则,对药店准入、药品流通、物流配送、自我监管、信息披露、广告发布等方面进行具体补充。

第三,构建新型监管体系。网上药店医保支付之所以迟迟不能跟进,与相应的监管制度不健全有很大关系。在监管能力未能得到提高的情况下,医保部门就很难下决心实施线上支付。当下要想推进医保支付政策的出台,就必须完善网上售药监管体系,其中最为重要的当属以下几个方面:(1)重视对网上药店的准入资格监管,建议有关监管部门应细化市场准入规则,从技术标准和行政审批双重角度对网上药店的资质进行要求,其中将安全技术和医保支付平台搭建技术标准作为必要条件,可对包括药品品种、信息发布、药事服务、物流配送、投诉举报、质量回溯和数据管理等实行行政资格审批;(2)完善对网上药店日常运营的监管,建议各省监管部门建立和规范互联网药品经营案例处置流程和监管部门协作工作机制;(3)加强行业协会自律,重新加强行业协会的建设,大胆放权给行业协会,在发挥好现有行业协会作用的基础上,尝试建立起一套由中央到地方各省完整的行业协会体系,鼓励设置专业性好、监管能力强的行业协会。这样的措施势必可以分担政府的监管重担,促进监管专业化和产业精细化。

(五)互联网诊疗的不确定性问题

移动医疗 App 的应用者(咨询人)以网络为媒介,以移动医疗软件为平台,连线专家,描述患者的病情或者身体状况。专家根据咨询人的文字描述或者图片展示进行疾病的判断。这一过程虽然免去了挂号排队,但它却增加了就医问诊的安全风险,降低了疾病判断的准确性。由于专业知识的缺失,患者在很多情况下对自身的病症或者状况无法进行有效、全面而准确的表达,这就会导致医生通过 App 终端了解到的患者状况不准确、不全面或者根本就不属实;此外,即使患者详尽描述自己的症状,缺少专业的医疗设备检查,面对很多症状相同的疾病,医生也难免带有猜测嫌疑。所谓"差之毫厘谬以千里",在医疗领域更是如此,因此互联网诊疗有时会出现误诊与漏诊情况也在所难免。

四、"互联网+医疗"外部存在的问题与实务操作建议

(一)立法——法规

1. 滞后的政策法规对移动医疗的制约问题

互联网医疗作为新生事物,这方面的法规政策十分滞后,由于医疗行业的特殊性,立法者相对保守,对于互联网医疗的监管主要还是沿用传统的法规政策,对互联网医疗缺乏足够的开放态度,使得其发展处处受到制约。根据《互联网诊疗管理办法(试行)(征求意见稿)》第 4 条的规定,(目前)允许开展的互联网诊疗活动仅限于医疗机构间的远程医疗服务和基层医疗卫生机构提供的慢性病签约活动。在药品销售行业,虽然社会上一直呼吁放开对互联网医疗企业销售处方药的禁令,但监管部门仍未对其解禁,处方药占药品销售的 80% 以上,不能够销售处方药,互联网医疗的药品销售企业就难以得到长足发展。2017 年 4 月 1

日,卫计委新颁《医师执业注册管理办法》正式实施。按照这个新的注册办法,医师执业将不限于一家医院,而是以所在省级行政区划为执业地点,执业机构的数量不受限制。同时根据该办法第17条的规定,经向批准外省某医疗机构的卫计委申请增加注册后,医师亦可跨省执业。这显然是有利于患者、有利于医生流动、有利于合理分配医疗资源的重大举措。但根据《互联网诊疗管理办法(试行)(征求意见稿)》第四章"互联网诊疗活动监督管理"第23条的规定,医务人员开展互联网诊疗活动应当依法取得相应执业资质,并经其执业注册的医疗机构同意。显然较之注册管理办法的新规更为严格。

2. 医疗责任的界定与承担机制欠完善问题

在"隔空猜物"和"样板化"的移动医疗模式中,所涉及的主体众多,包括医疗机构和医护人员、移动医疗软件应用开发者、相关硬件生产者、手机软件应用商店等,更重要的是各方主体的过错和责任承担难以通过现有法律来认定。当立足现行法律法规分析移动医疗的法律适用时,不难发现,其在法律适用规则和责任承担方面存在诸多缺陷和立法空白。据报道,有市民因经常腹痛到网上下载了一款移动医疗软件,根据检测结果该市民患有结石,进行一段治疗后病情没有好转。后经医院检查,发现仅患普通的胃肠炎。疾病诊断中的误诊有时候非常危险,往往会给患者带来人身、财产上的损害,然而当患者进行维权时,却被告知移动医疗的损害赔偿问题目前没有专门立法予以规定,在法律适用上存在较大的不确定性。

有关部门未对移动医疗性质作出准确的认定,也没有将移动医疗纳入监管体系。恰恰是这些缺陷和空白,让受到移动医疗服务或产品侵害的用户很难获得及时的切实有效的法律保护,从而严重影响用户的产品服务体验。导致移动医疗的可信度和民众对其期望值降低,这对处于起步阶段的移动医疗产业而言极其不利,完善相应的法律适用规则刻不容缓。

因此,移动医疗产业要想在市场经济中获得持续发展,当务之急应明确和完善移动医疗产品损害责任的法律适用规则。在医疗责任上,互联网医疗企业由于其提供的服务不同而产生的责任也不同,部分互联网企业主要服务是为医患提供健康咨询、导医服务的平台,企业本身不直接介入医生与患者间的医疗服务,构成民法上的居间法律关系,那么医疗侵权责任应该主要由提供诊疗服务一方来承担。但是目前我国法律对相关的法律关系规定比较模糊,责任界定不够清晰,欠缺明确的责任分配规定,使得受侵害的患方维权存在一定困难。

笔者认为,移动医疗法律适用规则具体应从以下五个方面进行构建和完善:

第一,细化分类标准,明确监管对象。目前,移动医疗只属于普通应用程序的行列,部分作用于人体进行物理性质测量的移动医疗设备能否被认定为医疗产品有待相关法律的确认。这关系着各方主体注意义务的大小以及在何种类型的法律关系中承担何种法律责任。目前市场的移动医疗大致分为三类——记录类、信息类、诊疗类。当前更多的安全风险主要集中出现在诊疗类中。对此,一方面,可以参照《医疗器械监督管理条例》的相关规定,将诊疗类中测量式自诊自测平台和外接设备式远程诊疗平台认定为医疗器械,按照医疗产品损害责任来进行相应的追责;另一方面,可以借鉴美国 FDA 的经验,将包括移动医疗在内的医疗器械进行三级分类管理,按照风险等级从低到高制定不同的市场准入以及监管规定。

第二,建立移动医疗产品缺陷认定标准体系。移动医疗产品损害责任要求移动医疗产品存在缺陷,新兴的移动医疗尚没有普遍适用的一般标准。传统医疗产品缺陷认定规则不能完全适用于移动医疗缺陷的认定,并且缺乏针对移动医疗产品应用缺陷认定的国家与行业标准。移动医疗产品损害责任的首要构成要件即应为"产品存在缺陷"。笔者认为,根据《侵权责任法》第 59 条关于医疗产品损害责任的规定,患者因医疗器械受到损害,可以请求医疗机构赔偿,也可以请求医疗器械生产者赔偿,并且医疗机构和生产者可以根据对方过错相互追偿。因此,国家医疗器械专业标准化技术委员会应参考功能相近的医疗器械标准制定移动医疗产品的国家与行业标准,从而建构起移动医疗产品损害责任的基本框架。

第三,明确责任主体。目前手机应用商店应该被认定为"销售者"还是"网络服务提供者"尚未形成共识,是否须为相关应用造成的医疗损害担责仍然有待明确。缺陷医疗器械生产者理应承担相应责任,而软件开发者与硬件生产者内部责任分配也需进一步明确。手机应用商店与"网络服务提供者"存在差别,即是否具有事先审查义务。很明显,手机应用商店需要审查上架应用软件,应该被认为是销售者,这样手机应用商店就被纳入了责任体系中,根据《侵权责任法》第 43 条的规定,销售者承担产品损害责任并可以向生产者追偿。在生产者内部,软件和硬件生产者则根据对方的过错相互追偿。所以,我国亟须出台相应规范,确定手机应用商店的性质和责任,完善移动医疗产品损害责任体系。

第四,确定医护人员义务范围。传统医疗关系患者与医疗机构之间存在医疗服务合同,发生医疗纠纷,医疗机构作为医疗服务提供者应出面应对纠纷,在有过错且过错与患者损害后果存在因果关系的情形下承担相应赔偿责任,而移动医疗的医生很可能会出现"裸奔"的现象,医生和医院如何担责需要法律明确。医生在移动医疗平台上以某医疗机构专业医师的名义行医诊疗,整个医疗过程中各个主体的参与度较之传统医疗模式都有很大不同,有必要对传统的医患法律关系重新定义。法律应厘清移动医疗机构与医护人员的法律关系,明确医生职务行为范围,从而界定好各种情形下移动医疗医生与医疗机构的关系,这样移动医疗产品损害责任各方主体的责任将会更明晰。

第五,强化市场准入,建立备案制度。患者几乎与应用开发者、硬件生产者没有直接接触,面对市场2000多种鱼龙混杂的移动医疗产品,发生损害后却难以找到责任人,更何况遇到不负责任的"伪专家""伪医生"给患者提供了错误的医疗建议。目前,根据《互联网诊疗管理办法(试行)(征求意见稿)》第四章"互联网诊疗活动监督管理"第23条的规定,医务人员开展互联网诊疗活动应当依法取得相应执业资质,并经其执业注册的医疗机构同意。患者可据此追究开展互联网诊疗活动的医务人员的责任。

每一种新兴事物必然经历从不成熟到成熟的过程,移动医疗正处于破茧成蝶的节点上,尽管面临着技术上的不纯熟、立法上的不完善,但笔者相信,只要加强对市场的监管,完善对个体权利的保护,我国的移动医疗将登上一个新的高度。

(二)执法——监管

1. 行政监管

(1)法律和政策风险

医疗是政府严格监管的行业,现有的监管制度为移动医疗企业创新发展模式带来较多的政策壁垒,例如对互联网行医的限制、对网络处方权的限制等。移动医疗企业在法律和政策的约束下不得不打出擦边球,使未来发展预期处于不确定的变动之中。不仅仅是政策壁垒问题,政策空白问题同样困扰投资者,比如医生网上开药可否"破冰"、移动医疗产品如何监管等,加剧了政府未来出台政策的非预期性。其实政府在政策出台方面也同样面临难处,互联网技术的发展加速了产品的更新换代,其自由开放的内在经济要求和行业管制存在根本冲突,大量诸如移动医疗App这样的新兴互联网产品冲击着现有产业政策格局,政府既需要立足当下对未来互联网经济精准预判,及时出台符合新形势需求的政策,又必须避免关系到国计民生的行业秩序出现混乱,所以行业新政策的出台往往是市场相对成熟后倒逼的结果。在当下没有政策规制的情况下,创业公司只能"边走边看",政府也在观望创业公司发展状况等待时机作出决策。政策的非预期性无疑加剧了投资风险。

(2) 风险防控

其一,这一问题的解决有赖于企业和政府的共同协作。① 创业公司制定战略规划应以符合现有规定为前提,找到移动医疗App健康发展路径并且不断创新,通过成熟的商业模式推动政策转型。② 投资者要对移动医疗产业进行专注、系统的研究,对行业充分理解,结合自己的基金、体量和发展阶段,制定自己的投资策略。例如扶植移动医疗初创企业支持其服务,2014年10月,广东省网络医院在广东省第二人民医院正式上线启用,这是全国首家获得卫生计生部门许可的网络医院。③ 政府一方面要明晰各个部门的职责,保证职责的合理性和有序性,提高监督机制的效率,避免监督主体职责的重合与矛盾。国家食品药品监督管理总局(China Food and Drug Administration,以下简称"食药监"或者"CFDA")应该尽快成立软件办公室(Office of Software),同已有的体外诊断办公室(Office of In Vitro Diagnostics,OIVD)协同合作。体外诊断办公室提升了CFDA在体外诊断技术方面的专业性;同理,软件办公室也可能会有相似的功效,保证CFDA能够贯彻落实医疗"软件"监管条例。这样一来,多方监督主体共同协作,协调一致,并且有专门负责移动医疗App事务的相关部门,使得移动医疗市场秩序受到多方的牵制,形成有序安全的交易市场。另一方面,政府应该借鉴国外对患者隐私权保护和诊疗类App监管的经验,逐步破除政策壁垒,开放准入机制和退出机制,加强对移动医疗App运营、交易等中间环节的监督管理。例如,国际医疗器械监管机构论坛公布了《软件医疗器械:风险分类及相关考量的可能框架》,其中对作为医疗器械的软件的定义、分类、潜在风险等都有细致的分析,对我国的移动医疗产品监管有良好的借鉴意义。

其二,在医疗设备监管方面,美国对包括移动医疗App在内的医疗设备风险的三级监管系统(A Risk-Based Three-Tier System)值得借鉴。一级风险设备的健康风险最低,一般来说入市前无须进行额外审查;二级风险设备的健康风险程度为中级,设备生产商需要向美国食品药品监督管理局(Food and Drug Administration,FDA)提交一份产品入市前的风险量级声明;三级风险设备的健康风险程度最高,此类产品在入市前需要走复杂且昂贵的市场准入程序,设备生产商需要提交"入市前批准申请",并向 FDA 提供相关临床数据。

借鉴美国监管经验,我们也可以采取以下的监管方式:① 国家食品药品监督管理总局(CFDA)应通过相应规章来明确规定,CFDA 对低风险的移动医疗 App 的监管享有自由裁量权(即若某移动医疗 App 被认定为低风险,则 CFDA 有权力根据实际情况,选择是否对其进行入市前的审查批准);针对较高风险的移动医疗 App,CFDA 应制订明确、具体的监管指导方案,以维持移动医疗 App 市场的秩序。② 各级卫生部门和各地医院应当认真贯彻执行 2014 年 9 月国家卫计委下发的《关于推进医疗机构远程医疗服务的意见》,明确进行远程医疗必须由医疗机构对医疗机构,要求进行远程医疗的医生必须在本单位进行。远程医疗服务是一方医疗机构邀请其他医疗机构,运用通讯、计算机及网络技术,为本医疗机构诊疗患者提供技术支持的医疗活动,医师必须在所在医疗机构进行远程医疗。通过此规定,法律责任主体就是医师所在的医疗机构。

其三,还应加强顶层设计,逐步打开现在政策的限制。从市场需求出发调整相关的政策法规,推动移动医疗向前发展。建立统一的全民健康电子档案,在保障信息安全和患者隐私的前提下,打通医院之间和医院与互联网医疗企业之间的信息通道,从而优化资源,推动移动医疗的健康发展。

2. 主体定位及准入资格问题

根据《互联网诊疗管理办法(试行)(征求意见稿)》第 4 条的规定,允许开展的互联网诊疗活动仅限于医疗机构间的远程医疗服务和基层医疗卫生机构提供的慢性病签约活动。

目前互联网医疗发展日新月异,各种模式层出不穷,盈利模式包括医药电商、在线问诊、挂号服务、可穿戴设备等,各个互联网医疗企业的主体地位各不相同。由于不同主体地位所配套的法律规范不同,在当前发展多元化的现实下,互联网医疗的监管与准入要求难以实现准确契合。比如对于医药电商与提供可穿戴医疗服务设备的企业来说,他们的盈利模式、提供的服务、面临的监管、责任分配都十分不同,但是目前笼统地把他们归类于互联网医疗里面,就会使他们在发展过程中面临许多法律适用问题,监管部门要么互相推诿要么纷纷插手,必然影响这些企业的健康发展。

解决这个问题的关键在于法律制度的健全与完善。现有卫生行政管理法律、行政法规、规章制度对互联网医疗仍具有一些限制,这是风险投资公司在向互联网医疗行业进行投资时不得不注意的法律风险。目前国家卫计委正在着手起草互联网医疗的行政法规,要积极鼓励互联网医疗机构发展,对其严格把关以确保患者的安全利益,对于实行不同模式的互联网医疗企业,按照各自特点区别对待,确保通过法律规范对不同主体进行有针对性地鼓励和规范;也要对监管部门予以细化,使其既分工明确、各司其职又相互配合、政令统一,对各自主管的部门分别出台具体的配套规范,以更好地推动互联网医疗的大力发展。

(三) 经济——市场

1. 目前现状

医生与患者是移动医疗两大使用主体,然而这两大主体尚未建立起对移动医疗 App 的全面认同。传统医疗体系中工作、科研、收入和晋升压力占据医生大部分生活,时间、精力的缺乏和资金、动力的不足使医生对移动医疗接受度有限。而移动医疗数据只有与医生的专业意见相结合才能产生价值,缺乏医疗资源强有力的支持,难以让消费者心甘情愿为其买单。

对于医生而言,一方面,有数据显示,三甲医院普通医生平均每天接待 70 名患者,每位患者仅几分钟的问诊几乎占据了医生全部工作时间,同时医生还肩负着科研、继续教育的任务,医生抽出时间解决诊疗类 App 患者的问题难上加难。另一方面,医生的收入结构往往是基本工资收入较低,非基本工资收入较高,特别是主治医师,其基本工资占全部收入比例并不高,科室奖金、院外手术或会诊、讲课费占据收入的大部分。在国内移动医疗尚未实现用户付费普遍化的情况下,主治医师难以对这部分收入产生追求的动力。再者,一些网络预约挂号类移动医疗 App,VIP 额外付费挂号可以优先入选,与普通用户挂号顺序产生纠纷,院方处理棘手,医生费力不讨好,愈发加剧移动医疗的边缘化。医生接受度低的问题不仅出现在中国,美国一项有 250 名医生参与的调查显示,在缺乏有效监管的情况下,42%的医生不愿意使用移动医疗应用软件。

对于患者而言,用户对互联网产品的认知愈发理性。美国保险巨头 Aetna 曾推出"CarePass"可穿戴设备医疗平台,用户可以查找疾病信息、预约就诊。但仅靠预约、查询、信息整合等功能而没有与医疗资源对接根本无法留住用户,短短两年"CarePass"因用户活跃度低停止了运营。同样,国内也存在某些移动医疗企业专做智能医疗硬件产品或居家养老硬软件产品,因只收集数据、给出健康管理意见但未与医疗资源对接,从而没有实现盈利。

2. 改善途径

为扭转移动医疗市场低接受度的局面,创业者和投资者应该从以下角度对产品进行改进:

在患者层面,以用户实际需要为导向,提高患者与产品的粘合度,让移动医疗App引领患者新的生活方式。当移动医疗App像微信、支付宝一样可以改变人们的传统生活方式时,接受度的问题自然解决。有些着力建设改变生活方式的移动医疗App,因其利用后台智能化数据库,第一时间为用户的提问提供详尽、有价值的回答,开创了患者自诊自测模式,改变着患者就医方式。

从医生层面,要让移动医疗减轻而非增加医生负担。医疗文献、研究成果通常是医生科研不可或缺的资料,移动医疗将这些资料做成推介或数据库方便医生随时随地移动查阅,可以帮助医生提高科研效率,增加医生与移动医疗的粘合度。例如,国外移动医疗App"Voalte"主打医生之间的讯息交流,医生、护士利用该平台交流医疗咨询、分享传送文件,直接缓解了医生之间的互动交流和科学研究的难处和负担。

从医院层面,众多二甲医院、专科医院、民营医院同样掌握着优质的医疗资源,但由于不具备三甲医院的天然优势,面临着品牌宣传推广的不小开支。移动医疗广泛吸收医疗资源,为这些医院提供免费宣传平台,医院使用量越大,品牌塑造成效越好,为自身省去相当多的宣传推广费用。

从政府层面,移动医疗也可以承担政府医药卫生部门科学普及、公共卫生宣传等任务,政府因此减轻宣传的人力物力投入,减少财政支出。总之,满足不同主体不同需求才能提高市场接受度。

(四) 社会——观念

1. 消费者观念转变问题

目前中国的互联网消费者已经习惯了互联网的免费模式,这使得他们对移动医疗也保持着固定思维,移动医疗企业发展收费模式十分困难,导致了医生技术价值难以在移动医疗上得到体现,严重打击了医生的积极性。而移动医疗企业为了鼓励医生参与,就必须自掏腰包,大大提高了企业的成本。以某 App 的红包风波为例,本来医生为患者提高专业的咨询服务,收取适当的报酬无可厚非,限于现有规定,只能以虚拟礼物的方式为医生提供报酬,但是患者缺乏医疗服务价值的观念,认为医生在变相索取金钱,从而引发了很大的争议。这体现了目前社会上缺乏对医生专业技术价值的认可和尊重,这种免费的互联网消费思维严重影响了移动医疗的发展。

对于这个问题,一方面要通过各种渠道大力宣传医生诊疗技术等专业技术价值的重要性,让患者真正尊重医生的专业技术,愿意付费;另一方面也要在医疗改革过程中采取措施凸显医生医疗服务价格,营造尊重医生脑力劳动的社会氛围。

2. 优质医生资源有效利用问题

在现有医疗体系下,优质医生资源集中在公立三甲医院。我国 279 万执业医师只有 10% 在三甲医院,但这些医生却承担着 40%～50% 的门、急诊量,三甲医院很多时候都在拥堵,一直是挂号难重灾区。优质医生资源的集中导致了患者资源的集中,"跟着好医生走"是许多患者的就医心理,因此在优质医疗资源紧缺、市场需求大于供给的背景下,谁能得到优质医生资源,谁就有了市场竞争力的坚实基础。移动医疗想得到充分发展,就必须解决优质医生缺乏的问题。目前中国好的医生是稀缺资源,而这个资源主要集中在少数大城市的少数大医院,这些医生根本没有时间来开展移动医疗。因此,要发展移动医疗,必须盘活"好医生"这个优质资源,移动医疗才能发挥真正的作用,而不是现在这样只能用来挂号和查询。

2017 年 4 月 23 日,国务院办公厅印发《关于推进医疗联合体建设和发展的指导意见》(以下简称《意见》),全面启动多种形式的医疗联合体建设试点。《意见》指出,建设和发展医联体,是贯彻以人民为中心的发展思想、落实《政府工作报告》部署的重点任务,是深化医疗医保医药联动改革、合理配置资源、使基层群众享受优质便利医疗服务的重要举措,有利于调整优化医疗资源结构布局,促进医疗卫生工作重心下移和资源下沉,提升基层服务能力;有利于医疗资源上下贯通,提升医疗服务体系整体效能,更好实施分级诊疗和满足群众健康需求。医联体建设发展好了,也可以释放出许多优质医疗资源,这些优质的医疗资源就可以走向移动医疗端,大大提高移动医疗的技术水平,提高其吸引力,从而实现移动医疗的发展。

(五) 其他

1. 医生自由执业、多点执业问题

在医疗行业的发展过程中，由于公立医院的垄断，优质医疗资源都集中在公立医院，包括医学教研平台、职业培训和上升空间。体制内的医生可以依托于公立医院获得声誉与职称的考核。在取消医生编制化管理趋势渐显的今天，体制内有些医生走出了自由执业的第一步，自由执业意味着医师经国家合法注册后，其有权利选择任意一家医院合作，也可以自建诊所、自建医生集团，不存在所谓主要执业机构，也不需要多点备案，其有权利根据市场原则确定医疗服务的价格。自由执业的医师，除受医疗质量相关法律规范性文件的监管，其与医疗机构、患者等的法律关系基本上只受合同约束，比起会诊、多点执业，身份更自由。

2017年4月1日，卫计委新颁布的《医师执业注册管理办法》正式实施。按照这个新的注册办法，医师执业将不限于一家医院，而是以所在省级行政区划为执业地点，执业机构的数量不受限制。同时根据该办法第17条的规定，经向批准外省某医疗机构的卫计委申请增加注册后，医师亦可跨省执业。所以，可以讲，2017年4月1日之后，医师在全国范围内任意一家医疗机构多点执业，已不存在法律上的障碍。这显然是有利于患者就医、有利于医生流动、有利于合理分配医疗资源的重大举措。多点执业的医师到主要执业机构之外的第二执业医院执业时，可以不经主要执业机构同意，其有权利与第二执业医院就行医范围、报酬、医疗责任等进行谈判，自由签署协议，从这个角度，其法律身份是自由的；但到第二执业医院执业前，需经卫计委的多点执业备案，且劳动时间、执业地点、执业范围可能受主要执业医院的劳动合同约束，比如主要执业医院可能要求医师签署竞业禁止条款，此时受竞业禁止条款的约束，医师可能在事实上无法从事多点执业。又假定主要执业医院是公立医院，其身份关系是人事编制，其受到的约束则更大。因此，多点执业的医师在法律身份上是半自由的。

在我国传统医疗行业中，人们只能去医院寻求医疗服务，医生与患者之间的关系是一次性的，而且近年来医患关系矛盾增加，患者对医生的信任受到挑战。良好的用户体验有助于建立医生与患者之间的长期关系，类似欧美地区的家庭医生模式，医生长期服务于患者不仅有利于对患者的病情进行长期追踪、综合把握，也节省了患者在选择就医时的时间与成本。移动医疗的发展方向应该是把传统医患之间的"弱关系"通过自身平台的质量把控和服务设计变为远程的"强关系"。如何借助互联网平台构建新型的、良性的、长期的用户服务,是移动医疗平台发展的重要突破口之一。

对此问题可从以下几方面着手:

(1) 实现医生身份转变,真正为医生"松绑"

作为一种公共资源,医生应该属于全社会,每个人都可以接触这种资源,而不应该被公立医院所垄断。因此,医生多点执业必须依靠人事制度的改革,使编制消失,打破医生"铁饭碗",把医生从公立医院"解救"出去,改变"看病去医院"的意识,形成"看病找医生"的观念,把医生推向市场,通过与医院签订聘用合同确定劳动关系。例如北京,正尝试取消医生的编制,实行全院的合同聘任制,建立包括全职、兼职等多种形式的用人制度。同时,促进医院转变职能,作为医生从事诊疗活动的平台。这样才能从根本上打消医生的顾虑,让医生彻底动起来,充分彰显医生多点、自由执业的活力。

(2) 建立适当的补贴和补偿机制,调动公立医院积极性

医生多点执业政策使医生和社会受益,然而,对第一执业地点医院来说,却是一种损失,自己辛辛苦苦培养的医疗人才,结果却给别人做了"嫁衣",产生抵触情绪也可以理解。想要使医生多点执业政策顺利地"落地生根",就要兼顾各方利益,对利益受损者予以适当补偿。对医生多点执业的"奉献者"——第一执业地点医院,需建立适当的补贴和补偿机制,由政府对第一执业地点医院予以适当的编制和财政补贴,接受医生多点执业的医疗机构,也应对第一执业地点医院予以补偿,平衡输出和输入医疗机构之间的利益,实现利益共享,让第一执业地点医院在医生多点执业政策中"尝到甜头",在优质医疗资源外流的情况下,巩固自身建设,调动医院参与医生多点执业的积极性。医院愿意"放手",医生进行多点执业才能放宽心。

(3) 完善配套制度,确保医生多点执业无后顾之忧

2017年4月23日国务院办公厅印发的《关于推进医疗联合体建设和发展的指导意见》指出,开展医联体建设,是深化医改的重要步骤和制度创新,有利于调整优化医疗资源结构布局,促进医疗卫生工作重心下移和资源下沉,提升基层服务能力,有利于医疗资源上下贯通,提升医疗服务体系整体效能,更好实施分级诊疗和满足群众健康需求。鼓励医联体内医疗机构在保持行政隶属关系和财

政投入渠道不变的前提下,统筹人员调配、薪酬分配、资源共享等,形成优质医疗资源上下贯通的渠道和机制。统一调配医技等资源,发挥现有资源的最大使用效率。医联体内统筹薪酬分配,充分调动医务人员积极性。鼓励医联体内二级以上医疗机构向基层医疗卫生机构派出专业技术和管理人才。在医联体(包括跨区域医联体)内,医务人员在签订帮扶或者托管协议的医疗机构内执业,不需办理执业地点变更和执业机构备案手续。

(4) 推行医生集团,建立风险共担机制

医生从编制内走出去后,脱离了原单位,其执业可能面临诸多风险,成立医生集团、建立风险共担机制可以让医生安心执业,有所依靠。与国内医院为主导的模式相比,国外更注重医生集团和品牌的建立,医生集团独立于医院,医院作为运营平台,与医生集团合作,这种模式使得资源流动更自由,解除了大医院对资源流动的禁锢,医生不必再为医疗风险担心,减少其顾虑。在国内,医生集团已有实践。2015年,中山大学附属第六医院的林锋、谢汝石和广州医科大学附属第一医院的张子谦联合创立"私人医生工作室",吸引很多医生加入。2016年3月,"深圳博德嘉联医生集团医疗有限公司"在深圳成立,并获批准,这标志着医师执业方式的转变,是医师多点执业的创造性突破。之后,在全国范围内,医生集团如雨后春笋,取得了较大成效。

(5) 加强监管,确保医疗质量

医生多点执业不能以医疗质量的降低为代价。面临医生多点执业带来的医疗质量下降的问题,政府、医院和第三方行业组织责无旁贷。其一,政府卫生主管部门应对医生多点执业设定严格的资格标准,只有符合条件的医生才能从事多点执业活动,同时,做好医生的定期考核工作,对多点执业医生的多点执业行为按统一标准考核,不合格者,取消其多点执业资格;其二,医院应提高管理科学化水平,加快改革的步伐,与医生实行合同式管理,明确服务内容、服务时间,在多点执业的同时确保医疗质量;其三,要充分发挥医师协会、医院协会等行业组织的监管作用,由其负责组织多点执业医生的学习、培训,规范医生的多点执业行为。

(6) 政府牵头,鼓励社会资本和公立医院的合作

医院集人力密集型、智力密集型、技术密集型和资金密集型于一体,且由于医院经营的不确定性高、政策管制多和回报周期长,因此投资医院与投资其他行

业比较,运营压力更大、风险更高。在这种情况下,政府应积极行使行政职能,为公立医院和社会资本开办的民营医院"牵线搭桥",放宽市场准入,鼓励二者进行合作,让公立医院的医疗人才和社会资本办医得以充分的利用,实现双赢,私人资本能有效改善医疗卫生服务效率,控制卫生费用的增长,也为医生多点执业的全面推行奠定良好的基础。

(7) 从医疗损害赔偿责任层面破解医师多点执业困境[①]

第一,完善医疗损害鉴定制度,成立医疗损害司法鉴定机构。整合既往"医疗事故技术鉴定"的人力资源和"医疗过错司法鉴定"的制度优势,将2个鉴定平台的优势整合到1个平台,医师执业过程中一旦出现医患纠纷,是否有医疗损害责任,应该快速进行医疗损害司法鉴定,若鉴定结果证实有医疗损害,则由保险公司按照相关程序承担赔偿责任。因此,能否成立中立的、去行政化的、专业化的医疗损害司法鉴定机构,是医师多点执业能否得以全面推行的关键要素之一。

第二,构建执业医师自由人制度,由医师个人购买异地执业医师责任险。全面推行医师多点自由执业的第一步需构建执业医师自由人制度,在原注册医疗机构之外执业的医师应按照自由人来管理,由卫生行政部门设置专门机构予以归类管理。改革以往完全由医疗机构承担医师执业过程中造成医疗损害赔偿责任的赔偿模式,医师执业风险改为由医疗机构和个人承担两种模式,在原注册地执业的医疗风险仍由其所在医疗机构承担,异地(第一执业地点之外)的执业风险应由其本人承担,申请异地执业的医师本人必须先购买异地执业医疗损害赔偿医师责任险(以下简称"医责险")才能取得资格,否则不允许办理多点执业备案。个人购买异地执业医责险后,其在异地执业过程中出现医疗损害赔偿责任则由保险公司承担。只有这样,真正意义的、仅需网上备案的、多少执业地点不限的医师多点执业才能快速推开。

2. 信息安全问题

用户信息风险主要包括以下三个方面。第一,信息泄露。该风险通常发生在数据存储、使用和传输阶段,移动医疗信息面临域内医疗机构和信息服务机构人员使用、管理时的泄露风险。第二,设备入侵。患者的健康医疗信息面临各式

---

① 参见马文建:《从医疗损害赔偿责任层面破解我国医师多点执业困境》,载《中国医院管理》2014年第10期,第54—56页。

侵入者入侵的风险。例如2015年美国医疗保险商Anthem遭黑客入侵,超过8 000万人的信息被盗。第三,系统风险。由于移动医疗信息系统自身的漏洞,使得网络窃密、系统崩溃事件频发,医疗数据安全难护。移动医疗信息一经产生,便蕴含着各种与之相关的权利。医疗信息归属与医疗信息安全保护是移动医疗建设需要首先解决的问题。

对此,应保证互联网安全技术的有力支持。虽然互联网安全技术开发艰难、网络安全隐患一直存在,但是政府却有必要组织、支持互联网安全技术的研发,鼓励有实力的企业自主研发,并积极提供研发便利。逐渐优化方案、减少网络系统漏洞、严防黑客攻击,为医保在线支付解决方案的推广探路,推动智能化在线监管,也将为民众网上购药提供更多便利。

此外,互联网医疗在发展过程中必然会涉及大量的电子数据,包括用户的账号信息以及个人身体健康信息。一方面互联网医疗企业要加强数据安全建设,防止用户的电子数据遭到窃取和滥用。另一方面,企业自身也要严格遵守互联网信息保护和隐私保护方面的法律法规,并在此基础上通过合同的方式明确界定企业自身能够使用这些电子数据的范围和程度,合理合法使用这些数据。由于互联网医疗的主要操作都是在网络上进行的,因而在产生医疗纠纷的时候,电子证据就显得尤为重要。主要的电子证据包括电子病历、电子处方、医疗指导记录、销售记录等。为确保这些证据的有效性,就必须在电子证据的保存上形成一个完善的规范,保证电子证据的原始性、时效性和准确性,从而在医疗纠纷中能够得到有效使用。

3. 知识产权保护问题

获得用户青睐的前提是移动医疗App产品的差异化而非同质化,因此掌握移动医疗核心技术、打造移动医疗专属品牌是产品成功的关键。企业需要大胆创新应用软件,利用核心技术改善用户体验,同时大力宣传推广,提升品牌的影响力。不容乐观的是,移动医疗核心技术的知识产权保护领域乱象丛生,大量的移动医疗面临知识产权侵权风险。

在移动医疗App著作权领域,盗版和数据篡改是令开发者头疼的问题。不少开发者经常遇到在未经同意或者授权的情况下,他人通过反编译等手段制造与其源代码不完全一致的复制品再分发,或者改变了正版App的某一项或者某几项服务或者设置再使用的情况。在商标权领域,App的名称和标识是移动医疗打造品牌的首要标志,而企业商标注册的步伐稍一放缓,就会面临大量"抢滩登陆"、开发山寨软件和盗用热门软件等侵犯商标权的情况。在专利领域,随着移动医疗技术的改进,App将越来越多地涉及核心高新技术,擅自使用与某一移动医疗App的某项核心专利技术开发功能相同或类似产品将严重侵犯开发者的专利权。知识产权保护的问题不容小视,因为每一个侵权行为都与企业利益和患者权益息息相关。对企业来说,受到山寨App影响而损失的时间成本、机会成本会让公司流失大量用户资源和市场份额,经济利益受到极大影响。对于患者来说,暗藏"炸弹"的App可能在没有防备时侵害隐私权、财产权,缺乏权威性和可信度的App甚至危及患者生命健康权。对医院来说,侵权移动医疗App可能冒用医院医生名义给患者提供服务,不仅会侵犯医生的肖像权、姓名权等人身权利,而且在侵犯患者用户合法权益的同时,严重损害医院及医生的名誉。

移动医疗知识产权保护问题首先要完善相关立法。明确"合理使用"的范围和程度,对反编译的法律责任作出规定,保护开发者著作权;借鉴国外经验,将"有用的、具体的、有形的后果"的抽象思想认定为专利法保护的范围,加强对专利权的保护。

其次,加强移动医疗App"防盗"能力。一方面,从技术手段上加强对自身App的保护,提高其被反编译和篡改数据的难度,或者利用第三方服务,对其进行漏洞分析、应用保护以及渠道监测,有效地进行全面的分析和加固保护;另一方面,企业应当和App开发员工签订专项商业秘密条款,并要求关键岗位员工在离职前严格执行竞业禁止条款。

再次,及时进行软件著作权登记和商标注册。虽然著作权在著作完成之后自动产生,但软件著作权登记是移动医疗App得到重点保护的依据,在发生移动医疗App著作权纠纷时,《软件著作权登记证书》也是著作权人主张权利的有力证据;另外,企业要及时注册商标,只有将移动医疗App的商标进行注册,才能取得商标权,受法律保护。

复次,加强应用商店的审核力度。要通过完善立法,要求应用商店对申请上架的App程序和商标等进行全面审核,同时也要加强对App开发者身份的核查和备案,建立开发者信息档案,一旦发生知识产权纠纷,明确其责任归属。

最后,建立通畅的社会监督反馈渠道。用户是移动医疗App的直接使用者和体验者,也是侵权App的直接受害人之一,因此,建立通畅的投诉与举报通道,在用户遭受侵权App的侵扰与损害时得以及时向应用商店或者监督部门进行举报,是十分必要的;监督部门应采取设立专门的移动医疗App投诉电话等措施,及时对相关投诉进行处理,同时通过与应用商店间信息协调和发布机制,及时发布存在风险的移动医疗App名单,从而起到风险警示作用,保证用户的安全。

4. 保险业在互联网医疗方面发展问题

互联网医疗要实现可持续发展,首先要解决的就是谁来买单的问题。美国等发达国家由于商业保险发达,互联网+商业保险的模式十分发达,从而对互联网医疗的发展起到了很大的推动作用。但目前我国的互联网医疗却缺少保险的支持,当前百姓看病依赖的是社会保险,而我国现有医保制度规定,只有在国家定点医疗机构才能报销费用,社会医疗保险还没有形成与互联网医疗的对接,商业健康保险也才刚开始涉足互联网医疗,还处于试水阶段,如"泰康在线""平安健康管家"等都是刚刚起步。而且目前中国商业健康保险市场本来就发展弱、规模小,规模远远达不到互联网医疗的需求水平,使得互联网医疗在保险方面存在一个真空地带,严重制约了互联网医疗的发展。另外中国老百姓对商业保险的认识度还很低,感受到保险业服务只有在交费和理赔两个时段,保险与用户之间的粘性不够,普通老百姓没有建立起商业保险意识,更谈不上互联网医疗的商业保险,这就进一步制约了保险业在互联网医疗的发展。

对此,我们可以考虑引入保险业务参与互联网医疗。保险与医疗都可以起到稳定社会的作用,政府为了支持健康保险的发展,明确提出鼓励与基本医疗保险相衔接的商业健康保险的发展,并通过政府购买的方式将医疗保障经办服务委托给商业保险机构来办理。从政策导向来看,商业保险逐渐成为发展的趋势。移动医疗公司与商业保险的合作在一定程度上可以实现双赢。一方面,在移动医疗上推出的保险增值服务可以为保险公司提供收入来源;另一方面,用户购买保险后,一旦出现医疗纠纷,保险费的赔付也为解决医疗纠纷提供一定比例的赔偿。商业保险业务参与互联网医疗时,应注重适应移动医疗行业的特殊需求设计不同的险种,例如针对在互联网医疗领域为糖尿病、高血压等慢性病设计对应的险种。在目前我国商业保险发展还不充分的情况下,要积极探索基本医疗保险与移动医疗企业的对接,逐步推动基本医保有针对性地覆盖互联网医疗,使患者接受互联网医疗服务也能得到报销,这将为互联网医疗的发展注入新的活力。

第二节 医生集团[①]

一、医生集团概念

为了解决我国优质医疗资源不足、医师资源分布不均的问题,2009年发布的《中共中央国务院关于深化医药卫生体制改革的意见》提出,在多省市开展医师多点执业试点,允许医师于有效注册期内在两个或两个以上医疗机构定期从事执业活动。在各地试点基础之上,国家卫计委同国家发改委、人社部、国家中医药管理局、中国保险监督管理委员会于2015年1月联合下发的《关于推进和规范医师多点执业的若干意见》(国卫医发〔2014〕86号)(以下简称《意见》)中对医师多点执业从管理方式、资格条件、手续、人事关系、薪酬待遇、医疗责任等方面做出了更为明确的规定,允许临床、口腔和中医类别医师申请多点执业,通过放宽条件、简化程序、优化政策环境,鼓励医师到基层、边远地区、医疗资源稀缺地区和其他有需求的医疗机构多点执业。特别是已于2017年4月1日起施行的《医师执业注册管理办法》,更进一步规定了国家建立医师管理信息系统,实行医师电子注册管理。在同一执业地点多个机构执业的医师,应当确定一个机构作为其主要执业机构,并向批准该机构执业的卫生计生行政部门申请注册;对于拟执业的其他机构,应当向批准该机构执业的卫生计生行政部门分别申请备案,注明所在执业机构的名称。医师跨执业地点增加执业机构,应当向批准该机构执业的卫生计生行政部门申请增加注册。这就真正实现了医师多点执业在全国各地落地,医生集团作为新型医疗执业模式,逐渐成为当今社会关注的焦点。

[①] 本节撰稿人:龚楠、纪磊、徐璐璐。
龚楠,北京市百瑞律师事务所合伙人,北京市律协医药委副主任,E-mail:gongnan@brlf.com.cn。
纪磊,北京市华卫律师事务所律师,北京市律协医药委副主任,中国医院协会医疗法制专业委员会委员,中国医师协会医师自律维权委员会委员,E-mail:sithji@163.com。
徐璐璐,山东国杰(北京)律师事务所主任,北京市律协医药委委员,北京卫生法学会医疗纠纷调解中心副主任。在人民卫生出版社等多家出版社参编《病历书写基本规范》的法律解析》等著作6本,E-mail:lawyerxulu@126.com。

医生集团之所以能够迅速崛起，其中最重要的原因是公立体制内的医务工作者一方面不满足当前的工作环境与劳动报酬，试图摆脱体制的束缚、行政管理，寻求自我价值的真正体现；另一方面又希望自我价值的实现通过一个更为合法、阳光的途径，"飞刀"模式因其合法性边界不清而需要被替代。当然，医生脱离体制可以有多种方式，而医生集团这种模式被热捧，也和下述几个因素有着密切的关系：

（1）医疗专科和技术越来越细分，在涉及多学科甚至全科医疗服务方面，单个医生的力量有限；

（2）脱离了原有的医疗机构作为后盾和保障，医生独立执业需要抱团取暖，与合作机构或者部门谈判；

（3）独立职业者之间竞争激烈，采用集团方式，可以共享技术设备和资源，提升竞争优势。

关于具体的"医生集团"概念，通过百度百科的搜索可以发现，"医生集团"的概念来源于英文"Medical Group"，译为"医生执业团体"或"医生执业组织"，其本质是医生团体执业，两三个医生结合起来就可以团体执业；其特点是共享设施设备、共同承担损失、共享营业收入，是一个同进共退的执业团队；是由多个医生组成的，以疾病诊断、治疗活动等医疗服务作为核心业务，利益共享、风险共担的组织。

二、医生集团当下发展的主要模式

（一）国际医生集团的发展模式

2016年4月27日E药互联网研究发表了题为《蓝皮书丨美国医生集团：选择的自由》的文章，该文章指出"医生团体执业的开创者是梅奥诊所（Mayo Clinic，世界著名私立非营利性医疗机构，是一所涵盖门诊、医院、医学研究及医学教育等多个方面的综合医学中心）"。梅奥诊所官网"历史与传承"（History and Heritage）一栏介绍梅奥诊所的历史时这样写道：1863年，Dr. William Worrall Mayo在Rochester创办了梅奥诊所，他的两个儿子William James Mayo和Charles Horace Mayo分别于1883年和1888年加入执业团队。之后，梅奥家族这三位医生邀请其他医生、科学研究者加入了梅奥诊所，并建立了美国第一家私人性质的团体执业组织。随着最初医生团队执业的发展，我们可以看到，梅奥诊所发展至今,已经不再是一个医生集团,而是发展成了一个庞大的医疗集团。这也从某种角度提示我们,医生集团在未来可能的发展方向或者运营模式。

现阶段我国普遍所讨论的医生集团的商业模式及其发展渠道可能更多的来自美国。但是在分析美国医生集团的发展模式之前,首先应当分析的是医生集团能够在美国蓬勃发展的根本原因。笔者认为,医生集团在美国的发展,主要应当归功于美国的保险体系。长期以来,在美国不管是商业保险还是联邦保险,其繁杂的报销和付费机制倒逼着处于弱势的医生方开始走向团体执业的道路,从而提升自身与保险公司谈判的筹码。独立执业医生占主体的格局,逐渐被医生集团这种新的模式所取代。当下中国某知名医生集团的创始人就曾经在一个非公开场合提到:当医生离开公立医院之后,才会发现自己无论从哪个方面而言,都是更没有保障的。这也从某种角度反映出,当下中国的医生在寻求自由执业之路时,面对各种纷杂的社会压力,团队执业也是一个最佳的选择方式。

国际上现有的"医生集团"模式多样,有些是单纯由医生组织成立、独立运营;有些则是医生、医院及其他供应商共同运营。通常,医生集团在国际视角下可以分为以下几种类型:

(1) 无壁垒的医生集团(Group Practice without Walls)

无壁垒的医生集团也称为最为开放的医生集团形式,是混合了单独开业和团体执业优势的执业模式。这种医生集团的成员可以维持独立的诊所,但需要与体系内的其他成员分享医疗从业的数据(包括医嘱信息、账务信息,甚至于更为重要的财务营运权等)。内部信息的公开化,为单独开业医师提供了很好的业务和运营管理学习、交流机制,既降低了运营成本,也可创造出各种联合和合并的机会。当然,这种模式也不免带来许多潜在冲突,特别是在涉及业务合并的内容时,无壁垒的医生集团就不得不处理众多的法律文书,甚至于要成立专业的两合公司,处理相关的法律和财税关系。

(2) 独立医师协会

这是与国内流行的医生集团模式最为相似的形式。这种模式下,独立的医师或执业团体与协会签约。根据合约的排他性可将医师协会分为单一排他性和非排他性两类医师协会。对于前者,医师加入协会意味着必须加入本协会所有的保险给付计划,后者则允许医师同时成为多个协会的成员,也允许医师经过不同的协会获得多个医疗保险给付的合约。可以看出,独立医师协会向医师提供了一种集合性的商业运营架构,这样的架构为小型医疗服务体系提供了高效率的运营体系,也推动了很多独立医师协会向专门的企业组织形式发展。

(3) 单一专科医生集团(Single-specialty Group Practice)

该类组织的发展是同一领域的专科医师的合伙执业,一般是两个或多个医师的联合执业。许多单一专科医生集团原本是多个单独开业的医生分工共享看诊和经营的实践,经过几年发展,其业务范围更为接近,最后决定将各自所有的业务合并,形成单一专科医生集团。医生集团相对独立的天然属性可以更好地激发医生的积极性,同时多样的医疗服务方案也能最大限度地降低对医疗资源的浪费和可能面对的道德风险。[①] 过去二十年,专科经营团体的数量有剧增之势,也间接反映了管理式医疗的快速成长和降低成本的需求扩增。

(4) 综合性多专科医生集团

综合性多专科医生集团通过不断合并类似组织的方式发展成为更大规模的医生集团,这样做的动机主要包括:追求更好的品牌效果,市场竞争压力的驱动,规模化管理带来的财务收益,以及大型医疗组织更好的运作稳定性等。实际运行中,某些大型综合性多专科医生集团也和上市的盈利性医疗公司产生关联,甚至被并购,而另外一些大型多专科医生集团则会与其他非营利性医疗团体、组织联合以增强实力。这种集团的组织形式都是公司或合伙的形式。

(5) 医师—医院组织(Physician Hospital Organization, PHO)

这是以医师和医院同时成为机构成员的组织形式,同时涵盖复杂医疗最主要的两种资源,和国内的"医院"很像,但是美国的 PHO 组织有非常显著的不同,它的医师和医院虽然在同一架构下,但明显分离开来。医师—医院组织通常由双方的代表所管理,董事会通常由双方推荐同等代表人数组成。这种组织成立的目的在于代表双方与医疗保险机构谈判以及签订集团性服务合约。其本质上是整合医院与医生在专业发展上的动机兴趣,通常这种兴趣都要转化为如何分配合约所能带来的收益。随着 PHO 数量的增长,资金的分配变得越来越复杂。如果要组织中的所有成员都能参与,还能对资金分配的结果满意,既存在数额上的满足性问题,也有各专业贡献度不一致带来的挑战,这都会给组织的运作特别是医师这一段的运作带来极大挑战。

---

① 参见杨长青:《在美观察——医生集团知多少》,载《医药经济报》2015 年 9 月第 F02 版。

(6) 管理服务组织(Management Service Organizations, MSOs)

这是支持开业医师运营的新型组织,通常不需要医师注册成为会员,更准确地说,它是一种医疗运营支持组织,是能提供专业管理技术的收费性服务组织。这种组织一般由医院或是大企业特别是保险机构运营,提供一般的医疗业务的管理支持以及照护的整体式管理支持;医师可与管理服务组织签约,付费使用该管理服务组织的特定服务内容。在此前提下,管理服务组织负责雇佣所有从业的非医疗类职员(也包括护士、住院医师以及技术人员),提供可靠的支持性服务,支援签约的执业医师由按服务收费的业务模式转型到管理式医疗付费的模式。由于具有专业化的服务和成本管控能力,MSOs有迅猛发展之势。

通过国际医生集团运营模式的梳理可以清晰地看到,国际医生集团起步早,发展相对成熟。近年来,我国立足于基本国情,积极与国际潮流接轨,鼓励医生多点执业,推动了国内医生集团的发展。

(二) 国内医生集团的发展模式

中国首个医生集团是1998年成立的万峰医生集团,经过近20年的发展,从走穴、多点执业到医生自由执业,从单专科、多专科到全科医疗,从屈指可数到投资宠儿,医生集团明显呈现出多元化的特点。

1. 分类

当前在将医生集团进行分类时,更多的是依据创始医生是否仍旧在公立医院任职作为划分的标准,将医生集团分为体制内和体制外两种模式。[①] 二者常被拿来比较,尤其是经营方面,但笔者认为,这两种模式从本质而言并没有区别,体制内医生集团的签约医生中必然有完全脱离公立医院的体制外医生,而体制外医生集团也同样存在与体制内医生合作签约的情况,从而实现共同发展。但为了对当前医生集团现状进行分析,本文还是套用这种分类方式,并在本段中只是对其商业模式进行介绍,而不涉及任何法律视角的分析:

(1) 体制内医生集团

体制内医生集团是指来自体制内的公立医院的医生,与合作医疗机构(包括基层医疗机构、民营医疗机构或者其他性质的医疗机构等)建立长期稳定的合作

---

① 参见中商产业研究院:《中国医生集团四种发展模式》,载中商情报网(http://www.askci.com/news/dxf/20160419/1626558186.shtml)。

关系,通过多点执业、对口帮扶等方式,帮助合作医院培养团队,实现双赢。当然,当前体制内的医生在签约医生集团后,主要是根据医生集团指派、定期或不定期前往合作医疗机构展开执业活动,为合作医疗机构内的患者进行诊断和治疗。

体制内医生集团以大家医联为代表。大家医联成立于2015年3月,由北京阜外心血管病医院心血管外科副教授、副主任医师孙宏涛创办。根据其自我介绍,大家医联是依托于体制内外三甲医院的专家资源、合作医疗机构、医疗服务运营平台以及IT技术,为患者提供专家门诊、多学科会诊、疾病筛查与诊断、第三方诊断意见、医疗转诊及手术安排等全方位的医疗服务。其传统的运营模式是:患者病情可以在合作医疗机构进行诊断和治疗的,医生集团派医生去合作医疗机构对患者进行包括手术在内的各种形式的诊断或治疗;当患者病情不适宜在合作医疗机构的,则由医生集团通过绿色转诊通道,将患者转到医生工作的公立医疗机构进行治疗。

(2) 体制外医生集团

体制外医生集团以医生自由职业为特点,是由完全脱离医院体制的专科或跨专科的专家医生组成的医生集团。此种模式打破了体制内各种行政管理的束缚,医生或医生团队完全凭个人能力,多劳多得,同时也不必被一些制度或者法律问题所困扰。

体制外医生集团以深圳博德嘉联、张强医生集团为代表。深圳博德嘉联以全国首个在工商行政机关进行公司主体注册时,获得冠有"医生集团"字样的营业执照而引得社会广泛关注;而张强医生集团则是作为全国第一个由完全脱离体制的医生创建并发展,而被视为具有里程碑意义的商业主体。随着医生集团各种商业模式的不断摸索和自身发展需要,张强医生集团已经通过PHP(Physician Hospital Partnership)模式与各地国际医院签约,不仅完成了血管外科专科医生集团的发展,旗下还发展出了宇克疝外科医生集团这个子品牌,继续着在行业中的探索之旅。

2. 商业模式

截至2016年年底,我国公开报道的医生集团已达30多家,签约合作的医务人员数量也大幅增多,医生集团开始积极探索着适合自己的商业模式。目前主流的商业模式主要有以下几类①：

(1) PHP 模式(Physician Hospital Partnership)

PHP 模式(Physician Hospital Partnership)多与体制外医生集团相对应，该模式下的医生集团以专科为主，其医生多已脱离了体制。其本质是以医生为核心，医生团队与医院平等合作，凭借医生的技术水平、个人影响力或关系网提供医疗服务，取得分成收入或保险支付；医生集团则负责患者的接洽、随访以及医疗资源的协调等事项。前文已经提及，张强医生集团实际上主要采用的就是这个模式。

(2) 分级诊疗模式

分级诊疗模式多为体制内医生集团所选择的商业模式。其本质是利用医生来连接大型公立医院和基层小型医疗机构，实现医疗资源优化配置的同时，医生可以通过业余时间提供医疗服务来增加收入。此外，从 2009 年医生多点执业的政策逐渐放开之后，医生集团作为新兴领域尚不成熟，采用分级诊疗模式的医生集团以原有体制为保障，无疑会吸引大批体制内医生。前文也已经详细介绍，大家医联更主要的就是采用这个模式。

(3) 互联网线上平台模式

互联网线上平台模式的医生集团，其本质就是线上医疗信息整合平台，以互联网为媒介，整合医患双方需求，通过信息分析对接，根据患者需求提供合适的医疗资源。医生集团利用互联网方便、快捷、高效的优势节约成本并获得一定的管理费，平衡医患需求，方便患者就诊、转诊和治疗，满足医生多点执业需求，促进医疗资源的合理分配，营造方便快捷大众化的医生集团平台。目前采用这种模式的医生集团很多，包括杏香园医生集团等。

必须指出的是，这种互联网线上平台模式结合了互联网医疗，随着互联网医院的发展，虽然互联网医院自身未必以"医生集团"对外宣传，但当一个医院作为整体，通过互联网平台与其他医疗机构进行合作的时候，互联网医院本身就是一个医生集团。以 39 互联网医院为例，这是一家依托于互联网平台、专注于疑难重症二次诊断的互联网医院，其不仅有着全国知名专家的签约资源，也与一些县

---

① 参见王雨斯、刘小雨：《医生集团研究报告(中)》，载浙江省健康服务业促进会网(http://www.zchsp.com/zh_index/news/news_detail.aspx? newstype=504&newsid=342)，访问日期：2018 年 2 月 9 日。

域或者区域中心医院形成合作关系,当县域或者区域中心医院遇到诊断或治疗需求时,可以通过互联网医院的规范流程发起会诊邀请、上传患者的病历资料,之后在医生助理的协调安排之下,根据互联网医院的内部操作流程,由相关专业领域的全国知名专家通过视频方式为当地患者提供远程的诊疗会诊服务。从这个操作模式不难看出,互联网医院的签约医生,从某种角度而言,就成为了一个多科室的专家医生团队,为基层医疗机构提供服务。因此,医生集团在互联网平台上的操作模式,与当下火热的互联网医疗之间的边界并不是那么清晰,而且从另一个角度证明,未来互联网医疗、医生集团这些商业模式必定会逐步走向融合。

(4) 管理服务组织模式

对医生集团来说,掌握医疗技术的医生和拥有大型医疗设备实力的医院无疑是其生存的源泉。但其作为独立的组织,管理层也是其不可或缺的资源。纵观我国现有的医生集团,其核心领导者多为体制内外的专科医生,对于医生集团的管理并不擅长。因此,对于独立的专业管理团队的需求日益显现。这种提供管理服务模式的医生集团,实际负责医生日常事务性管理事项,而不涉足专业的医疗事务,只是通过专门性的管理服务吸引医生加盟,并通过收取管理费或者其他的利益分配方式而获得收入。

中欧医生集团就是此类模式的典型。中欧医生集团定位于"医生创业孵化器",旨在成为医生集团的集团,类似于医生的经纪人,帮助医生团体在中欧医生集团下成立公司,并为其管理相关事务。

综上所述,无论医生集团的具体商业模式如何,都是体现着一个新型医生职业发展方式的不断探索和尝试的过程,都在当下以公立医疗机构、事业单位编制为主导的医生群体中形成震荡,对公立医院医生管理体制的改革起到催化剂的作用。笔者认为,无论哪种商业模式,都应当给予肯定。对于医生集团这个新型模式,政府管理层面并没有迅速出台具体规范性文件或者政策性文件,进行规范或管制,从某种角度而言,是给了敢于创新的这批医务工作者一个相对宽松的发展环境,在不违反根本性的法律原则、医生执业规范和职业道德的前提下,允许医生集团根据市场需要寻找最适合自身的发展模式。

三、医生集团与关联方的关系

医生集团迅速兴起,人们期待这一新生事物能够改变传统医院模式,促进医生个人品牌的建立和薪酬制度改革,盘活专家资源。然而,如今很多医生集团日渐被贴上了"走穴化""中介化"的标签,发展前景并不明朗。本部分通过讨论医生集团与其关联方的关系,分析医生集团在"落地"合作中面临的诸多障碍。

(一)行政主管部门

医生集团通常以"有限责任公司"的形式存在,因此,到工商行政机关办理登记注册是第一步。要经过工商注册,取得营业执照才能成为独立的民事主体,享有独立的民事权利,承担独立的民事义务。

而医生集团作为以疾病诊断、治疗活动等医疗服务为核心业务的组织,其经营范围的注册审批本就严格,加之当下有的医生集团更希望形成的是涵盖医疗服务、医疗器械、医疗培训等全方位经营范围的机构,那么可能需要的审批环节就更加复杂。除了工商行政机关办理登记注册外,涉及医疗服务机构审批、医生执业许可以及行业监管等需要由卫生和计划生育委员会主管,涉及医疗器械、药品的注册及其质量监督的还需由食品药品监督管理局主管。如此高门槛的市场准入,使得现实中多数医生集团注册后闲置,少数绑定在医疗机构上提供医疗服务。

(二)医生

医生集团是整合医生资源的市场化组织,既是管理医生的组织,更肩负着医生服务的责任。医生是整个医生集团的核心,而医生同医生集团的关系,取决于医生集团的性质。体制外医生集团以签约医生为主,可以是雇佣关系,也可以是股权投资模式;体制内医生集团的医生最大的特点就是受体制约束,只能利用业余时间与医生集团合作,基本属于兼职模式。

(三)医疗机构

如前所述,现有的医生集团虽然类型、模式各样,但无一例外地都以落地医院为其最终依托。以下根据医院的不同类型,分析医院与医生集团的关系。

1. 公立医院

现行法律政策不允许医生集团同公立医院合作,医生集团只能通过签约医生,和公立医院技术合作。

2. 私立医院

医生集团同私立医院合作,是主要提供医疗服务的形式。在合作落地形式上以技术合作、承包医院及科室、医院托管、互联网医疗合作等为主。私立医院缺少优秀医生,引进专家成本很高,通过医生集团提供高水平医生团队、专业医疗管理、先进技术服务,并在此基础上收入分成。医生集团得到了高回报,私立医院优化了医疗资源,病人得到专业的治疗,是个多赢的方案。但在医保、社保对接方面仍存在问题。

3. 社区服务中心

城乡社区服务中心是政府最基层的综合服务组织,肩负着众多职责,如医疗相关的康复指导、慢性病防治、小病治疗、大病转诊、出诊随访、养生养老等业务。随着分级医疗、居家养老以及多种国家扶持政策的实行,社区服务中心将成为医生集团发挥作用的主战场,体制内的医生集团、退休医生将成为其主要合作对象。

4. 养生、养老及紧密相关社会组织

我国拥有世界上最大老年人群体,同时也是世界上老龄化问题最为严重的国家之一。随着我国老龄化进程的加速,社会养老、养生组织发展迅速,并呈现出多元化趋势,社会养老机构开始转型为医疗、康复、养老为一体的综合机构。这种转型急需医疗资源,医生集团的介入可以是单纯技术输出,到签约机构出诊;也可医疗科室托管;也可以股权合作。

(四) 保险公司

目前,医生集团同保险公司的医疗保险或医生执业保险没有直接关系,而是通过具有医疗服务资质的医院来实现间接关联。医生集团的社会保险问题,是影响到医生自由发展的大问题,但目前国家的试点方案在研究制订中。国际上通行做法是医生集团进行临床决策,保险公司计付患者医疗费,向医生集团提供治疗方面指南、处方用药清单、收费清单、效果评估。

(五) 药品、药械供货方

药品、药械的经营和使用有专门资质要求,复杂的注册审批备案程序以及我国相关法律法规的限制,使得我国现有的医生集团大多通过关联关系的医疗服务机构进行药品、药械的经营。

(六) 医生协会

医生集团和医生协会没有直接的管理关系,医生集团的签约医生通过参加的医生协会进行活动。医生协会对医生的管理是松散的,没有约束力的。但是,医生自由执业要成为医生执业的主流,必须加强医生协会的监管职能。笔者认为在协会监管方面可参照律师协会的做法：律师事务所成立、律师执业证发放、律师业务培训、律师年检注册、律师执业纪律监督、律师违纪处罚等律师自由执业所涉及的事项均由律师协会承担。

分析上述医生集团与关联方的关系，其中最重要的莫过于医生集团与关联方之间责权利的分配以及出现纠纷后的解决机制。只有在责任清晰、纠纷解决有保障的情况下，医生集团才能稳定发展。当然，这其中涉及诸多法律问题，需要律师从业者去思考并逐步细化。

四、医生集团面临的法律风险

随着医生集团在我国的迅速发展，法律问题也日益突出。从整体而言，虽然成文法律的制定存在一定的滞后性，但事实上法律的原则和宗旨是不变的，对于新兴事物，即便没有成文法律规范调整，法律原则和宗旨仍旧是社会活动参与各方应当遵守的。前文曾经提及，没有具体的法律规范或者政策性文件，从另一个角度而言，是给了这种新兴模式一个较为宽松的发展空间，允许医生集团在不触碰道德底线、法律底线的情况下去探索和尝试。当然，如果医生集团在发展过程中，从商业模式设计的角度直接违反现有法律规范的禁止性规定或者违反基本的职业道德，由此导致商业风险也就在所难免。结合现有法律规范，笔者从下述几个方面分享对这个领域发展的思考：

第一，医生集团作为法律主体需要确定其性质，即是营利性的还是非营利性的，而这将直接影响到法律或者政策的适用。如果是营利性法人，可以是有限责任公司，也可以是合伙企业，这也是当下医生集团最常采用的模式；如果是非营利性法人可以是事业单位、社会团体或者基金会。医生集团的主体性质不同，对应的注册、变更、税收等基本政策和规定都是不同的。

第二，医生集团的本质是医疗机构还是医疗服务提供者，这也直接影响到医生集团的法律适用。当下有一种观点，认为医生集团应当被赋予"直接申请疾病诊断与治疗的资质"。虽然这个观点的提出者首先便否定了医生集团作为医疗机构的性质，但是笔者认为其还是存在混淆。对"疾病诊断和治疗的资质"是医生在获得《医师资格证书》并进而取得《医师执业证书》时自然获得的资质，是医师基本的执业权利，而这种权利的获得与医生执业注册是在医疗机构还是医生集团无关。因此，针对医生集团，无需特别强调是否需要这个资质。更何况随着

《医师执业注册管理办法》的修订,医师的区域注册已经在全国范围内实施,这本身对于医生的自由执业就已经提供了法律的保障。再去强调医生集团应当具有"直接申请疾病诊断与治疗的资质"等于无形中给医生集团增加了负担。

第三,医生集团是否需要"医疗器械和药品的销售资格"。对此,笔者认为,也同样需要医生集团明确自身定位,只是单纯提供医疗服务,还是除此之外还要包括药品和器械的销售活动,并通过供应链的环节来获得利润回报。这其实与医生集团自身商业模式的确定存在直接因果关系,而不是普适于所有医生集团。

第四,笔者认为,任何一个权利的争取,必定要有对应的义务承担,因此,在医生集团这个新型模式发展的过程中,无论是为了确保医生集团的良性发展,还是为了规范医生集团的市场,都需要每一个参与者审慎思考这类商业活动当下可以适用的法律和规范有哪些?是否可以充分满足行业发展的需要?是否有对行业发展形成真正障碍的地方?如果需要变革,那么变革后医生集团作为一个民事主体,其权利义务的享有和承担是否发生了改变?缜密思考过后,或许才是行业从业者以及法律工作者需要一起去呼吁或争取的。

综上,医生集团作为医疗领域内的新型执业模式,其发展将面临诸多亟待解决的问题。笔者借本文抛砖引玉,以期与业界同行共同讨论,为我国医生集团寻找更好的发展方向。

第三节 医疗设备的融资租赁[①]

一、融资租赁行业现状

融资租赁交易于 20 世纪 80 年代初被引入我国,我国最早的融资租赁公司是中信公司与日本欧力士株式会社于 1981 年合资成立的中国东方租赁有限公司。2007 年之后,融资租赁业务得到快速发展,北京、上海、深圳、天津等地方政

---

① 本节撰稿人:李斌,北京市中闻律师事务所律师,北京市律协医药委委员,E-mail:libin@zhongwen-law.com。
金湘,北京市百瑞律师事务所律师,曾任中国妇女儿童发展基金会法律顾问,现任中国红十字会发展基金会公益律师团成员,E-mail:jinxiang@brlf.com.cn。

府均出台优惠政策对融资租赁业务予以扶持。

目前,我国已成立金融租赁公司、内资试点融资租赁公司与外商投资融资租赁公司等各类融资租赁公司超过5000家,业务规模超过5万亿元。金融租赁公司由中国银行业监督管理委员(以下简称"中国银监会"或"银监会")审批与监管,属于金融机构;内资试点融资租赁公司与外商投资融资租赁公司均由商务部审批与监管,属于非金融机构。根据投资人的不同,可以划分为金融系、厂商系、独立系等不同类型。融资租赁系仅次于银行贷款的第二大融资工具,融资租赁交易已成为与实体经济联系最密切的金融形式,在缓解中小企业融资难、帮助企业更新生产设备等方面发挥着重要作用。医疗设备的融资租赁交易处于持续发展之中。

2015年9月7日,国务院办公厅印发《关于加快融资租赁业发展的指导意见》(国办发〔2015〕68号)明确指出:"根据融资租赁特点,便利融资租赁公司申请医疗器械经营许可或办理备案。"2016年3月11日,国务院办公厅印发《关于促进医药产业健康发展的指导意见》(国办发〔2016〕11号)明确指出:"探索医疗器械生产企业与金融租赁公司、融资租赁公司合作,为各类所有制医疗机构提供分期付款采购大型医疗设备的服务。"该《指导意见》从侧面肯定了融资租赁在各类所有制医疗机构采购大型医疗设备业务中的积极作用,对医疗设备融资租赁行业而言是一个利好消息,无疑会对加深医疗器械生产企业、医院与融资租赁公司的合作,推动医疗设备融资租赁行业的健康发展产生积极影响。

二、融资租赁理论分析

1. 融资租赁的概念与特征

融资租赁系指融资租赁公司根据承租人对租赁物和出卖人的选择,与出卖人签订买卖合同,向出卖人购买租赁物,出卖人将租赁物直接交付给承租人占有、使用、收益,承租人依约分期向融资租赁公司支付租金的交易模式。融资租赁期间,融资租赁公司享有租赁物的所有权。承租人负有妥善保管、维修租赁物之义务。租赁期限届满后,承租人根据约定选择留购、续租或者退租。如选择留购,则承租人支付名义价款取得租赁物所有权。如选择退租,租赁物归融资租赁公司所有,可以出卖租赁物或者再行租赁。

融资租赁交易的特征在于融资与融物相结合,以融资为目的,以融物为形式,具有金融性质。融资租赁交易涉及三方当事人(即出租人、承租人、出卖人)与两个合同(即出租人与承租人之间的融资租赁合同、出租人与出卖人之间的买卖合同),融资租赁合同之出租人同时系买卖合同之买受人,融资租赁公司作为出租人仅提供资金融通,租赁物自始处于承租人占有之下,租赁物所有权与使用权相分离,融资租赁公司享有租赁物所有权之目的系作为其租金债权之担保。

融资租赁交易可以分为直接租赁、售后回租、转租赁、委托租赁、联合租赁、杠杆租赁等多种方式,最基本的交易方式为直接租赁与售后回租。直接租赁简称直租,系典型的融资租赁方式,指出租人根据承租人的选择,与出卖人签订买卖合同购买租赁物,并将租赁物交付承租人租赁使用的融资租赁模式。其特点为出卖人与承租人系不同民事主体。售后回租简称回租,系指承租人将其自有设备的所有权转让给出租人,再将租赁物从出租人处租回的融资租赁模式。其特点为出卖人与承租人系同一民事主体。根据最高人民法院《关于审理融资租赁合同纠纷案件适用法律问题的解释》(以下简称《融资租赁解释》)第2条"承租人将其自有物出卖给出租人,再通过融资租赁合同将租赁物从出租人处租回的,人民法院不应仅以承租人和出卖人系同一人为由认定不构成融资租赁法律关系"的规定,以及《金融租赁公司管理办法》第32条"金融租赁公司应当合法取得租赁物的所有权",第34条"售后回租业务的租赁物必须由承租人真实拥有并有权处分,金融租赁公司不得接受已设置任何抵押、权属存在争议或已被司法机关查封、扣押的财产或所有权存在瑕疵的财产作为售后回租业务的租赁物"和第36条第2款"售后回租业务中,金融租赁公司对租赁物的买入价格应当有合理的、不违反会计准则的定价依据作为参考,不得低值高买"等规定,售后回租之融资租赁模式已被司法机关和监管部门明确认可,系合法之交易模式。

2. 医疗设备融资租赁涉及的法律规范

医疗设备融资租赁不仅涉及融资租赁公司、医院、供应商等各方当事人民事权利义务,而且涉及食药监、卫生行政等部门对医疗设备经营使用的行政许可与监督管理,具有民事法律关系与行政法律关系相互交叉的特点。具体而言,调整医疗设备融资租赁交易合同订立、效力、履行、变更与解除、违约责任的法律规范包括《民法通则》《合同法》及《融资租赁解释》、最高人民法院《关于适用〈中华人民共和国合同法〉若干问题的解释(一)、(二)》、最高人民法院《关于审理买卖合同纠纷案件适用法律问题的解释》等法律与司法解释。调整医疗设备融资租赁交易担保法律关系的法律规范包括《中华人民共和国物权法》(以下简称《物权法》)、《担保法》及最高人民法院《关于适用〈中华人民共和国担保法〉若干问题的解释》(以下简称《担保法解释》)等法律与司法解释。调整融资租赁公司市场准入、主体资格、业务范围、经营规则与监督管理的法律规范包括中国银监会颁布的于2007年3月1日起施行的《金融租赁公司管理办法》(已失效,现行有效的为2014年3月13日发布实施的《金融租赁公司管理办法(2014)》),商务部颁布的于2005年3月5日起施行的《外商投资租赁业管理办法》,商务部与国家税务总局于2004年10月22日联合发布的《关于从事融资租赁业务有关问题的通知》等部门规章与规范性文件。调整医疗器械经营使用的法律规范包括《医疗器械监督管理条例》、原卫生部、国家发改委、财政部发布的《大型医用设备配置与使用管理办法》以及国家食品药品监督管理局发布的《医疗器械经营监督管理办法》《医疗器械注册管理办法》《关于租赁医疗器械有关问题的批复》《关于融资租赁医疗器械监管问题的答复意见》等行政法规、部门规章与规范性文件。

三、融资租赁业存在的问题

我国尚未出台统一的融资租赁法,导致融资租赁业的发展面临制度性困境。我国《合同法》第十四章"融资租赁合同"仅14个条文,规定较为原则。调整融资租赁业的法律规范多为部门规章,效力层级低且较分散。银监会与商务部分别监管的模式,容易导致规则适用不统一。2006年11月,全国人大财经委牵头起草的《中华人民共和国融资租赁法(草案)》向社会公布,公开征求意见,但该法何时出台目前尚无时间表。据悉,商务部正在推动重启融资租赁法的立法工作。法律规范的不完善是目前融资租赁业存在的主要问题。

四、医疗设备融资租赁法律实务操作建议

医疗设备融资租赁,系指融资租赁公司根据医院对医疗设备及供应商的选择,与供应商签订医疗设备买卖合同,购买医疗设备,取得医疗设备所有权,将医疗设备租赁给医院使用,医院依约向融资租赁公司分期支付租金的交易模式。医疗设备融资租赁集中于医学影像设备与肿瘤诊疗设备。

对于医院而言,因政府投入不足,医院因缺乏资金而不能迅速引进医疗设备,造成医疗设备老化,无法满足患者日益增长的医疗需求。通过融资租赁方式

引进医院急需的先进医疗设备,不仅有利于医院快速更新大型医疗设备,提升医疗科研能力和诊治水平;而且可以有效缓解医院在医疗设备投入上的资金压力,减少医院在购置大型医疗设备时的一次性资金投入,使医院将更多资金投入到医学科研、学科建设、员工福利等急需投入的领域,从而提供更多更好的医疗卫生服务,使医院具备持续发展能力,走上快速发展的良性轨道。

(一) 直租与回租的交易模式选择

医院可以根据自身情况选择采用直接租赁或者售后回租的方式进行医疗设备的融资租赁交易。医疗设备直租,指医院根据自身对医疗设备的需求,与有资格从事医疗设备融资租赁业务的公司签订融资租赁合同,由融资租赁公司与医疗设备供应商签订买卖合同或者委托医院与供应商签订买卖合同,购买医疗设备并租赁给医院使用,医院根据合同约定向融资租赁公司分期支付租金的租赁形式。对于急需购置设备而资金相对短缺的医院而言,医院只需要支付租赁保证金或者手续费等少量资金,即可获得医疗设备的使用权、经营权、收益权,并可根据约定于租赁期限届满后,在支付全部租金、留购价款与其他费用之后取得医疗设备的所有权,从而实现融资目的。

医疗设备回租,指医院将自有医疗设备的所有权转让给有资格从事医疗设备融资租赁的公司,融资租赁公司向医院支付医疗设备转让价款,再将医疗设备租赁给医院使用、收益,医院根据合同约定分期支付租金的租赁形式。回租具有较强的杠杆效应,使医院获得流动性资金,融资租赁公司获得回报稳定、风险较小的投资机会,双方可实现互利共赢。实践中,融资租赁公司通常要求医院提供原医疗设备买卖合同、发票、医疗器械注册证、产品合格证、供货方医疗器械生产企业许可证或医疗器械经营企业许可证等材料,作为签订融资租赁合同之前提条件。故医院采购医疗设备应当依法索证索票,验明产品合格证明,留存供应商主体资格、经营资质、买卖合同等相关材料。对于大型医疗设备医院应建立登记制度,记录医疗设备名称、规格、生产厂家、生产日期、采购渠道、性能指标、使用年限、维修日期与次数、更换部件名称与来源等信息。根据《金融租赁公司管理办法》规定,医院应将医疗设备所有权转让给融资租赁公司,如可在融资租赁合同中约定:"承租人将其所有的医疗设备的处分权转让给出租人,如承租人违约则医疗设备所有权立即转归出租人所有。"因不符合出租人享有租赁物所有权之融资租赁合同特征,可能被认定为借款合同。至于借款合同效力,应依据《合同法》以及最高人民法院《关于审理民间借贷案件适用法律若干问题的规定》的相关规定加以认定。

(二)医疗设备融资租赁交易流程

医疗设备融资租赁交易流程通常包括如下阶段:医院与融资租赁公司商谈融资租赁方案,融资租赁公司对医院进行尽职调查,各方签订融资租赁合同与买卖合同、担保合同,融资租赁公司支付医疗设备购买价款进行项目投放,医院检验、租赁医疗设备并按期向融资租赁公司支付租金,融资租赁公司进行租后管理,租期届满医院支付留购价款取得医疗设备所有权等。

关于大型医用设备的配置与使用,应符合监管部门的有关规定。根据原卫生部、国家发改委、财政部于2004年12月31日发布、2005年3月1日起施行的《大型医用设备配置与使用管理办法》,对于列入国务院卫生行政部门管理品目的医用设备,以及尚未列入管理品目、省级区域内首次配置的整套单价在500万元人民币以上的医用设备,其管理实行配置规划和配置证制度,各级各类性质的医疗机构获得《大型医用设备配置许可证》后方可购置大型医用设备。甲类大型医用设备的配置许可证由国务院卫生行政部门颁发;乙类大型医用设备的配置许可证由省级卫生行政部门颁发。医疗机构获得《大型医用设备配置许可证》后,方可购置大型医用设备。严禁医疗机构购置进口二手大型医用设备。

针对各级政府、行业和国有企业举办的所有非营利性医疗机构采购医疗设备事宜,卫生部《关于进一步加强医疗器械集中采购管理的通知》(卫规财发〔2007〕208号)明确规定,所有非营利性医疗机构均应参加医疗器械集中采购,大型医用设备应取得配置许可证方可列入集中采购计划。对医疗机构利用贷款、融资、集资等形式负债购置大型医用设备的行为进行严格控制。

(三)医疗设备融资租赁合同的主要条款

根据《合同法》第238条:"融资租赁合同的内容包括租赁物名称、数量、规格、技术性能、检验方法、租赁期限、租金构成及其支付期限和方式、币种、租赁期间届满租赁物的归属等条款。"之规定,医疗设备融资租赁合同应具有如下主要条款:

1. 租赁物条款

医疗设备系融资租赁合同的标的物,系当事人权利义务指向的对象。合同应明确、具体约定医疗设备名称、数量、规格、单价、总价、技术或质量标准、交付时间和地点、验收时间、验收地点和方法等内容。关于医疗设备的规格与技术性能等内容,因专业性强,具体技术指标繁杂,可列入《租赁设备清单》作为合同附件。

合同模版:医疗设备与供应商完全由承租人自主选择,承租人完全具备选择医疗设备与供应商的技术和能力,出租人不得干涉承租人对医疗设备与供应商的选择。在租赁期限内,出租人是租赁设备的唯一所有权人。

2. 租赁期限与起租日条款

融资租赁期限直接关系到融资租赁公司收益和医院成本等重大利益。起租日与租赁期间密切相关,决定租金起算日。实践中通常有两种确定起租日的方法,一种以融资租赁公司支付医疗设备购买价款之日为起租日;另一种以出卖人交付或医院接收医疗设备之日为起租日。

合同模版:本合同有效期限自本合同生效之日起至出租人收到承租人支付的所有租金和应付款项之日止。起租日为出租人按本合同约定向承租人(回租)或者出卖人(直租)支付价款之日。

3. 租金条款

租金由融资租赁公司购买医疗设备的成本与合理利润构成。双方应对租金金额、支付方式和支付期限、年租赁利率及其调整方式进行明确规定。租金支付期限可以约定按月、按季、按半年和按年支付。支付方式可以约定为先付或者后付。租金支付表或者租赁附表通常作为合同附件,载明各期租金支付日期和金额。

合同模版:年租赁利率根据中国人民银行贷款基准利率作出同方向、同幅度的调整,从下一期租金开始,每期租金均按调整后的数额计收。对承租人欠付的租金部分,如遇利率上调,则按新的租赁利率做相应调整,如遇利率下调,则按原租赁利率执行。

4. 租期届满后租赁物归属条款

根据租期届满后医疗设备的处理方式不同,融资租赁分为融资性融资租赁和经营性融资租赁,前者采用留购方式,医院取得医疗设备所有权;后者采用退租方式,融资租赁公司享有医疗设备所有权。《企业会计准则第21号——租赁》第2章第4条第1款规定:"承租人和出租人应当在租赁开始之日将租赁分为融资租赁和经营租赁。"因此,合同应当约定租期届满后租赁物的处理方式,否则融资租赁公司和医院将难以依据《会计准则》进行会计处理。实践中,大部分系融资性融资租赁业务。

合同模版:租赁期限届满,在承租人清偿本合同项下所有应付租金以及其他应付款项后,双方约定租赁设备由承租人留购后,承租人取得租赁设备所有权。承租人履行完毕其在本合同项下所有义务后,出租人向承租人出具《所有权转移证书》,承租人获得租赁设备的所有权。

5. 违约责任条款

合同通常约定医院如迟延支付租金,应就逾期未付款项按一定标准向融资租赁公司支付违约金,融资租赁公司有权解除合同并追索全部损失。需要注意的是,司法实践中,有的地方法院认为融资租赁合同约定的违约金标准不得高于民间借贷利息标准,即不得高于同期银行贷款利率的五倍,高出部分不予支持,即使承租人同意按照约定利率支付违约金,法院亦不予支持。合同可以约定医院每个月医疗设备耗材的最低使用量或者约定医院只能从指定的关联企业采购设备耗材,医院如违反约定,融资租赁公司有权单方解除合同并收回租赁物。

合同模版:承租人如迟延支付租金,应就逾期未付款项按日万分之三、日万分之五或日万分之七的标准向出租人支付违约金,直至全部付清之日止。任意一期租金到期后一个月内未按约定支付租金的视为承租人违约,出租人有权解除合同,向承租人追索应付的所有到期未付租金、违约金、全部未到期租金和其他应付款项以及融资租赁公司为实现债权而支出的费用(包括但不限于诉讼费、仲裁费、律师费、差旅费等)。

(四) 关于融资租赁交易担保

融资租赁公司租金债权实现之风险在于其需要先履行支付医疗设备购买价款,并将医疗设备出租给医院使用之义务。医院仅需支付租赁保证金,之后分期履行支付租金之义务,医疗设备始终由医院占有、使用、收益。融资租赁公司利益缺乏保障。因融资租赁合同期限较长,通常为3—5年甚至更长,如因医院经营管理不善,将危及融资租赁公司租金债权之实现。因此,融资租赁公司均会要求医院提供足额担保。根据我国《担保法》及《担保法解释》《物权法》之相关规定,法定担保方式包括保证、抵押、质押、留置与定金。融资租赁交易通常采取保证、抵押、质押等意定担保方式,以及根据交易惯例采取租赁保证金、回购担保方式,以担保租金债权的实现。

1. 保证

关于保证,系指保证人以其全部资产作为责任财产,如债务人于债务履行期间届满之时未能清偿债务,则保证人得向债权人承担保证责任,替代债务人清偿债务,之后得向债务人追偿。融资租赁保证方式通常均为不可撤销之连带责任保证,保证期间一般约定至主合同履行期限届满后2年止,保证范围包括全部租金、违约金、损害赔偿金、债权人为实现债权而支付的各项费用包括但不限于律师费、诉讼费、仲裁费、差旅费等和其他所有承租人应付款项。根据《担保法》之规定,国家机关,学校、幼儿园、医院等以公益为目的之事业单位与社会团体,企业法人未获得书面授权之分支机构、企业法人之职能部门均不得作为保证人,否则保证合同无效,因此非营利性公立医院不得作为保证人。但根据《担保法解释》第16条之规定,从事经营活动的事业单位、社会团体所签订的保证合同应认定为有效,即营利性民营医院可以作为保证人。

2. 抵押

关于抵押,医院或第三人可以其所有之物为融资租赁公司设立抵押,以担保债务之清偿。抵押权人控制抵押物之交换价值,无需转移抵押物之占有,抵押人仍得占有、使用抵押物并取得收益,可以物尽其用,因此抵押被称为"担保之王"。根据《担保法解释》第53条之规定,以公益为目的之公立非营利性医院作为承租人的,可以其医疗卫生设施以外的财产为自身债务设立抵押,如医院食堂、宾馆等与医疗无关的第三产业,但医疗设备不得设立抵押。营利性民营医院以其财产设立抵押则无此限制。

3. 质押

关于质押,医院或第三人如医院的投资人及其关联企业可以其所有或享有处分权之动产、财产权利为融资租赁公司设立质权,以担保租金债务之清偿。动产质权设立需签订质押合同,出质人应将质押物交付给质权人占有。因质权人控制质押物的交换价值,剥夺出质人对质押物的占有,出质人无法占有、使用质物从而不能实现物尽其用。而融资租赁公司对质押物负有妥善保管之义务,保管成本较高,因此实践中动产质押较少采用。

根据《物权法》第223条之规定,医院或第三人依法享有处分权之财产性权利,包括专利权、注册商标专用权、著作财产权等知识产权,基金份额与股权,债券、存单、仓单、提单、汇票、支票及本票等有价证券,应收账款及债权等,均可以出质。权利质权之设立根据财产权利之不同而分别以交付或登记为要件。以债券、存单、仓单、提单、汇票、支票及本票出质的,质权自交付时设立。以下列权利出质的,质权自登记时设立:其中专利权质押登记机关为国家知识产权局,注册商标专用权质押登记机关为国家工商总局商标局,著作财产权质押登记机关为国家版权局,基金份额与上市公司股票质押登记部门为中国证券登记结算有限公司,有限公司股权质押登记机关为工商局,应收账款质押登记机关为中国人民银行征信中心。

4. 租赁保证金

关于租赁保证金,其并非法定担保方式。实践中,融资租赁合同通常约定医院应于起租日前向融资租赁公司支付一定数额的租赁保证金,作为融资租赁公司支付医疗设备购买价款前提条件之一,租赁保证金不计利息。如医院违约,融资租赁公司有权根据约定以租赁保证金按顺序依次抵扣医院应付之违约金、其他费用、欠付租金。如医院未违约,租赁保证金用于冲抵最后一期租金之相应金额。对于公立非营利性医院而言,因法律对其以医疗卫生设施抵押、质押的禁止性规定,租赁保证金对融资租赁公司更显重要。

5. 回购

关于回购,系非典型担保方式。实践中,在直租式融资租赁交易中,融资租赁公司可以与医疗设备供应商签订回购合同,约定如医院违反租金支付义务,则供应商应按约定的回购条件从融资租赁公司买回租赁设备,回购价格一般为医院全部未付租金、违约金等款项之和。融资租赁公司通过供应商提供的回购担保,将医院违约的风险转嫁给供应商,以确保其租金债权得以实现。

(五)医疗设备融资租赁若干法律实务问题分析

1. 医院占有医疗设备期间,医疗设备毁损、灭失,医院是否仍应支付租金?

此问题关涉医疗设备的风险负担规则。所谓风险负担规则,系指因不可归责于双方之事由导致标的物毁损、灭失的,由何者承担损失之规则。根据《融资租赁解释》第7条"承租人占有租赁物期间,租赁物毁损、灭失的风险由承租人承担,出租人要求承租人继续支付租金的,人民法院应予支持。但当事人另有约定或者法律另有规定的除外"之规定,医疗设备于租赁期限内因不可归责于融资租赁公司与医院的原因发生毁损、灭失的风险由医院负担,医院仍应按照合同约定支付租金。此区别于财产租赁合同由所有人承担风险之规则。原因在于作为租赁物的医疗设备系由医院选择并直接交付给医院占有、使用,融资租赁公司仅负责为医院融资,而不负责管控医疗设备,要求融资租赁公司承担风险不公平且不现实。然而对医院而言,不能使用医疗设备,仍需支付租金,其责任过重。因此,根据《融资租赁解释》第11条"有下列情形之一,出租人或者承租人请求解除融资租赁合同的,人民法院应予支持:……(二)租赁物因不可归责于双方的原因意外毁损、灭失,且不能修复或者确定替代物的"以及第15条"融资租赁合同因租赁物交付承租人后意外毁损、灭失等不可归责于当事人的原因而解除,出租人要求承租人按照租赁物折旧情况给予补偿的,人民法院应予支持"之规定,医院作为承租人,可以选择继续履行合同,依约分期支付租金,以缓解一次性补偿的资金压力;也可以选择解除融资租赁合同,给予融资租赁公司一次性补偿,因补偿金额将低于租金总额,可以减轻医院责任。两种选择各有利弊,医院应根据自身实际情况作出合理选择,以尽可能减小风险损失。

医疗设备之风险负担属于当事人意思自治范畴,医院可以与融资租赁公司对风险负担规则进行约定,约定优先于《融资租赁解释》之规定。需要注意的是,如医疗设备系因一方当事人的违约行为导致毁损、灭失,则守约方有权根据合同约定要求违约方承担违约责任,此不属于医疗设备风险负担,不适用风险负担规则。

2. 融资租赁公司未取得医疗器械经营许可证是否影响融资租赁合同效力?

医疗器械事关人民群众生命健康安全,国家对医疗器械生产经营实施行政许可,未取得医疗器械生产或者经营许可证的,不得从事医疗器械生产经营活动。根据2014年2月12日修订、自2014年6月1日起施行的《医疗器械监督管理条例》第29条:"从事医疗器械经营活动,应当有与经营规模和经营范围相适应的经营场所和贮存条件,以及与经营的医疗器械相适应的质量管理制度和质量管理机构或者人员。"以及第31条:"从事第三类医疗器械经营的,经营企业应当向所在地设区的市级人民政府食品药品监督管理部门申请经营许可并提交其符合本条例第29条规定条件的证明资料。受理经营许可申请的食品药品监督管理部门应当自受理之日起30个工作日内进行审查,必要时组织核查。对符合规定条件的,准予许可并发给医疗器械经营许可证;对不符合规定条件的,不予许可并书面说明理由。医疗器械经营许可证有效期为5年。有效期届满需要延续的,依照有关行政许可的法律规定办理延续手续。"之规定,明确医疗器械经营企业必须具备相应条件,经营第三类医疗器械必须申请经营许可。

医疗器械融资租赁属于医疗器械经营。食药监《关于租赁医疗器械有关问题的批复》(国食药监市〔2004〕20号)规定:"租赁经营是经营的一种形式。对未取得《医疗器械经营企业许可证》出租第三类医疗器械的,不论其出租的医疗器械是否具有产品注册证书,均应依据《医疗器械监督管理条例》予以查处。"食药监《关于融资租赁医疗器械监管问题的答复意见》(国食药监市〔2005〕250号)规定:"一、融资租赁公司开展的融资租赁医疗器械行为属经营医疗器械行为的范畴,食品药品监督管理部门应适应《医疗器械监督管理条例》及相关规章对融资租赁医疗器械行为进行监管。二、鉴于融资租赁医疗器械是经营行为,就必须按照《医疗器械监督管理条例》及相关规章的规定,办理《医疗器械经营企业许可证》后方可从事经营活动。"综上,在现行法律框架内,融资租赁公司从事医疗设备融资租赁业务必须取得行政许可。

实践中,根据《外商投资租赁业管理办法》第6条之规定,租赁财产包括医疗设备。融资租赁公司从事医疗设备融资租赁业务,不需要经过特别审批、取得特殊资质。对于融资租赁公司未取得医疗器械经营许可证而签订的第三类医疗器械融资租赁合同的效力曾存在不同观点。根据《融资租赁解释》第3条"根据法律、行政法规规定,承租人对于租赁物的经营使用应当取得行政许可的,人民法院不应仅以出租人未取得行政许可为由认定融资租赁合同无效"之规定,行政许可与合同效力相分离,租赁物经营行政许可与融资租赁合同效力完全脱钩,合同应当认定为有效。理由在于,法律、行政法规系要求租赁物之经营使用者取得行政许可,若医院取得许可即可达到监管目的。融资租赁之本质系融资性,融资租赁公司仅提供资金,不参与医疗设备的经营使用活动。《合同法》与《医疗器械监督管理条例》并未禁止融资租赁公司从事医疗设备的融资租赁业务。法院以融资租赁公司未取得《医疗器械经营许可证》出租第三类医疗器械为由认定融资租赁合同无效,缺乏法律依据。

需要注意的是,虽然融资租赁合同有效,食药监部门仍可依据《医疗器械监督管理条例》第63条之规定,给予融资租赁公司没收违法所得、没收违法生产经营的医疗器械和用于违法生产经营的工具、设备、原材料等物品以及罚款等行政处罚。实践中少见食药监部门处罚医院的案例,但没收医疗器械的处罚即意味着医院将无法运营医疗器械以正常开展诊疗活动。因此,医院应选择具有医疗器械经营许可的融资租赁公司作为交易对象,审查融资租赁公司的医疗器械经营许可证,从而避免行政处罚导致合同目的不能实现的法律风险。

3. 医疗设备存在质量瑕疵,医院向出卖人索赔期间是否仍应支付租金?

融资租赁交易包括融资租赁合同与买卖合同两个相互独立而又密切联系的合同。医疗设备出卖人根据买卖合同约定将医疗设备交付给医院,医院承担验收义务。根据《合同法》第240条"出租人、出卖人、承租人可以约定,出卖人不履行买卖合同义务的,由承租人行使索赔的权利。承租人行使索赔权利的,出租人应当协助"之规定,融资租赁公司将医疗设备质量瑕疵索赔权转让给医院,医院可以直接向出卖人进行索赔,请求出卖人承担修理、更换、减少价款,支付违约金,或者解除合同并赔偿损失等违约责任,融资租赁公司负有协助索赔义务。

然而索赔期间,医院很可能无法正常使用瑕疵医疗设备,则医院根据融资租赁合同向融资租赁公司支付租金之义务能否免除?根据《合同法》第244条"租赁物不符合约定或者不符合使用目的的,出租人不承担责任,但承租人依赖出租人的技能确定租赁物或者出租人干预选择租赁物的除外"以及《融资租赁解释》第6条"承租人对出卖人行使索赔权,不影响其履行融资租赁合同项下支付租金的义务,但承租人以依赖出租人的技能确定租赁物或者出租人干预选择租赁物为由,主张减轻或者免除相应租金支付义务的除外"之规定,融资租赁公司对医疗设备的质量瑕疵不承担责任,医院租金支付义务不能免除,其应依约向融资租赁公司支付租金。原因在于,根据合同相对性原则,买卖合同瑕疵履行不直接影响融资租赁合同之履行。融资租赁公司之首要合同义务为支付医疗设备购买价款,提供资金融通。医疗设备及其出卖人系由医院选择,买卖合同履行风险应由医院承担。

如医疗设备系依赖融资租赁公司的技能确定或者融资租赁公司干预医院选择医疗设备的,医院得向融资租赁公司主张减免相应租金。

医院应当在买卖合同约定的检验期间内对医疗设备进行及时检验,并将医疗设备质量不符合约定的情形通知出卖人,书面提出异议。检验期间经过后再提出异议的,根据《合同法》第158条之规定,视为出卖人交付的医疗设备符合约定的数量与质量要求,医院将丧失向出卖人主张质量瑕疵违约责任的权利。

4. 医院未按约定期限支付租金,融资租赁公司可以主张什么权利?

如因医院欠付租金引发纠纷,融资租赁公司可以选择多种方案向医院主张权利。

方案一：请求医院支付全部未付租金，包括已到期租金和未到期租金，以及逾期租金之违约金，担保人承担担保责任。

根据《合同法》第248条"承租人应当按照约定支付租金。承租人经催告后在合理期限内仍不支付租金的，出租人可以要求支付全部租金；也可以解除合同，收回租赁物"以及《融资租赁解释》第20条"承租人逾期履行支付租金义务或者迟延履行其他付款义务，出租人按照融资租赁合同的约定要求承租人支付逾期利息、相应违约金的，人民法院应予支持"之规定，医院欠付租金且经催告后于合理期限内仍未支付的，融资租赁公司享有选择权，既可以选择取消医院之期限利益，主张全部到期与未到期租金，促使租金债务加速到期；亦可以选择解除合同，收回医疗设备。因医疗设备系由医院选择，符合其特定需要，资产通用性不强。根据原卫生部、国家发改委、财政部于2004年12月31日发布、2005年3月1日起施行的《大型医用设备配置与使用管理办法》第6条"大型医用设备的管理实行配置规划和配置证制度。甲类大型医用设备的配置许可证由国务院卫生行政部门颁发；乙类大型医用设备的配置许可证由省级卫生行政部门颁发"与第14条"三、医疗机构获得《大型医用设备配置许可证》后，方可购置大型医用设备"以及第24条"严禁医疗机构购置进口二手大型医用设备"之规定，医疗机构购置大型医用设备受到严格监管，融资租赁公司即使收回作为租赁物之大型医用设备，也难以通过重新转让或者出租收回所投资金。因此，融资租赁公司直接处置医疗设备从而实现租金债权之难度较大。融资租赁公司之合同目的系实现租金债权，如果医院或担保人经营状况基本正常，仍有债务履行能力，或者担保物易于变现且价值足以满足租金、违约金债权，则融资租赁公司请求医院支付全部租金、违约金或逾期利息最为直接和便利，可最大限度减少租金无法收回之损失。需要说明的是，如医院已依约支付租赁保证金，且保证金未用于冲抵违约金、租金的，融资租赁公司应将租赁保证金从诉讼请求金额中扣除。

此外，如医院未履行生效判决确定之租金给付义务，融资租赁公司不能直接申请强制执行医疗设备，并以执行所得之价款清偿租金债权。理由在于：在法理而言，融资租赁公司系医疗设备之所有人，不能申请执行自己所有之物；请求支付全部租金性质系继续履行合同，仅为租金债务加速到期，而取回并执行医疗设备系解除合同，属独立之诉，不应于执行程序中解决。因此，仅以支付租金之判决为基础,通过执行医疗设备以其价值优先受偿之救济程序,有违法理。

方案二:请求解除合同,收回医疗设备并要求医院赔偿损失。

实践中,如医院缺乏租金支付能力,收回医疗设备不失为融资租赁公司减少租金损失之较优选择。根据《合同法》第248条、第97条,以及《融资租赁解释》第12条"有下列情形之一,出租人请求解除融资租赁合同的,人民法院应予支持:……(二)承租人未按照合同约定的期限和数额支付租金,符合合同约定的解除条件,经出租人催告后在合理期限内仍不支付的;……"与第22条"出租人依照本解释第十二条的规定请求解除融资租赁合同,同时请求收回租赁物并赔偿损失的,人民法院应予支持。前款规定的损失赔偿范围为承租人全部未付租金及其他费用与收回租赁物价值的差额。合同约定租赁期间届满后租赁物归出租人所有的,损失赔偿范围还应包括融资租赁合同到期后租赁物的残值"之规定,融资租赁公司有权解除融资租赁合同、收回医疗设备并请求医院赔偿损失。损失赔偿额计算公式如下:损失赔偿额＝到期未付租金＋违约金＋全部未到期租金＋设备留购款－保证金－租赁物(医疗设备)价值。

因租赁物价值与租金存在对应关系,在融资租赁公司选择收回租赁物之前提下,租赁物价值应自损失赔偿额中扣除,以避免融资租赁公司双重受偿,获取不当利益。根据《融资租赁解释》第23条"诉讼期间承租人与出租人对租赁物的价值有争议的,人民法院可以按照融资租赁合同的约定确定租赁物价值;融资租赁合同未约定或者约定不明的,可以参照融资租赁合同约定的租赁物折旧以及合同到期后租赁物的残值确定租赁物价值。承租人或者出租人认为依前款确定的价值严重偏离租赁物实际价值的,可以请求人民法院委托有资质的机构评估或者拍卖确定"之规定,医疗设备价值确定方式之先后顺序如下:首先,依据融资租赁公司与医院双方约定之方式;其次,参照医疗设备折旧及残值之方式;最后,法院依法委托评估、拍卖之方式。具体而言,融资租赁公司既可以在诉讼过程中与医院协商一致或者申请法院委托评估、拍卖以确定医疗设备价值,也可以在执行程序中取回医疗设备后进行评估或者拍卖以确定医疗设备价值。

需要注意的是,如果融资租赁公司请求医院支付全部租金,同时请求解除合同、收回医疗设备的,不能得到支持。原因在于,就法理而言,请求支付租金系继续履行合同,仅为租金加速到期;而同时请求解除合同、收回医疗设备,实质系同时提出两个相互排斥之诉讼请求。根据我国《合同法》第248条以及《融资租赁解释》第21条第1款"出租人既请求承租人支付合同约定的全部未付租金又请求解除融资租赁合同的,人民法院应告知其依照合同法第二百四十八条的规定作出选择"之规定,融资租赁公司不能同时主张上述诉讼请求,必须依法作出选择。如拒绝作出选择,则属于无明确之诉讼请求,法院应裁定驳回其起诉。

方案三:请求医院支付全部租金,判决生效后医院未履行租金给付义务,融资租赁公司另行诉请解除合同,收回医疗设备并赔偿损失。

请求租金加速到期系继续履行合同,与解除合同不属于一事不再理。根据《融资租赁解释》第21条第2款"出租人请求承租人支付合同约定的全部未付租金,人民法院判决后承租人未予履行,出租人再行起诉请求解除融资租赁合同、收回租赁物的,人民法院应予受理"之规定,法院应予以受理。

方案四:请求医院支付全部到期、未到期未付租金。同时请求根据合同约定确认在医院及担保人付清所有债务前,医疗设备所有权属于融资租赁公司。

融资租赁公司向医院转移的系医疗设备使用权,而非所有权。我国《合同法》第242条规定:"出租人享有租赁物的所有权。"融资租赁合同一般约定:租赁期间,融资租赁公司系医疗设备的唯一所有权人。租赁期间届满,医院支付留购价款即名义货价留购医疗设备,且医院已依约付清全部租金、违约金及其他费用之后,医疗设备之所有权方转让给医院。在此之前,医疗设备所有权始终属于融资租赁公司。此种诉求具有法律依据,可以得到法院支持。

方案五:请求支付到期未付租金,同时请求解除合同、收回医疗设备。

对到期未付租金的请求,系主张合同解除前已到期债权;而解除合同并收回医疗设备的请求,系合同解除后之责任清理。两种请求并行不悖。融资租赁合同属于继续性合同,其履行系在一定时间内完成,而非一次完成,合同解除没有溯及力,仅面向将来发生效力。

针对融资租赁公司可能采取的诉讼方案,医院应采取有效应对策略,尽力避免合同被解除、医疗设备被收回的不利后果。如纠纷进入诉讼或者仲裁程序,医院可以抗辩融资租赁公司未履行催告程序,不符合《融资租赁解释》规定的解除条件,解除权不成就,融资租赁公司无权请求解除合同并收回医疗设备。医院同意支付租金,但因缺乏支付能力而需延期支付。医院可以与融资租赁公司和解或者在法庭主持下进行调解,协商达成可行的分期支付租金的协议,确保正常诊疗活动与医疗设备产生的源源不断的现金流,缓解提前支付全部租金或者赔偿损失带来的财务压力。关于违约金,医院可以全力争取融资租赁公司减免,以确保其租金债权的实现。对于融资租赁公司而言,其最终目的系收回投资并取得收益,而非收回医疗设备,收回医疗设备仅系其实现租金债权之担保。因此,请求解除合同并收回医疗设备系融资租赁公司向医院施加压力,促使医院支付租金之筹码,融资租赁公司通常愿意与医院达成调解协议,以尽快收回租金。

5. 医院欠付租金,融资租赁公司未履行催告程序能否直接解除合同?

按照约定期限支付租金系承租人医院最主要的合同义务。若融资租赁合同约定,任意一期租金到期后一个月内未按约定支付租金的视为承租人违约,出租人有权提前终止合同,并未约定出租人负有催告义务。如果医院逾期支付租金达一个月以上,出租人能否根据合同约定以及《合同法》第93条第2款"当事人可以约定一方解除合同的条件。解除合同的条件成就时,解除权人可以解除合同"之规定,不经催告直接解除合同?

分析此问题之前,有必要了解融资租赁合同"中途不可解约性"之重要特征。融资租赁交易周期长、交易结构复杂、对双方利益影响重大,其解除较一般合同更为严格。根据我国《合同法》第248条"承租人应当按照约定支付租金。承租人经催告后在合理期限内仍不支付租金的,出租人可以要求支付全部租金;也可以解除合同,收回租赁物"以及《融资租赁解释》第12条"有下列情形之一,出租人请求解除融资租赁合同的,人民法院应予支持:……(二)承租人未按照合同约定的期限和数额支付租金,符合合同约定的解除条件,经出租人催告后在合理期限内仍不支付的"之规定,催告系融资租赁公司解除合同之前置程序,医院在催告的合理期限内仍未支付租金的,融资租赁公司方享有合同解除权。关于催告方式,书面与口头方式皆可,但融资租赁公司为举证之需要,往往采取书面方式催告。关于合理期限,应由法官根据案件具体情况判定,属法官自由裁量权范畴。

综上所述,医院迟延支付租金虽构成违约,且符合约定之解除条件,融资租赁公司仍需履行催告程序,否则合同解除权不成就。当约定解除权与法定解除权发生冲突时,《融资租赁解释》适用《合同法》第94条第(三)项"当事人一方迟延履行主要债务,经催告后在合理期限内仍未履行"之法定解除权规定予以解释,因为逾期未支付租金本质仍系迟延履行主要债务。

但实践中,融资租赁公司虽未进行催告,有的法院仍以合同约定的解除条件成就为由判决支持融资租赁公司解除合同的诉讼请求,对此医院应予以充分重视,避免欠付租金导致合同被解除、医疗设备被收回的法律风险。

若融资租赁合同约定承租人未按合同约定支付租金,出租人无需催告即可解除合同,那么该约定如系双方当事人真实意思表示,不违反法律与行政法规的强制性规定,不损害社会公共利益,法院可以认定该约定解除权有效,排除法定解除权的适用。融资租赁公司有权不经催告直接以通知之方式解除合同,合同自通知到达医院时解除;融资租赁公司也可以不经通知,直接起诉请求法院判决解除合同。

结语

篇幅所限,本书仅对当前医疗卫生领域热点的一些新兴业态进行分析,未能对所有新业态全部进行分析。由于是新兴业态,法律法规普遍存在滞后,本章作者的分析仅代表个人观点。随着科技的发展,管理体制的变化,医疗领域拥抱新科技、迎接新挑战、涌现新变化都将是必然出现的。我们也在热切地期盼着医疗卫生事业能够顺应时代的发展,更好地造福广大人民群众。

后　　记

由于我们水平有限,加之时间仓促,大家作为执业律师都是在繁忙的工作之余加班加点撰写书稿,殊为不易,故本书如有任何错误疏漏,敬请读者批评指正。如果本书对广大读者研究医事非诉讼法律理论、从事医事非诉讼法律实务略有借鉴,那么功劳全部是诸位编委的。

本书系集体创作,每一章均成立相对独立的创作小组,小组长为本书副主编。我在统稿过程中,本着保持作者原始风貌、尊重作者的创作观点的原则,不改变每篇文章的主要观点。因此每一章节所体现的主要思路、观点,并不必然能代表北京市律协医药委的集体观点。

在本书编写过程中,本委委员肖菊、张党伟、白飞云律师等均为编写本书起到重要的联络作用,并积极参加研究讨论;诸位主编、副主编的助理孙天琪、冀红莹、高至酉、王俊方、张依茹、张鹏等,以及跟随本人实习的北京大学博士生管星,一起承担了协助编写、汇编校对等重要辅助工作。

对于本书的编写,北京市律师协会秘书处承担了大量的组织和保障工作,包括会议召开、资料提供、配备办公用具、联系出版等。

最后,本书的编写,得到了北京市律协高子程会长、张巍副会长、陈强副秘书长、张金主任及业务培训部诸位同志的大力支持,在此一并致谢!

2018 年 5 月